Ullstein Sachbuch

Ullstein Sachbuch
Ullstein Buch Nr. 34083
im Verlag Ullstein GmbH,
Frankfurt/M – Berlin – Wien

Originalausgabe

Umschlagentwurf:
Hildegard Morian
Alle Rechte vorbehalten
© 1982 Verlag Ullstein GmbH,
Frankfurt/M – Berlin – Wien
Printed in Germany 1982
Gesamtherstellung:
Hanseatische Druckanstalt GmbH,
Hamburg
ISBN 3 548 34083 0

April 1982

CIP-Kurztitelaufnahme
der Deutschen Bibliothek
Hage, Volker:
Die Wiederkehr des Erzählers: neue dt.
Literatur d. 70er Jahre / Volker Hage. –
Orig.-Ausg. – Frankfurt/M; Berlin; Wien:
Ullstein, 1982.
  (Ullstein-Buch; Nr. 34083:
  Ullstein-Sachbuch)
  ISBN 3-548-34083-0
NE: GT

Volker Hage

Die Wiederkehr des Erzählers

Neue deutsche Literatur
der siebziger Jahre

Ullstein Sachbuch

FÜR JEANETTE

INHALT

Einleitender Überblick 7

I EXPERIMENTIEREN 32
Rückblick auf die Konkrete Poesie
Ernst Jandl und Gerhard Rühm (Interviews) 32
Das Entstehen der Bücher beim Schreiben
Neue Standorte des Erzählers 53
Das Verschwinden des Autors im Material
Literarische Collagen 66
Autoren des Experiments
Fünf Auswege 85

II ERZÄHLEN 106
Ausblick auf die siebziger Jahre
Nicolas Born und Peter Handke (Interviews) 106
Hauptsache, du verstehst, was ich meine
Der Erzählton in der Lyrik 122
Das Ende der Beziehungen
Über den Zustand der Liebe
in neueren Romanen und Erzählungen 136
Abschiede, Absagen und die Einsamkeit der Männer
Fünf Nachträge 151
Ein Kapitel für sich
Walter Kempowskis deutsche Familienchronik 166
Ausgeburten der Phantasie
Michael Ende und Gerold Späth 195
Einzelkämpfer, Einzelgänger
Wolf Biermann und Botho Strauß 206

ANHANG 223
Bio-bibliographische Daten 223
Literaturhinweise 237
Drucknachweise 239

Einleitender Überblick

> »Widerspruchslos, im großen und ganzen,
> haben sie sich selber verschluckt,
> die siebziger Jahre,
> ohne Gewähr für Nachgeborene,
> Türken und Arbeitslose.
> Daß irgendwer ihrer mit Nachsicht gedächte,
> wäre zuviel verlangt.«
> Hans Magnus Enzensberger,
> »Die Furie des Verschwindens«

> »In den siebziger Jahren finde sich
> einer zurecht.«
> Botho Strauß,
> »Groß und klein«

1. Die Scheu vor dem großen Werk

Die siebziger Jahre stehen in dem Ruf, wenig literarische Werke von Rang hervorgebracht zu haben. Es gebe Bücher, wird behauptet, aber keine Literatur. Versteht man unter Literatur in erster Linie das, was bleiben wird und auch die Nachwelt noch interessieren kann, so mag dieser Eindruck nicht täuschen – obgleich gerade bei derlei Prognosen äußerste Vorsicht geboten ist. Wissen wir denn, was Spätere in der vermeintlichen Spreu unserer Tage noch an Weizen entdecken werden? Freilich: zum »großen Werk« hat es die deutschen Autoren, zumal die jüngeren, augenscheinlich nicht gedrängt. Botho Strauß, einer der interessantesten unter den neuen Autoren, spricht auch für andere, wenn er über seine Probleme beim Schreiben sagt: »Wenn man die Überzeugung noch hätte, an einem großen Werk zu arbeiten, wenn man diese Verblendung noch hätte, etwas zu tun, was das Jahrzehnt von einem fordert, dann wäre ja alles nicht so schlimm.« Eine öffentliche Wirkung wie in den fünfziger und noch in den sechziger Jahren hat die deutsche Literatur zwischen 1970 und 1980 nicht gehabt. Das bedeutet nicht einmal, daß die Auflagen geringer geworden sind. Doch in der Diskussion sind die Werke der Literatur nicht mehr.

In den fünfziger Jahren erschienen – neben letzten Werken von Benn, Brecht und Thomas Mann – Bücher wie »Stiller« von Max Frisch, »Der Tod in Rom« von Wolfgang Koeppen, »Sansibar« von Alfred Andersch, »verteidigung der wölfe« von Hans Magnus Enzensberger, »Ehen in Philippsburg« von Martin Walser, »Mutmaßungen über Jakob« von Uwe Johnson, kam das Theaterstück »Der Besuch der alten Dame« von Friedrich Dürrenmatt heraus, und es wurden am Ende des Jahrzehnts jene zwei Romane veröffentlicht, die der deutschen Literatur internationale Beachtung verschaffen sollten: »Billard um halbzehn« von Heinrich Böll und »Die Blechtrommel« von Günter Grass.

Die Wirkung dieser Schriftsteller war so enorm (bis hin zum Skandal im Fall Grass), daß in ihrem Schatten – und im ästhetischen Wollen gegen sie anrennend – eine neue Generation von Autoren in den sechziger Jahren ebenfalls auf großes Publikumsinteresse rechnen konnte. Das Programm einer experimentellen Literatur kündete sich gleich zu Beginn des Jahrzehnts mit dem ersten »Textbuch« von Helmut Heißenbüttel und einem Band von Peter Weiss an, dessen Titel vielsagend war: »Der Schatten des Körpers des Kutschers«. Das war ein Programm: Geschehen wurde nur noch indirekt, als Reflex, vorgeführt. »Konstellationen« von Gerhard Rühm, eine »Schlachtbeschreibung« von Alexander Kluge und »Felder« von Jürgen Becker setzten die Reihe fort. Daneben konnte sich vorerst die alte Garde recht gut behaupten. Neue Bücher von Böll (»Ansichten eines Clowns«), Frisch (»Mein Name sei Gantenbein«), Grass (»Hundejahre«), von Johnson (»Das dritte Buch über Achim«), Siegfried Lenz (»Deutschstunde«), Arno Schmidt (»Kaff«) und Walser (»Halbzeit«) prägten die Literatur dieser Jahre mit. Doch schließlich standen die Experimente im Vordergrund: Konkrete Lyrik, literarische Collagen, Protokoll-Literatur und Reportagen häuften sich. Es war die Zeit der Politisierung von Literatur – wenn nicht gleich deren Abschaffung gefordert wurde. »Jetzt, 1968, war das Geschriebene, war Literatur plötzlich das Überflüssige, das Gefährliche, das Narkotikum, welches politisches Handeln verhindert«, so beschrieb es Jahre später Urs Jaeggi in seinem Roman »Brandeis« (1978).

Günter Wallraff war der Mann der Stunde, und er meinte: »Die genau beobachtete und registrierte Wirklichkeit ist immer phantastischer und spannender als die kühnste Phantasie eines Schriftstellers.« Und das war wenigstens noch ein Programm. Peter O. Chotjewitz hingegen bedauerte 1970, daß er immer noch Bücher schreibe, und entschuldigte sich so: »Ich kann die Literatur nicht abschaffen. Das muß die Gesellschaft selber machen.«

2. Stichwort »Exekution des Erzählers«

Die Literatur wurde dennoch nicht abgeschafft. Aber jene Irritation, die am Beginn der siebziger Jahre vorherrschte, wirkte lange nach. Einer, der die Situation sehr früh und genau beschrieben hat, ist der – 1975 im Alter von 44 Jahren gestorbene – Literaturtheoretiker Kurt Batt aus der DDR. Er nannte seine Essays »kritische Annäherungsversuche an einen entfernten Gegenstand« – denn tatsächlich betrifft diese Entwicklung in erster Linie die westliche deutschsprachige Literatur. Ein Aufsatz aus dem Jahr 1972 trägt den Titel »Die Exekution des Erzählers«. Das war die Formel, unter der sich für Batt die Experimente der sechziger Jahre summieren ließen.

Er sah, daß jene Verbindlichkeit verlorengegangen war, »mit der der Erzähler sich traditionell an den Zuhörer oder Leser wendet und ihn in das Geschehen einbezieht«. Die Folge davon: »Da es keinen erzählerischen Fixpunkt mehr gibt, von dem aus die andrängende Flut der Eindrücke und Reize geordnet werden könnte, gerät schließlich alles zum Einerlei.« Batt machte drei mögliche Konsequenzen aus: 1. Liquidierung der Literatur (zugunsten politischer Praxis oder soziologischer Reflexion), 2. Aufgabe der Fiktionalität (zugunsten einer wie immer verstandenen Authentizität) und 3. Rückzug der Literatur auf Sprachreflexion. Hinter allem verbarg sich für ihn Mißtrauen gegenüber der literarischen Fiktion, »und eben dieses Mißtrauen avancierte nun zu einem der Hauptthemen der Literatur, die, sich selbst genug, damit nachdrücklich eines Einflusses auf die politische Öffentlichkeit entsagte.«

Für den marxistischen Kritiker Batt bestand die Alternative Politik oder Literatur nicht. Deswegen auch griff er zur schroffen Formulierung von der »Exekution des Erzählers«. Phantasie war für ihn nicht gegen Wirklichkeit auszuspielen: »Die erzählerische Imagination, wo sie dies wirklich ist, begreift eine Totalität humaner Lebensäußerungen und geschichtlicher Erfahrungen ein.«

3. Autoren der DDR – Ausbruch aus der Gängelung

Batt hatte gut reden. Nach Jahren der Gängelung gab es für die Schriftsteller in seinem Staat Grund, Mut zu fasssen. Im Mai 1971 hatte Erich Honecker Walter Ulbricht als Ersten Sekretär des ZK der SED abgelöst, und er verkündete noch im selben Jahr: »Wenn man von der festen Position des Sozialismus ausgeht, kann es meines Erachtens auf dem Gebiet von Kunst und Literatur keine Tabus geben. Das betrifft sowohl die Fragen der inhaltlichen Gestaltung als auch des Stils.« Die Totalität der Lebensäußerungen darzustellen, schien nun endlich möglich.

In den Jahren 1972 und 1973 führte ein junger Autor, Joachim Walther, in der DDR einige Werkstattgespräche mit Kollegen durch (sie erschienen 1974 unter dem Titel »Meinetwegen Schmetterlinge«). Von Selbstzweifeln ist da hin und wieder die Rede – von Zweifeln an der Profession, gar an deren Sinn ist nichts zu spüren. Für den einen ist Schreiben ein »Vergnügen«, für den anderen ein »Beruf«, für den dritten ein »Lusterlebnis«. Und die gesellschaftliche Verpflichtung? »Majakowski sprach vom sozialen Auftrag, den er fühlte. Dieses Gefühl habe ich auch, es bestimmt meine Arbeit«, sagte Volker Braun – um dann hinzuzufügen: »Aber einmal an der Arbeit kann ich nicht viel nach anderen fragen, im Gegenteil, ich kann nur fragen: Ob mir gefällt, was ich schreibe.«

Ähnlich antwortete Irmtraud Morgner: »Jemand, der schreibt, hat natürlich Vorstellungen, wie die Welt sein sollte. Aber wenn er schreibt, denkt er nur an die Sache.« Fast undenkbar wären noch kurz zuvor Worte wie die von Helga Schütz gewesen: »Ich muß Literatur für mich machen, ich muß das aufschreiben, was mich betrifft. Glaube aber, daß es dadurch auch andere betrifft, eben weil ich von dieser Welt bin.« Und Günter Kunert hielt der Frage nach dem Zweck seiner Arbeit entgegen: »Kein Mensch ist sich über die Wirkung von Literatur im klaren. Literatur wird nicht zu einem Zweck geschrieben, das ist eine Illusion.« Einer der Jüngeren unter den Befragten, Martin Stade, drückte am deutlichsten die Hoffnung jener Zeit aus: »Die Wirklichkeit wird mit anderen Augen gesehen, man ist freier gegenüber Dingen, die es bei uns gibt und gegeben hat.« So stellte Walther am Schluß seines Befragungsbuchs mit einiger Berechtigung fest, »daß in den Gesprächen Dinge gesagt wurden, die früher nicht gesagt worden sind.« Individuelles sei stärker betont worden.

Doch noch war die Probe aufs Exempel zu machen. Im Frühjahr

1972 veröffentlichte die Zeitschrift »Sinn und Form« eine Erzählung von Ulrich Plenzdorf, die noch im selben Jahr auch in einer Theaterfassung Furore machte: »Die neuen Leiden des jungen W«. Das war für die DDR ein ungewöhnliches Stück Literatur – sowohl hinsichtlich »der inhaltlichen Gestaltung als auch des Stils«. Der freche Umgang mit dem klassischen Erbe (Goethes »Werther«), der jugendlichem Slang entlehnte Tonfall, die deutliche Thematisierung des Spannungsfeldes zwischen dem Kollektiv und dem einzelnen: genug Gründe für eine aufgeregt geführte Diskussion. Doch Honeckers Worte galten. Es kam zu keinem Verbot.

Wiederum in »Sinn und Form« wurde drei Jahre später die »Unvollendete Geschichte« (1975) von Volker Braun publiziert. Noch einmal schien sich die neue Haltung des Staates seinen Künstlern gegenüber zu bewähren – und das angesichts einer Erzählung, in der unverhohlen Kritik an einer selbstgefälligen Funktionärsschicht geübt wird. Als Buch allerdings konnte das Prosastück – zwei Jahre später – nur im Westen erscheinen. Ein anderes Buch erschien gleich im Westen: Die Prosasammlung »Die wunderbaren Jahre« von Reiner Kunze wurde am 1. September 1976 auf einer Pressekonferenz in Frankfurt am Main vorgestellt. Der Autor, von dem 1973 in der DDR noch ein Auswahlband seiner Lyrik erschienen war (»Brief mit blauem Siegel«), hatte sein Manuskript erst gar nicht im Osten angeboten. Er vermutete, daß seine Prosa auch unter den neuen Bedingungen keine Chance haben würde.

Mit sparsamen Mitteln entfaltete Kunze in seiner Sammlung das Panorama einer anmaßenden Obrigkeitsmentalität. Die Mehrzahl der Miniaturen kreist um die Reglementierungen, denen die DDR-Jugend ausgesetzt ist. Da heißt es etwa: »Hier wird nicht gespielt! Eure Zeit ist vorbei, geht nach Hause!« So sagt eine Polizeistreife zu Jugendlichen, die am 8. August 1973, drei Tage nach Abschluß der Weltfestspiele, auf dem Alexanderplatz Gitarre spielten. Doch das ist erst das Motto. In dem Prosastück »Nachhall«, dem es vorangestellt ist, geht es um einen jungen Mann, der seine Gitarre auf einem Polizeirevier abzuholen hat. »Auf dem Ordnungsbescheid über zehn Mark, mit dessen Entgegennahme Michael um drei Uhr morgens sein Instrument auslöste, stand: Störung des sozialistischen Zusammenlebens (Spielen mit der Gitarre).« Das ist von schlagender, bitterer Wahrheit: ein Sozialismus, der sich von Gitarren stören läßt! Dem konnte Kunze nur noch hinzufügen: nichts davon sei erfunden.

Damit war die Grenze überschritten. Ein DDR-Verlag schickte

Kunze prompt ein Kinderbuch-Manuskript zurück, das schon zur Veröffentlichung angenommen worden war. »Die Herausgabe des verleumderischen Buches ›Die wunderbaren Jahre‹ in der BRD und die Herausgabe eines Buches des gleichen Autors im Kinderbuchverlag schließen einander aus.« Ende Oktober 1976 wurde Kunze aus dem Schriftstellerverband der DDR ausgeschlossen.

Im Monat darauf brach der Streit zwischen Staat und Schriftstellern offen aus. Am 16. November 1976 wurde Wolf Biermann die Staatsbürgerschaft aberkannt. Er konnte nach einem Konzert in Westdeutschland nicht mehr in die selbstgewählte Heimat zurück – das war die spektakulärste Abfuhr, die die DDR einem ihrer Künstler bis dahin bereitet hatte. Die Schriftsteller reagierten prompt: Ebenso spektakulär richteten sie sich öffentlich gegen die Staatsführung. Höflich in der Form, hart in der Sache setzten sich zunächst Erich Arendt, Jurek Becker, Volker Braun, Franz Fühmann, Stephan Hermlin, Stefan Heym, Sarah Kirsch, Günter Kunert, Heiner Müller, Rolf Schneider, Christa Wolf sowie Gerhard Wolf und später noch andere für Biermann ein: »Biermann selbst hat nie, auch nicht in Köln, Zweifel daran gelassen, für welchen der beiden deutschen Staaten er bei aller Kritik eintritt. Wir protestieren gegen seine Ausbürgerung und bitten darum, die beschlossene Maßnahme zu überdenken.«

Die DDR ließ den Sänger nicht wieder herein. Im Gegenteil: sie ließ andere Autoren hinaus, wenn die es wollten – und bekannt genug waren. Reiner Kunze kam 1977 in die Bundesrepublik, Sarah Kirsch wechselte im Jahr darauf von Ost- nach West-Berlin. Im selben Jahr erhielt Jurek Becker die Genehmigung, sich im Ausland aufzuhalten, ohne daß ihm die Rückkehr – jedenfalls offiziell – verwehrt ist; 1979 folgte seinem Beispiel Günter Kunert, 1980 Klaus Schlesinger. Die Liste ist nicht vollständig, aber zeigt schon, wie schwierig es inzwischen geworden ist, die DDR-Literatur von der übrigen deutschen Literatur abzuheben und zu definieren: Gehört ihr nur an, was von Autoren verfaßt wird, die in der DDR leben oder ein Rückreisevisum in der Tasche haben?

4. Alltag im Sozialismus: Geschichten über Frauen

Es wäre falsch anzunehmen, in der Diskussion über die Möglichkeiten der DDR-Literatur Anfang der siebziger Jahre sei es hauptsächlich um Fragen politischer Tabus, also inhaltlicher Art gegangen. Probleme der Schreibpraxis wurden ebenso verhandelt. Und dazu hatte es nicht der Ermunterung durch Honecker bedurft. Schon Ende der sechziger Jahre waren Bücher erschienen, die für die DDR ästhetisches Neuland eroberten. Die Schwierigkeit, Wirklichkeit wiederzugeben, wurde in ihnen bis in die formale Struktur hinein dem Leser vorgeführt. »Wirklichkeit kann nicht mehr erscheinen«, sagte Kunert in seinem Gespräch mit Walther. »In Christa Wolfs ›Nachdenken über Christa T.‹ ist ja das Thema nicht die Wirklichkeit, sondern der Bezug zur Wirklichkeit, und damit ist die Wirklichkeit da. Jedes Buch, das heute versucht, die Wirklichkeit darzustellen, wäre von vornherein eine Lüge.« Neben »Nachdenken über Christa T.« (1969) war es vor allem Beckers Roman »Jakob der Lügner« (1969), in dem auf bravouröse Weise das Verhältnis von Realität und Fiktion zur Sprache kam.

Die Autoren der DDR hatten mit ganz anderen Gespenstern zu kämpfen als ihre Kollegen im Westen. »Ich weiß noch, wie das früher war«, erklärte Christa Wolf im Gespräch mit Walther, »da wurde Stunden über Fabeln diskutiert: Aber nein! Der darf die nicht heiraten, der muß erst mal in den Betrieb gehen, und dann muß er zum Parteisekretär, und dann muß der ihm sagen, daß er doch zu der zurückgehen soll und so weiter ... Das hat aber überhaupt nichts mit Kunst zu tun, das wissen wir ja alle inzwischen.« Die Literatur befreite sich aus Zwangsjacken, ohne jedoch zu ähnlichen experimentellen Formen zu kommen wie zur gleichen Zeit die deutschsprachige Literatur des Westens. Eine Wiederkehr des Erzählers konnte es später nicht geben, weil das Erzählen bei aller formalen Lockerung zu keiner Zeit in Frage gestellt war.

Im Gegenteil: nun, wo inhaltliche und formale Tabus nicht mehr in gleichem Maße galten wie zuvor, zeigten viele Autoren aus der DDR erst recht, welch genuines Erzähltalent in ihnen steckte. Einer der brillantesten Romane aus jener Zeit ist das – bei uns viel zu wenig beachtete – zweite Buch von Jurek Becker: »Irreführung der Behörden« (1973). Wie hier das Erzählen von Geschichten gleichzeitig stattfindet und problematisiert wird, das ist meisterhaft. Vom Märchen bis zu Eheproblemen findet alles Platz. Die Geschichte über einen am Ende erfolgreichen Schriftsteller ist ebenso ein Buch über die DDR wie über die Probleme literarischer Produktion. Klaus Schlesinger (wie Becker Jahrgang 1937), dessen erstes Buch 1971 erschienen war, bot dagegen mit »Alte Filme« (1975) eine klassische Erzählung. Ohne viel Abschweifungen spricht er in seiner »Berliner Geschichte« vom Alltag eines jungen Ehemanns, der es vom Schlosser zum Konstrukteur gebracht hat, nun aber in der beengten Wohnung ein bedrängendes Symbol seines ferneren Lebens sieht. Eine Lösung wird nicht geboten.

Gemeinsam ist der neuen DDR-Literatur der siebziger Jahre, daß den Romanen und Erzählungen zumeist ein optimistischer Schluß fehlt. Mitunter werden sogar verschiedene Ausgänge angeboten. Ein hierzulande kaum bekannter Autor, Helfried Schreiter (Jahrgang 1935), diskutiert innerhalb seines Romans »Frau am Fenster« (1973) mit der weiblichen Hauptfigur den möglichen Schluß. Auf ihre Frage, ob er schon Frauen das bisherige Manuskript habe lesen lassen, antwortet der Autor: »Die einen flehen mich an, unbedingt ein Ja ans Ende zu schreiben, damit sie Kraft schöpfen können, wie sie sagen, und die anderen drohen mir, das Buch gar nicht erst zu Ende zu lesen, wenn ich mich unterstehe, sie Ja sagen zu lassen, weil sie einen solchen Schluß nicht mit dem eigenen Leben in Übereinstimmung bringen können. Und Sie lächeln vielsagend.«

Geschichten über Frauen: wenn es überhaupt eine Gemeinsamkeit in der gesamtdeutschen Literatur der siebziger Jahre gegeben hat, dann ist es dieser thematische Schwerpunkt. Im Sozialismus ist die Gleichberechtigung der Frau theoretisch fest verankert, und auch in der Praxis der DDR dürfte sie weiter fortgeschritten sein als in der Bundesrepublik – was das Berufsleben angeht. Wie es im Privaten aussieht, das ist schon eine ganz andere Frage. Die Rolle der Frau in der Gesellschaft der DDR wurde von der Literatur plötzlich neu verhandelt.

Arrivierte Autorinnen machten den Anfang. Schon »Nachdenken über Christa T.« (1969) von Christa Wolf (Jahrgang 1929) gehört in die Reihe, die von Irmtraud Morgner (1933 geboren) mit dem Roman »Leben und Abenteuer der Trobadora Beatriz nach Zeugnissen ihrer Spielfrau Laura« (1974) und von Brigitte Reimann (1933–1973) mit ihrem posthum erschienen Roman »Franziska Linkerhand« (1974) fortgesetzt wurde – zwei umfangreichen und kritischen Werken. Ein Debüt war der Roman »Karen W.« (1974) von Gertie Tetzner (1936 geboren), der schon im Titel die Nachfolge zu Christa Wolfs Buch signalisierte. Es ist eine Ausbruchs- und Aufbruchsgeschichte: Karen legt ihrem Mann gleich am Anfang einen Zettel auf den Küchentisch, der an Deutlichkeit wenig zu wünschen übrig läßt. »Wir sind ganz schön verkommen. Offensichtlich fühlst Du Dich wohl. Ich reise ab und fange irgendwo auf andere Art an. Sicher bist Du einverstanden, wenn ich Bettina aus dem Ferienlager abhole und einstweilen mitnehme, ihr Temperament ging Dir immer auf die Nerven.«

Noch facettenreicher als diese Romane sind zwei Bände mit Protokollen. »Die Pantherfrau« (1973) von Sarah Kirsch (1935 geboren) enthält fünf, »Guten Morgen, du Schöne« (1977) von Maxie Wander (1933–1977) siebzehn Tonbandgespräche. Die stilistisch überarbeiteten Texte geben auf faszinierende Weise Einblick in weibliche Lebensläufe. Christa Wolf schreibt in einem Vorwort zu Maxie Wanders Protokollen: »Durch viele Anzeichen, nicht zuletzt in diesem Buch, kündigt sich nämlich bei uns ein Ungenügen vieler Frauen an: Was sie erreicht haben und selbstverständlich nutzen, reicht ihnen nicht mehr aus. Nicht mehr, was sie haben, fragen sie zuerst, sondern: wer sie sind.«

5. Im Westen: das weibliche Ich, die Väter und die Revolte von einst

In der Bundesrepublik erschien 1973 ein Buch, das große Resonanz fand und in mehrerlei Hinsicht symptomatisch ist für die Literatur der folgenden Zeit: Karin Strucks »Klassenliebe«. Es handelt sich bei diesem Debüt um ein Tagebuch, das gleichwohl als Roman annonciert wurde. Damit begann die »Wiedergeburt des Erzählens aus dem Geist der Autobiographie« (so ein Aufsatztitel des Literaturkritikers Bernd Neumann). »Was gehen uns die Parolen der linken Bürgersöhnchen an, Literatur sei Scheiße?« notiert Karin Struck, die sich als Arbeiterkind versteht. Ihr Buch war ein erster literarischer Reflex auf die Jahre der Studentenrevolte, außerdem ein Buch, in dem eine Autorin ihre Situation als Frau analysiert, schließlich und vor allem ein neuer Typus Literatur: eine direkte Ansprache an den Leser, ein Text wie ein vervielfältigter Brief. »Ein Buch ist doch immer ein Schrei um Hilfe ...«

Daß der Schrei ankam, bewies der Erfolg des Bändchens. Ein findiger Lektor prägte später den Namen »Verständigungstexte« für diese Form von Literatur, die, zwischen literarischem Anspruch und forcierter Nonchalance hin und her gerissen, ein neuartiges Zwitterwesen etablierte. Auch wenn Karin Struck mit ihren späteren Büchern diesen Erfolg nicht wiederholen konnte, war sie doch über Nacht eine bekannte Autorin geworden. Aus der begeisterten Aufnahme ihrer »Klassenliebe« sprach ein Bedürfnis nach Büchern, mit denen sich die Leser identifizieren konnten. Experimente waren nicht mehr gefragt. Aber wie ein Gewächs, das nach dem Sturm nur zaghaft die ersten neuen Zweige treibt, machte auch die Literatur vorerst nur kleine Schritte.

»Es ist ganz gut, wieder bei sich selbst anzufangen«, meinte ausgerechnet Günter Grass, der erfolgreichste Erzähler der Bundesrepublik, »zu fragen, wo stehe ich, wo ist mein Punkt.« Tatsächlich schrieben nun eine ganze Reihe etablierter Autoren autobiographische Texte. 1972 erschienen »Aus dem Tagebuch einer Schnecke« von Grass und »Die Jahre die ihr kennt« von Peter Rühmkorf, 1974 »Anhand meines Bruders« von Hans J. Fröhlich, 1975 »Montauk« von Max Frisch, 1976 »Jugend« von Wolfgang Koeppen. Thomas Bernhard veröffentlichte seit 1975 vier Bände seiner Erinnerungen. Auch Walter Kempowskis Romanzyklus, dessen erster Band 1971 erschien, ist im Grunde eine umfangreiche Autobiographie. Doch sind dies alles literarisch anspruchsvolle Werke, zudem waren ihre Autoren bei der Niederschrift durchweg in einem Alter, das die Rückschau statthaft erscheinen läßt.

Anders verhielt es sich mit Büchern, deren Verfasser ohne den Umweg über den Roman oder das Drama mit autobiographischen Texten begannen. Noch vor Karin Strucks »Klassenliebe« war »Siegfried« (1972) von Jörg Schröder erschienen, eine Autobiographie, die der Erzähler nicht einmal selbst verfaßt, sondern einem befreundeten Autor, Ernst Herhaus, zur schriftlichen Fixierung berichtet hatte. Schröder förderte auch in seiner Eigenschaft als Verleger eine Selbstdarstellungs- und Enthüllungsliteratur, die bis dahin beispiellos war – vor allem was die schonungslose Nennung von Namen und Offenlegung privater Verhältnisse betrifft. Von Rosemarie Heinikels »Rosy Rosy« (1971) bis Uve Schmidts »Ende einer Ehe« (1978) zieht sich eine lange Kette intimer Beichten. In diese Reihe, aber die anderen Beispiele doch an literarischer Qualität weit überragend, gehört auch »Die Reise« (1977/1979) von Bernward Vesper.

Vesper hatte das Manuskript seines Buches noch nicht abgeschlossen, als er im Mai 1971 Selbstmord beging. So ist der »Romanessay«, der in kaum gebändigter Wut und ungebärdiger Wucht ein fragiles Leben zwischen Politik und Poesie resümiert, nicht zu lesen, ohne den letzten Schritt des Autors dieses voluminösen Fragments vor Augen zu haben. Vesper, Sohn des NS-Schriftstellers Will Vesper, schildert seine Kindheit, den Tod seines Vaters, die Zeit der Freundschaft mit Gudrun Ensslin (beide haben einen Sohn zusammen), die Versuche, mit Rauschmitteln das Schreiben zu beflügeln. Dieses bedeutsame literarische Zeugnis, in dem immer wieder der eigene Sohn angesprochen wird, enthält eine Stelle, die einen wesentlichen Impuls dieser Form von Literatur verrät: »Es gibt einen Leser dieses Buches, Felix. Sein Tod würde bedeuten, daß es keinen Leser mehr hätte. Mein Vater hatte Millionen Leser. Aber für mich sind seine Bücher vollkommen uninteressant, denn sie sagen nichts über ihn, was man nicht aus seiner ›schematischen‹ Existenz selbst ableiten könnte.«

Der Generationenkonflikt, der auch einen wichtigen Teil der Studentenrevolte ausgemacht hatte, prägte Formen und Themen der Literatur. Der Stummheit der Elterngeneration, nicht nur die Erfahrungen und Taten im Faschismus betreffend, setzten die Jungen das Ideal einer allgemeinen Verständigung entgegen: Bedürfnisse, Träume, Gedanken sollten gegenseitig enthüllt werden. Entsprechende Lebensformen waren schon in den Jahren nach 1968 erprobt worden, in Kommunen und Wohngemeinschaften, neue kamen hinzu: die Frauengruppen. Was vorher schamhaft verhüllt war, wurde nun gemeinschaftlich erörtert – sexuelle Untreue eines Partners ebenso wie eigene unterdrückte Wünsche. Das wirkte auf die Literatur zurück: Selbst die Lyrik, einst Rückzugsburg des verschlossenen und verschlüsselten Ichs, öffnete sich dem Gesprächston. War die westdeutsche Literatur der sechziger Jahre vom Wunsch nach ästhetischer Neuerung geprägt, so ist jene der siebziger Jahre am besten anhand von thematischen Schwerpunkten zu beschreiben. Erinnerungen an die Jahre der Revolte und des Aufbruchs; Beschreibungen vom Ende der Beziehungen, nämlich von Schwierigkeiten mit der Liebe; das feministische Bemühen, eine neue Frauenliteratur zu etablieren; schließlich die Auseinandersetzung und Abrechnung mit den Vätern: das kennzeichnet vorherrschende Sujets, die die literarische Form fast nebensächlich erscheinen lassen. Alles war möglich, von der deutlichen oder verkappten Autobiographie bis zur traditionellen Erzählform. Die Summe ergibt ein starkes Mitteilungsbedürfnis: Man wollte erzählen, und die Leser wollten Geschichten hören, Geschichten, wie sie das Leben beitet. Die einschüchternde Geste eines Kunstwerks mit hohem literarischen Anspruch schien vorerst nicht gefragt zu sein.

Peter Schneiders Erzählung »Lenz« (1973) war eher eine Ausnahme. In dieser maßstabsetzenden Auseinandersetzung mit der Studentenrevolte wurde – wenn auch im wesentlichen durch den Titel – auf literarische Tradition verwiesen. Der Student Lenz freilich, die Hauptfigur, steht mitten in dieser Welt: der Welt der Revolte. Er findet durch eine Reise nach Italien Abstand zu den Kampfgenossen in Berlin: »Ihr wißt nicht, im Namen von was ihr kämpft, oder ihr wißt es, aber ihr habt es nicht drin. Weil ihr nicht für euer eignes Glück kämpft, verteidigt ihr auch nicht das Glück anderer Leute.« Damit war bereits der Tenor all jener Romane und Erinnerungen vorgegeben, die in den Jahren darauf schubweise auf den Markt kamen. Ein guter Teil dieser schnellfertigen Memoirenliteratur – etwa die Romane »Beringer und die lange Wut« (1973) von Gerd Fuchs, »Heißer Sommer« (1974) von Uwe Timm, »Der Mai ist vorbei« (1978) von Peter Henisch oder die Autobiographie »Ich habe mir eine Geschichte geschrieben« (1977) von Inga Buhmann – ist schon heute so gut wie vergessen. Aus der Flut der Literatur zu diesem Thema ragt neben Vespers »Die Reise« vor allem der Roman »Brandeis« (1978) heraus. Urs Jaeggi schildert darin die Jahre der Unruhe aus der Sicht des Hochschullehrers Brandeis: distanziert und involviert zugleich. »Es war eine verrückte Zeit. Ich fühlte mich wild, aufgewühlt, wenig später hätte man dazu gesagt: auf einem trip.« Das bezieht sich auf eine Liebesgeschichte, gilt aber zugleich für die politischen Erfahrungen. Beides, Privates und Öffentliches, findet in diesem Roman zu einer überzeugenden Synthese.

Die meisten Texte der neuen Frauenliteratur tragen autobiographische Züge. Die Bücher erschienen zumeist in Verlagen, die in den letzten Jahren von Frauen gegründet wurden, oder in eigenen Reihen innerhalb der etablierten Verlage. Obgleich zum großen Teil Debüts, fanden viele Texte schnell eine große Leserschaft. Der bekannteste Band aus dem Kreis der im engeren Sinne feministischen Literatur ist bis heute »Häutungen« (1975) von Verena Stefan (Jahrgang 1947) geblieben, im Erfolg mittlerweile bedrängt durch »Der Tod des Märchenprinzen« (1980) von Svende Merian (1955 geboren). Eine eher gemäßigte Position führte Elisabeth Albertsen (Jahrgang 1942) in »Das Dritte« (1977) vor, einem Prosastück mit literarischem Anspruch, das ebenfalls mehrere Auflagen erlebte. Erzählt wird die Geschichte einer Mutter von zwei Kindern, die sich gegen den Willen ihres Mannes zu einer Abtreibung durchringt. Als Antwort auf die Texte der Frauen oder doch zumindest im Zusammenhang mit der feministischen Diskussion sind einige Bücher von männlichen Autoren zu verstehen. Dazu zählen die Prosatexte »Unpersönliche Abläufe« (1976; 1979 unter dem Titel »Starrer Ablauf«) und »Angaben zur Person« (1978) von Siegfried Wollseiffen (1944 geboren), »Die Veränderung der Sehnsucht« (1980) von Wolfgang Utschick (Jahrgang 1946) sowie – zumindest passagenweise – »Der schöne Vogel Phönix« (1979) von Jochen Schimmang (1948 geboren).

Mitunter genügt es, Titel aufzuzählen, um einen literarischen Trend zu belegen. Die Häufung von Romanen und Erzählungen mit Vätern im Mittelpunkt ist – innerhalb eines Zeitraums von nur fünf Jahren – ein so auffälliges wie bemerkenswertes Phänomen der deutschen Literatur. Die Phalanx nahm 1975 mit Peter Henischs Roman »Die kleine Figur meines Vaters« ihren Auftakt, setzte sich mit Elisabeth Plessens Roman »Mitteilung an den Adel« (1976), Paul Kerstens Erzählung »Der alltägliche Tod meines Vaters« (1978), Sigfrid Gauchs Prosa »Vaterspuren« (1979), Roland Langs Roman »Die Mansarde« (1979) und Ruth Rehmanns Erinnerungen »Der Mann auf der Kanzel« (1979) fort, um im Jahr 1980 in folgenden Titeln zu kulminieren: Christoph Geisers »Brachland«, Peter Härtlings »Nachgetragene Liebe«, Christoph Meckels »Suchbild«, Brigitte Schwaigers »Lange Abwesenheit«, Günter Seurens »Abschied von einem Mörder« und Jutta Schuttings »Der Vater« – von dem schon erwähnten Roman Bernward Vespers ganz abgesehen. Bemerkenswert war nicht allein die Häufung, sondern auch der Zeitpunkt des Erscheinens. So fragt sich der Autor Michael Schneider mit Recht, »warum die literarische Auseinandersetzung mit der Vergangenheit der Väter mit einer so offenkundigen Verspätung einsetzt, warum keiner der schreibenden Söhne und Töchter die Väter schon zu Lebzeiten mit den Fragen bedrängt hat, die sie ihnen nun ins Grab nachschicken«.

Denn tatsächlich sind diese autobiographischen Abrechnungen mit der Vätergeneration fast allesamt Nachrufe, und sie kreisen immer wieder um zwei Probleme, die ebensogut vor dem Tod der Erzeuger hätten aufgetischt werden können: deren Verhalten während der Zeit des Faschismus und ihre Praxis als Erzieher der eigenen Kinder. Tatsächlich geht es in diesen Büchern nicht allein um »nachgetragene Liebe«, nicht nur um die »kleine Figur« des Vaters, sondern auch und gerade um die Person des Schreibers. »Der Blick zurück auf die Väter ist zugleich Retrospektive auf die Wurzeln des eigenen Gefühlslebens«, schreibt Michael Schneider in einer Analyse der wichtigsten der zuvor genannten Werke (»Väter und Söhne, posthum«). Die »nachtragenden« Biographen spürten vor allem eigener Entwicklung nach und setzten so mit anderen Mitteln die frühen autobiographischen Texte der siebziger Jahre fort. Schneider: »Im nachhinein leuchten diese Väter- respektive Autobiographien auch den generationsspezifischen Hintergrund aus, vor dem die Protestbewegung von 1968 zu sehen ist. Diese scheint für alle Autoren zum biographischen Schlüsselerlebnis geworden zu sein; ist doch ihr Blick zurück ganz entscheidend von Sehweisen und Begriffen geprägt, wie sie sich erst 1968 und danach herausgebildet haben.«

6. »*Ich will ein Erzähler sein*«

War die Zeit der literarischen Formexperimente endgültig vorbei? Die Wiederkehr des Erzählers zeigte sich nicht zuletzt in zahlreichen Äußerungen des Umdenkens bei einst experimentellen Autoren. Peter Handke, der in den sechziger Jahren die formalen Errungenschaften der Konkreten Lyrik aufgenommen und von sich behauptet hatte, er könne in der Literatur keine Geschichten mehr vertragen, sagte Anfang der siebziger Jahre nach Erscheinen seines Kurzromans »Der kurze Brief zum langen Abschied« (1972) in einem Interview: »Ich bin jetzt der Meinung, daß eine Fiktion nötig ist, eine reflektierte Fiktion, damit die Lesenden sich wirklich identifizieren können. Und Identifikation möchte ich schon erreichen.« Wolf Wondratschek, nach 1969 ebenfalls als Verfasser experimenteller Prosatexte bekannt geworden, meinte 1977 rückblickend und selbstkritisch: »Diese Literatur, die ich eine Zeitlang produzierte und auch politisch begriff, war – so persönlich sie mir vielleicht vorkam – eine Unterschlagung meiner Person. Sie war auch keineswegs realistisch im Sinne irgendeines tiefen Interesses an der Realität. Meine Sprache erzählte nicht, sie führte etwas vor.«

Auch Michael Scharang fragte sich 1979, zehn Jahre nach seinem Debüt als experimenteller Schriftsteller, warum er sich so lange mit Langeweile gequält habe – »warum habe ich mich nicht in Spannung versetzt mit einer spannenden Geschichte, wer hindert mich denn daran?« Und er hatte auch gleich eine Antwort parat: Es waren die Kritiker, die Leute »mit dem ganz feinen Geschmack«. Sie lobten ihn für Texte, die nur sie verstehen. »Deshalb«, so meinte Scharang grollend, »ziehen diese Kritiker die schalsten Ornamente der besten Geschichte vor, hier haben sie etwas, das ist nur für sie, dafür interessiert sich sonst keiner.«

Jürgen Becker und Wondratschek, die vormals mit Texten die Gattungsgrenzen überwinden wollten, schrieben nun Gedichte. Horst Bienek, der sich noch 1970 mit »Bakunin, eine Invention« der Collageform bedient hatte, eröffnete mit »Die erste Polka« (1975) einen konventionell erzählten, zur gehobenen Unterhaltungsliteratur tendierenden Romanzyklus, den er mit »Septemberlicht« (1977) und

»Zeit ohne Glocken« (1979) fortsetzte. Hans J. Fröhlich, dessen erste Arbeiten hochkompliziert waren, schrieb – nach seinem autobiographischen Buch »Anhand meines Bruders« (1974) – mit »Im Garten der Gefühle« (1975) einen der anmutigsten und tiefsinnigsten Romane über den Zustand der Liebe in unserer Zeit. »Ich will ein Erzähler sein«, teilte Gerhard Roth 1976 einem Besucher mit. Über seinem Schreibtisch steckte zeitweise ein Schild mit dem Wort »Einfach!«. Roth, der Anfang der siebziger Jahre experimentelle Arbeiten veröffentlichte, wandte sich in seinem Roman »Der große Horizont« (1974) dem ungezwungenen Erzählen zu und hielt an dieser Schreibform auch bei den Romanen »Ein neuer Morgen« (1976) und »Winterreise« (1978) fest.

Neue Autoren begannen mit einer Selbstverständlichkeit umfangreiche Romane zu schreiben, als habe es niemals eine Krise des Erzählens gegeben. Gerold Späth aus der Schweiz ist hier zu nennen und auch Eckhard Henscheid, dessen in Frankfurt am Main spielender »historischer Roman aus dem Jahr 1972« mit dem Titel »Die Vollidioten« 1973 zunächst als Privatdruck, 1978 dann mit großem Erfolg im Verlag »Zweitausendeins« erschien (der sich in erster Linie an ein jüngeres Publikum wendet). Henscheids Roman, der in genüßlicher Umständlichkeit die Nichtigkeiten des Alltags durchspielt, ist eine erfrischend komische Parodie auf die Art und Weise, in der die Zeitgenossen über sich und ihre Beziehungen reden (und schreiben). Der zweite Roman von Henscheid machte das schon im Titel deutlich: »Geht in Ordnung – sowieso – – genau – – –« (1977). Den Abschluß der eigenwilligen »Trilogie des laufenden Schwachsinns« bildete der Roman »Die Mätresse des Bischofs« (1978).

Natürlich gab es auch in den siebziger Jahren neue experimentelle Texte. Einige Autoren variierten ihre Schreibmuster, öffneten die Texte zaghaft welthaltigeren Sujets, ohne doch Abstriche an ihrem ästhetischen Credo oder gar Konzessionen an einen geänderten Publikums- (oder Verleger-)geschmack zu machen. Gert Jonke, Ende der sechziger Jahre mit dem »Geometrischen Heimatroman« (1969) als Verfasser komplexer Texte bekannt geworden, sprach auch mit der Erzählung »Schule der Geläufigkeit« (1977) und dem Roman »Der ferne Klang« (1979) nur einen kleinen –, dafür umso begeisterteren – Kreis von Lesern an. Elfriede Jelinek, die 1970 mit einem originellen Montageroman debütierte (»wir sind lockvögel baby«), setzte ihr Bemühen, die Sprache des Comics und des Fernsehens zitierend zu konterkarieren, erfolgreich in dem Prosaband »Michael« (1972) fort, den sie bissig »Ein Jugendbuch für die Infantilgesellschaft« nannte, und nutzte die strenge formale Form (etwa die Kleinschreibung) auch noch in dem sozialkritischen Roman »Die Liebhaberinnen« (1978). Daß der Übergang zur konventionellen Schreibform, den auch Elfriede Jelinek schließlich versuchte, nicht immer ohne Probleme ist, demonstrierte ihr Roman »Die Ausgesperrten« (1980), der ohne Überzeugungskraft einen authentischen Mordfall verarbeitet.

7. Umwege des Gesellschaftsromans

Bertolt Brecht war es, der am Kriminalroman als erster »Merkmale eines kultivierten Literaturzweigs« entdeckte. Die Variation mehr oder weniger festgelegter Elemente verleihe dem ganzen sogar ästhetisches Niveau, meinte er. Das wird heute nur noch selten geleugnet. Den plumpen Rätselkrimi (Wer war's?) gibt es kaum noch: Die Auflösung eines Mordes stellt oft mehr Fragen, als daß sie befriedigende Antworten zuläßt.

Wie ist es zum Mord gekommen? Ist der Täter wirklich schuldig? Solche Fragen lenken den Blick vom Mörder und seinen privaten Motiven auf die Gesellschaft, die ihn hat werden lassen, was er ist. Das heißt nicht gleich, daß der einzelne aus der Verantwortung genommen und jede seiner Handlungen entschuldigt wird, doch die Umgebung wird nun mitbeschrieben und genau beobachtet. So ist es kein Wunder, daß der Gesellschaftsroman, um den sich die deutsche Literatur der siebziger Jahre bei aller Erzähllust drückte, im Krimi zu neuen Ehren gekommen ist. Hier findet man, was man dort vermißt: Charaktere, Handlungen, Verwirrungen und Auflösungen. Im populären Genre darf man mit den überlebten Mustern spielen: wie die Popmusik mit den Harmonien des Klassik.

Die besten Krimis von -ky schildern unsere Gegenwart mit Scharfsinn, Witz und Hintergründigkeit. Sie spielen nicht zufällig im Universitätsmilieu: Der Autor, der 1981 nach zehn Jahren sein Pseudonym lüftete, ist der Hochschulprofessor Horst Bosetzky. »Einer von uns beiden« (1972) beschreibt den zähen Kampf eines verlotterten Studenten, dem eine Entdeckung neuen Lebensmut gibt. Er kann beweisen, daß die Doktorarbeit eines renommierten Hochschullehrers ein Plagiat ist. Er erpreßt den Mann, der so lange stillhält, bis der Jüngere sich auch noch an die Tochter heranmacht. Dann erst schlägt der Angegriffene erbarmungslos zurück.

Der Roman »Stör die feinen Leute nicht« (1973) verlagerte das Geschehen in eine fiktive Kleinstadt: nach Bramme, wo auch noch weitere von Bosetzkys Krimis spielen. Eine Soziologiestudentin will ihre Abschlußarbeit über diesen Ort schreiben. Nicht zufällig: hier wurde sie geboren. Die junge Frau sucht nicht nur soziologische Daten, sondern zugleich den Mann, der ihre Mutter vergewaltigt hat. Sie erfährt mehr, als für eine Diplomarbeit gut ist. Verlogenheit und Abhängigkeit werden ihr vor Augen geführt: Machtverhältnisse in der westdeutschen Provinz.

Auch in Kleinigkeiten sind Bosetzkys Romane verläßlich: Sie schildern nicht nur die Nöte der Hauptpersonen, sondern legen Wert auf die Leute am Rande. Treffend gekennzeichnete Nebenfiguren machen einen großen Teil ihres Reizes aus. Stilistisch hat der Autor Niveau: manch ausführlich rezensierter Jungautor könnte bei ihm etwas lernen. Im übrigen nutzte Bosetzkys die Chance, die sich einem Autor eröffnet, der nicht für die Ewigkeit schreibt: die des aktuellen Zugriffs.

Die Romane von -ky reagierten unmittelbar auf Zeittendenzen. »Es reicht doch, wenn nur einer stirbt« (1975) ging von einer Geiselnahme aus (eine Schulklasse in der Hand eines Mannes, der den Tod seiner Freundin rächen will), »Einer will's gewesen sein« (1978) spielte im Milieu einer fiktiven Berliner Sekte, »Kein Reihenhaus für Robin Hood« (1979) nahm den Terrorismus aufs Korn (ein Pärchen wird in die Machenschaften einer Untergrundgruppe hineingezogen). Hier zeigten sich allerdings auch Grenzen des Autors: Allzu gewagte Konstruktionen strapazierten die literarische Glaubwürdigkeit.

Der Krimi wurde salonfähig. Bezeichnete der bis dahin hauptsächlich als Dramatiker aufgetretene Richard Hey sein Buch »Ein Mord im Lietzensee« (1973) noch als Roman, so etikettierte er dessen Fortsetzung »Engelmacher & Co« (1975) treffend als Kriminalroman. Beide Bände ergeben mit »Ohne Geld singt der Blinde nicht« (1980) eine Romantrilogie von erzählerischer Verve und sozialkritischer Schärfe. Zusammengehalten werden die drei Bücher durch die Figur einer Kommissarin, Katharina Ledermacher, die am Ende resigniert: Eingespannt in Machenschaften des Verfassungsschutzes, von ihrer Aufgabe weniger und weniger überzeugt, nimmt sie den Abschied.

Auch die Kriminalromane von Felix Huby (Jahrgang 1938), dessen erster 1977 erschien (»Der Atomkrieg von Weihersbronn«), haben den Reiz einer durchgängigen Kommissarfigur: in diesem Fall des schwäbisch schwätzenden Hauptkommissars Bienzle. Detlev Wolff (1934 geboren) – sein Debüt trug den Titel »Die ungeliebte Leiche« (1978) – machte einen Warenhausdetektiv zum Serienhelden, Fred Breinersdorfer (1946 geboren) einen Privatdetektiv mit abgebrochenem Jurastudium; Breinersdorfers Erstling hieß »Reiche Kunden killt man nicht« (1980).

»Es bereitet schon Genuß, Menschen handelnd zu sehen«, hatte Brecht gesagt, »Handlungen mit faktischen, ohne weiteres feststellbaren Folgen mitzuerleben.« Die genannten Autoren hielten sich bisher allesamt daran. Zugleich waren ihre Romane stets ein Stück Gesellschaftskritik, ganz in dem Sinne von Brechts Ansicht, ein Abenteuerroman könne heute kaum anders geschrieben werden denn als Krimi. Seine lakonische Begründung: »Abenteuer in unserer Gesellschaft sind kriminell.«

8. Sozialkritik und Utopieverlust

Diese Äußerung Brechts ließe sich – ironisch gewendet – auch als Motto über die Erfahrung setzen, die ein deutscher Schriftsteller in den letzten Jahren mit einer ganz anderen Form von Gesellschaftskritik gemacht hat. Als Günter Wallraff sich im Mai 1974 vor einem griechischen Militärgericht dafür verantworten mußte, daß er auf dem Athener Syntagma-Platz Flugblätter verteilt hatte, hielt er den Richtern nicht nur seine politischen Motive, sondern auch sein Selbstverständnis als Autor entgegen: »Es ist mein Handwerkszeug und Ausdrucksmittel als Schriftsteller un Publizist, nicht aus zweiter Hand, vom Hörensagen her zu berichten, sondern vorrangig das in meinen Veröffentlichungen wiederzugeben, was ich zuvor selbst erlebt habe, was ich bezeugen und wofür ich mich verbürgen kann.«

Schon lange vor dem Griechenland-Unternehmen hatte Heinrich Böll gesagt: »Ich habe nur einen Einwand gegen Wallraffs Methode: er wird sie nicht mehr lange anwenden können, weil er zu bekannt wird.« Der absehbare Weg ins griechische Gefängnis war nicht nur eine weitere Recherche in Wallraff-Manier, sondern zugleich der Versuch, aus der eigenen Produktionskrise einen Ausweg zu finden. »In meiner Arbeit hatte ich einen Punkt erreicht, wo der lange Atem fehlte, die Puste ausging, der Faden riß. Dem Druck von allen Seiten, produzieren zu müssen, fühlte ich mich nicht mehr gewachsen.« Nachzulesen sind Wallraffs griechische Erfahrungen, die Darstellung der Torturen im Athener Folterkeller und seine Verteidigungsrede in dem Band »Unser Faschismus nebenan« (1975, in Zusammenarbeit mit Eckart Spoo). Gerade die bis ins Extreme gesteigerte Selbsterfahrung macht Wallraffs eigene Berichte zu einer beklemmenden Lektüre.

Der hauptsächlich private Erfahrungsraum eines Schriftstellers hat Wallraff – bis auf längst verworfene Anfängerarbeiten – nie interessiert. Sein Augenmerk richtete sich auf jene gesellschaftlichen Bereiche, die man nicht kennenlernen kann, ohne sich vom Schreibtisch zu erheben. Ebensowenig wollte er diese Stätten nur wie ein Tourist erkunden. Er versuchte, soweit es einem Außenstehenden möglich ist, einzudringen und sich einzuleben. Nicht immer standen ihm die Türen offen, besonders nachdem allmählich bekannt wurde, daß der hellhörige Einzelkämpfer seine Informationen weder für sich zu behalten gedachte noch vorher anfragte, ob und in welchen Grenzen eine Veröffentlichung genehm wäre. Darauf bezog sich Bölls Einwand: Man würde Wallraff eines Tages nirgendwo mehr hereinlassen.

Zweierlei Fähigkeiten Wallraffs gaben den Texten fast immer auch literarischen Rang: zum einen den Lesern über die Identifikation mit dem eindringenden Beobachter auch zu einem Interesse für das Beobachtete zu bringen, zum andern den sinnlich erfaßten und vermittelten Einzelfall nicht zum Allgemeinfall zu erklären, sondern allenfalls als symptomatisch zu begreifen (was, wie Wallraff oft genug gezeigt hat, nicht heißen muß, den Skandal zu entschärfen). So gesehen, haben Wallraffs beste Texte zugleich etwas von Abenteuergeschichten an sich: er selbst ist der Held, der für seinen Leser die Welt durchstreift und, indem er sie provoziert, etwas über sie in Erfahrung bringt. Von daher rühren die Spannung bei der Lektüre und die Glaubwürdigkeit des Autors.

Nachdem die Arbeiten Wallraffs 1976 gesammelt als »Die Reportagen« in einem Band publiziert waren und seine Aktivität ihren Höhepunkt überschritten zu haben schien, überraschte er im Jahr darauf mit einer neuen spektakulären Aktion. Er arbeitete unerkannt in einer der Redaktionen der »Bild«-Zeitung. Seine Einblicke und Einsichten schlugen sich in den Büchern »Der Aufmacher« (1977), »Zeugen der Anklage« (1979) und »Das Bild-Handbuch« (1981) nieder.

Die Arbeitswelt – ein bevorzugtes Feld von Wallraffs Reportagen – war auch ansonsten Gegenstand literarischen Bemühens. Neben Wilhelm Genazino, der den Angestellten Abschaffel in einer Romantrilogie (»Abschaffel«, 1977; »Die Vernichtung der Sorgen«, 1978; »Falsche Jahre«, 1979) durch den Alltag von Frankfurt am Main pendeln ließ, waren es auffallend viele Autoren aus Österreich, die von den Sorgen am Arbeitsplatz in Landwirtschaft und Industrie zu berichten wußten. Zu nennen sind etwa die Romane von Michael Scharang (»Charly Traktor«, 1973; »Der Sohn eines Landarbeiters«, 1976) und Helmut Zenker (»Wer hier die Fremden sind«, 1973; »Das Froschfest«, 1977). Gernot Wolfgruber demonstrierte mit seinem Roman »Niemandsland« (1978), welch komplexer Lebensausschnitt mit dem Sujet des sozialen Aufstiegs zu verknüpfen ist. Franz Innerhofer stellte in den drei Romanen »Schöne Tage« (1974), »Schattseite« (1975) und »Die großen Wörter« (1977) den eigenen Weg vom Landarbeiter zum Schriftsteller dar, eine – besonders im ersten Band – faszinierende und bedrückende Darstellung sozialer Mißstände und entwürdigender Lebensverhältnisse.

Daß die zweite Hälfte der siebziger Jahre nicht mehr die Zeit der großen politischen Entwürfe und Hoffnungen war, ist freilich auch den meisten dieser sozialkritischen Bücher anzumerken. Der Eintritt in die richtige Partei löst in ihnen nicht mehr automatisch die Probleme am Arbeitsplatz oder der Gesellschaft überhaupt. Am besten läßt sich die Wende in der Stimmung unter Intellektuellen wohl an den Texten eines Schriftstellers ablesen, der seit den fünfziger Jahren kontinuierlich in Vers und Essay als subtiler Kommentator fungiert hat: gemeint ist Hans Magnus Enzensberger.

Schon vor den Aufbruchseuphorien von 1968 hatte er in einem Gedicht skeptisch gefragt: »Die Spuren des Fortschritts sind blutig. / Sind es die Spuren des Fortschritts?« 1975 errichtete er ein lyrisches »Mausoleum« für Forscher und Erfinder in »Siebenunddreißig Balladen aus der Geschichte des Fortschritts«. Seine Auswahl war irritierend: Gutenberg, Semmelweis, Darwin waren zweifellos Beispiele für brave Diener an der Menschheit. Aber: Haussmann, der die prächtigen Boulevards in Paris bauen ließ, um Aufständen leichter Herr werden zu können, Taylor, der die Voraussetzungen zur Fließbandarbeit schuf, oder gar Cerletti, der den Elektroschock als Therapiemethode einführte? Mit ihnen zeigten sich Risse in der Fortschrittsfassade. Enzensbergers Gedichtband, exemplarisch in seiner fragenden poetischen Haltung, legte Utopisten und Technokraten gleichermaßen die Frage nah, ob sie noch wissen, in welche Richtung sie marschieren. Er selbst sah sich wenig später, in seinem Gedichtzyklus »Der Untergang der Titanic« (1978), wie auf einem sinkenden

Luxusliner: »Wir saßen alle in einem Boot.« Wem das noch nicht deutlich genug war, den fragte Enzensberger in seinem Gedichtband »Die Furie des Verschwindens« (1980) noch einmal: »Utopien? Gewiß, aber wo? / Wir sehen sie nicht. Wir fühlen sie nur / wie das Messer im Rücken.«

9. *Lustprinzip versus Schreibanstrengung*

Eigentlich – dieses Wort spielt eine große Rolle in Hans Christoph Buchs »Bericht aus dem Inneren der Unruhe« (1979). Der erste Satz lautet: »Eigentlich bin ich hergekommen, um einen Roman zu schreiben.« Stattdessen schrieb er ein Tagebuch und hielt dort fest: »Schon wieder bin ich dabei, meine Kräfte zu zersplittern: ich schreibe nie das, was ich ›eigentlich‹ schreiben will«, um sich dann selbst beizuspringen: »aber vielleicht ist das Uneigentliche bei mir das Eigentliche.« Es geht in seinem Buch um die Ereignisse in und um Gorleben, es geht um den Widerstand von Anwohnern und Zugereisten gegen die Vorbereitungen für den Bau einer Atommülldeponie und Wiederaufbereitungsanlage, es geht um Diskussionen innerhalb der Bürgerinitiative, um Protestformen und um die Auseinandersetzungen mit politischen und staatlichen Kräften. Und es geht um den privaten Anteil daran: Wie verhält und verändert sich einer, der sich in diesen Widerstand einspannt und einlebt? Der Titel dieses »Gorlebener Tagebuchs« deutet also auf zweierlei: auf die öffentliche Angelegenheit und deren Echo im Innenleben des Beteiligten.

Eine klassische Ausgangslage für literarische Prosa. Hans Christoph Buch führte sein Diarium auch zunächst als Stoffsammlung für einen Roman, den er dann aber nicht schrieb. Er glaubte nach einigen Anstrengungen nicht mehr, das Manuskript je in eine »bessere, geschweige denn endgültige Fassung« bringen zu können. Also entschloß er sich, die Stoffsammlung selbst zu veröffentlichen. In einer Nachbemerkung beeilte er sich, Einwänden vorzubeugen: »Der Text erhebt keinerlei literarischen Anspruch: er ist keine schöne Literatur, auch keine Dokumentarliteratur – vielleicht, wenn es hoch kommt, ein literarisches Dokument.«

Auf den 450 Seiten dieser Stoffsammlung findet sich Material genug für mehr als einen Roman. Vielleicht hätte Hans Christoph Buch deutlicher machen sollen, warum er diesen Roman nicht schreiben konnte. Es gibt im Tagebuch selbst nur Andeutungen, die immerhin den Anspruch eines symptomatischen Scheiterns stellen. Buch spricht von der eigenen Lebens- und Arbeitsunfähigkeit, um dann zu der Vermutung zu kommen, das alles sei nicht nur sein persönliches Problem, »sondern das Versagen einer ganzen Generation, die nur zum Konsumieren erzogen wurde«. Bei anderer Gelegenheit, in einer Rede beim Grazer Literaturtreffen 1976, hatte Buch zuvor schon einige Hinweise gegeben. Unter der Vokabel »Narzißmus« faßte er dort Eigenschaften einer »Zeitkrankheit« zusammen: »die Unfähigkeit, erwachsen zu werden, dauerhafte Objektbeziehungen aufzubauen, Versagungen zu ertragen, die Regression auf infantile Verhaltensmuster, orale Ersatzbefriedigungen, Drogenkonsum, kaputte Sexualität.« Und er folgerte: »An die Stelle der von Freud als Über-Ich bezeichneten moralischen Instanz ist der Imperativ der sofortigen und bedingungslosen Lusterfüllung getreten.« Auf die Literatur bezogen: »Da solche Prozesse in der Regel unbewußt verlaufen, handelt es sich nicht um eine freie Willensentscheidung, für die der einzelne, auch der einzelne Autor, haftbar gemacht werden kann.«

Schreiben hatte in den siebziger Jahren vielfach mit Impulsen zu tun, die von der Literatur wegführten oder, wenn man so will, ihren Bereich ausweiteten. Es wurde keineswegs weniger Papier gefüllt als zuvor. Allem Anschein nach sogar mehr. Die Lektorate jedenfalls wurden mit Manuskripten plötzlich überlaufen, nachdem am Anfang des Jahrzehnts Ruhe und Stille eingekehrt war. Es kamen nun vor allem: Gedichte und Lebensgeschichten, Tagebücher und Erinnerungen. Am Ende zeigte sich klar: Es war dies eine Dekade der Ich-Geschichten, im unverblümten, direkten Sinne. Jeder wollte von sich, hauptsächlich von sich erzählen. »Etwas Grundlegendes hat sich in den letzten Jahren verändert«, schrieb Ursula Krechel in einem Aufsatz über »Das Authentische in der gegenwärtigen Literatur«: »Relativ unbekümmert beginnen Autoren relativ unverstellt von sich zu sprechen.«

Die »spontane Lusterfüllung«, von der Hans Chrisoph Buch sprach, bedeutete ja nicht, daß man nur noch herumlief und das Leben suchte. Es wurde geschrieben. Aber die Notizen, Entwürfe, Materialsammlungen schienen ihre Verfasser dann unverzüglich zu entzücken: so, authentisch, unverstellt, unretuschiert sollte es auch auf den Leser kommen. Peter Handke hatte die Aufzeichnungen seines Journals »Das Gewicht der Welt« (1977) zunächst nicht für die Veröffentlichung geplant. »Es wurde mit ihnen in der Absicht begonnen«, heißt es in einer Vornotiz, »sie in einen Zusammenhang zu bringen, etwa einer Geschichte.« Doch dann: »Je länger und intensiver ich damit fortfuhr, desto stärker wurde das Erlebnis der Befreiung von gegebenen literarischen Formen und zugleich der Freiheit in einer mir bis dahin unbekannten literarischen Möglichkeit.« So publizierte er schließlich ein mehr als dreihundert Seiten umfassendes Notizenkonvolut aus anderthalb Jahren: kein Tagebuch im herkömmlichen Sinn, sondern eine Sammlung von Versuchen, auf Alltagsgeschehen unmittelbar sprachlich zu reagieren.

Rolf Dieter Brinkmann, der sich Ende 1972, Anfang 1973 als Stipendiat der Villa Massimo in Rom aufhielt, füllte während dieses Vierteljahres mit geradezu fieberhafter Hektik Seite um Seite: Notizen, hauptsächlich aber Briefe (an seine Frau, an Freunde), die er mit Postkarten, Textauszügen, Fahrplänen, geographischen Skizzen und eigenen Fotos zu einer Collage vermengte. Diese Sammlung erschien nach seinem Tod unter dem Titel »Rom, Blicke« (1979). Tatsächlich sind diese Texte – darunter ein Brief von etwa 150 Seiten – mehr als Produkte des Willens zur Korrespondenz. Hier hat ein Autor in kurzer Zeit die Erfahrungen seines vergangenen und gegenwärtigen Lebens zu bannen versucht: für den Leser ein oft quälendes, in seiner leiderfüllten Obsession aber immer auch faszinierendes Stück Literatur.

Denn das muß deutlich gesagt werden: viele autobiographische Texte der siebziger Jahre (in Ost und West) sind bedeutende Literatur. Daß es daneben auch eine Reihe zum Teil überflüssiger, zum Teil nur bestimmte Zirkel interessierender Tagebücher und Memoiren gegeben hat, ist eine andere Sache. Der Schriftsteller Hermann Peter Piwitt hat über diese Produkte einmal den gültigen Satz geschrieben: »Schriftstellernder Dilettantismus ist eben nicht deshalb immer schon volksnah, weil Lesermassen – auch und gerade junge! – ihre eigenen vermantschten Gefühle, ihr verquatschtes Weltbild, ihre geliehene Sprache, ihren Mangel an Ausdruck und Bildung darin wiederfinden.«

Viele der Autobiographien, die den Tag überdauern könnten, verdanken sich schweren Krisen und Krankheiten. »Krankheit ist Wüste«, lautete das Motto des Erinnerungsbands »Kapitulation« (1977) von Ernst Herhaus, »aber Krankheit ist auch mein Zelt in der Wüste, in dem erzählt wird.« Herhaus beschrieb in drei Büchern – schonungslos auch gegen sich selbst – »Aufgang« und Niederringung der Krankheit Alkoholismus, wobei die Bände »Der zerbrochene Schlaf« (1978) und »Gebete in der Gottesferne« (1979) die Eindringlichkeit des ersten nicht zu wiederholen vermochten. Tilmann Mosers

»Lehrjahre auf der Couch« (1974) und Maria Erlenbergers »Der Hunger nach Wahnsinn« (1977) waren anspruchsvolle Beschreibungen psychischer Krisen und Erkrankungen. Günter Steffens schließlich verarbeitete in seinem autobiographischen Roman »Die Annäherung an das Glück« (1976) einen alptraumhaften Persönlichkeitsverfall nach dem Krebstod seiner Frau und einer Phase des Alkoholismus. Auch dies ist ein Buch von zermürbender Unmittelbarkeit. »Und die Sonne schien, und ich bedachte, wie doch diejenigen, die uns zu lieben behaupten, immer darauf aus sind, uns das Leben auszutreiben.«

10. Kleine Form, große Erfolge

Natürlich gab es auch in den siebziger Jahren Romane, Theaterstücke und Gedichte jener Autoren, die sich schon in den fünfziger und sechziger Jahren einen Namen gemacht hatten. Heinrich Böll und Günter Grass, Max Frisch und Martin Walser, Friedrich Dürrenmatt und Siegfried Lenz schrieben ja weiter und kümmerten sich nur bedingt um das, was hier als neue deutsche Literatur verstanden wird. Vielleicht paßt es zum Trend, daß erfolgreiche, von der Kritik besonders gewürdigte Bücher die kleine Form hatten: Die autobiographischen Texte von Frisch (»Montauk«) und Koeppen (»Jugend«), die Novelle »Ein fliehendes Pferd« (1978) von Martin Walser waren Bändchen von geringem Umfang. Aber daneben stand sogleich ein Mammutwerk von Grass: jener Roman »Der Butt« (1977), der schon bald nach seinem Erscheinen zu einem der größten Bucherfolge der deutschen Nachkriegsliteratur geworden ist.

Andere Auflagenrenner waren – neben Romanen von Konsalik und Simmel – der Kriegsroman »Das Boot« (1973) von Lothar-Günther Buchheim, der Roman »Das Heimatmuseum« (1978) von Lenz und die literarischen Märchen »Momo« (1973) und »Die unendliche Geschichte« (1979) von Michael Ende. Auch Walter Kempowski konnte sich mit seinem Romanzyklus nach und nach die Gunst der Leser sichern. Unter der Hand etablierte sich so etwas wie der gehobene Unterhaltungsroman, für den die neueren Bücher von Peter Härtling ebenso stehen wie Romane von Leonie Ossowski: Arbeiten von mehr oder weniger hohem literarischen Anspruch, die gleichzeitig das Bedürfnis nach Spannung und Identifikation befriedigten.

»Für mich«, sagte schon 1972 Alfred Andersch, »verbirgt sich in den Angriffen auf das Erzählen auch – ich muß es leider sagen – etwas Inhumanes. Ich hoffe, daß diese inhumane Tendenz den Feinden des Erzählens einmal ins Bewußtsein kommt. Wer keine Geschichten von Menschen sich anhören will, ist mir verdächtig.« Wenn die siebziger Jahre der Literatur etwas brachten, dann die Erneuerung des Erzählens, die Wiederkehr des Erzählers – und sei es stolpernd, mühsam die ersten autobiographischen Schritte setzend. Es war in vielerlei Hinsicht ein Jahrzehnt des Umdenkens: manches, was an seinem Beginn als fortschrittlich gegolten hatte, wurde revidiert. Wenn das Gespräch über Bäume plötzlich wieder wichtig wurde, wenn das Bewahrende an Bedeutung gewann gegenüber dem Experiment und der Innovation, so betraf das nicht nur, aber auch die Literatur und veränderte nachhaltig ihr Selbstverständnis. Der Rückgriff auf traditionelle Erzählformen war plötzlich von dem Verdacht entlastet, rückwärtsgewandt zu sein. Selbst Mythos und Märchen paßten wieder ins Bild. Es mögen weniger Werke als in den zwei Jahrzehnten zuvor sein, die nun in die Literaturgeschichte eingehen werden, doch für den Zeitgenossen und Leser war die deutsche Literatur der siebziger Jahre eine lebendige, vielgestaltige Angelegenheit voll innerer Spannungen, eine Literatur, die sich nicht abkapselte, sondern feinfühlig, vielleicht hier und da etwas schnellfertig auf die Erschütterungen dieser Jahre reagiert hat.

Vor allem war es, mit Andersch gesprochen, eine Literatur, die »Geschichten von Menschen« zu bieten hatte. Und beides ist ja so wohltuend wie angstbannend: solche Geschichten zu berichten und sie zu hören. »Angst, ich komme«, notierte Ernst Herhaus in seinem Erinnerungsbuch über den »Aufgang einer Krankheit«. »Ich komme nicht als Gegner, ich komme als Erzähler.«

(November 1981)

I EXPERIMENTIEREN

> »Als erstes mißtraut der Leser allem,
> was die Phantasie des Autors ihm
> anbietet.«
> Nathalie Sarraute, »Das Zeitalter des
> Argwohns«

Rückblick auf die Konkrete Poesie
Ernst Jandl und Gerhard Rühm

1. Von und mit der Sprache
(Interview, Mai 1970)

Frage: Worin unterscheidet sich die »Konkrete Poesie« von traditioneller ?

Ernst Jandl: Ja, das ist insofern schwer zu sagen, als die »Konkrete Poesie« heute auch bereits eine Tradition ist; ich glaube, man kann »Konkrete Poesie« als ein Teilgebiet der modernen Tradition ansehen. Aber wenn man jetzt zurückgeht in die Zeit Anfang der fünfziger Jahre, wo die »Konkrete Poesie« zum ersten Mal evident geworden ist (durch Sachen von Gomringer etwa oder von Rühm), so war es die enorme Verknappung, die noch über Stramm hinausgegangen ist, dann, im Gegensatz zu Stramm (mit dem wir uns damals sehr viel beschäftigt haben), das »Anti-Expressionistische«, könnte man fast sagen. Während Stramm mit ganz wenigen Worten ein Maximum an Expression gebracht hat, hat die »Konkrete Poesie« ganz bewußt auf Expression in diesem Sinne verzichtet, es war ein »kühles«, kalkuliertes Arbeiten. Und dann die »Konkrete Poesie« im vielleicht strengsten Sinne: das visuelle Arrangement von wenigen Worten. Wenn man ein Gedicht wie das Gomringersche »schweigen« oder »wind« ansieht, oder von Rühm das »du«-Gedicht, in dem ein »d« in einem Quadrat von »u« drinnensteht – ich glaube kaum, daß es in der traditionellen Poesie irgendwelche Vorbilder dafür gibt. Und wenn man manchmal darauf verweist, im Barock hätte es auch Bildgedichte gegeben, so begeht man, glaube ich, einen Irrtum, wenn man das mit dem visuellen Gedicht der »Konkreten Poesie« vergleicht: Denn das barocke Bildgedicht – soweit ich es kenne – war ein Gedicht, in dem man zuerst einmal eine bestimmte Form gesehen hat, meinetwegen ein Zepter oder eine Krone, eine Form, die man als Abbild eines Dinges erkannt hat. Und der zweite Akt war dann, daß man es gelesen hat: eigentlich wie ein ganz normales Gedicht. Die Aussage des Textes hat sich dann irgendwie bezogen auf das dargestellte Bild. Aber man hätte genausogut das Bild einer Krone und den Text nebeneinanderstellen können. Das hat mit den visuellen Gedichten der »Konkreten Poesie« überhaupt nichts zu tun. Und ich glaube, das ist schon eine große Neuerung: diese Art des visuellen Gedichtes und diese Art des kalkulierten Verwendens isolierter Wörter – nicht als Aufschrei, nicht Wörter, die ein Mensch in einer extremen Situation ausstößt, sondern »kühl« betrachtete und verwendete Wörter.

Frage: Sicher wird es schwierig sein – im Gegensatz zu den beschriebenen Barockgedichten –, die Wirkung der visuellen Gedichte rational zu beschreiben?

Jandl: Ich glaube, wenn ein visuelles Gedicht richtig gearbeitet ist, dann sind Form und Inhalt eins. Das Wort wird ganz bewußt verwendet in seiner Funktion als Bedeutungsträger, in seiner phonetischen Gestalt und schließlich in seiner optischen Gestalt. Man kann natürlich Wörter auf jede mögliche Weise visuell arrangieren – aber wenn man dann letztenendes diese ganze experimentelle Dichtung auf visuelle Gedichte durchgeht, wird man merken, daß man bloß einige Dutzend relevanter Gedichte finden kann, an denen alles stimmt und die daher wirklich überzeugen.

Frage: Sie sprachen einmal im Zusammenhang mit Ihren Gedichten von »rationellen Produkten«, die besonders für unsere Industriegesellschaft geeignet seien. Daraus könnte man Kritiklosigkeit gegenüber dieser Gesellschaft ableiten. War das so gemeint?

Jandl: Was ich damit gemeint habe, ist: daß es sich um eine Art Gedicht handelt, das nicht in der Weise konsumiert wird und werden muß wie meinetwegen die »Duineser Elegien« von Rilke. Man merkt und hört heute allgemein, auch von Leuten, die eine Universitätsbildung hinter sich haben, daß der Konsum des konventionellen Buches Schwierigkeiten macht. Es ist also etwas da, was uns den Konsum des konventionellen Buches erschwert. Ich glaube, das gleiche gibt es auch beim konventionellen Gedicht; während gewisse Arten des experimentellen oder konkreten Gedichtes heute geeignet sind, unser Interesse gefangen zu nehmen, uns dazu zu bringen, uns mit diesen Gebilden zu beschäftigen: ein Gebilde, das ich mit einem Blick erfassen kann und mit dem ich mich dann denkend auseinandersetze – ich glaube, das ist gerade für den Menschen heute ein besonderer Reiz und eine Möglichkeit, überhaupt noch zu lesen. Wenn Sie sich zum Beispiel das Buch »The Medium Is The Message« von McLuhan ansehen, ein nach meiner Ansicht großartig gemachtes Buch, in dem der Text mit Bildern und allem möglichen durchsetzt ist: das ist die Art von Buch, die man heute lesen kann. Ich glaube, daß eine solche neue Einstellung zum Lesen auf das Vorhandensein neuer Medien zurückzuführen ist. Wenn ich das Fernsehen habe, das mir in einer viel rascheren, eindrucksvolleren und direkteren Art die Dinge vermittelt, so wird es immer schwieriger, daß ich mich hinsetze und nun Romane lese oder auch ein längeres Gedicht.

Frage: Ihre Gedichte handeln von und mit Sprache. Verfolgen Sie auch didaktische Absichten damit, etwa in dem Sinn: Wer die Sprache transparent macht, macht auch die Wirklichkeit transparent?

Jandl: Wenn ich mit meinen Gedichten irgendwelche didaktischen Absichten verbinde, so wäre es eigentlich die, zu versuchen, durch meine Gedichte gewisse Vorurteile, die sich primär auf die Sprache beziehen, abzubauen, in dem Glauben, daß ein Abbau von Vorurteilen in einem Sektor des menschlichen Bewußtseins weiterwirken kann auf andere Sektoren des menschlichen Bewußtseins. Ich versuche also Vorurteile abzubauen, die besagen, daß Dichtung so und nur so zu sein habe, indem ich versuche, etwas zu machen, das Dichtung ist und das auch von anderen als Dichtung akzeptiert und rezipiert werden kann, ohne daß es zurückgreift auf eine genormte und anerkannte, Ehrfurcht gebietende Dichtung.

Frage: Ihre Gedichte dürfen dem Leser also ganz naiv Spaß machen?

Jandl: Das können sie ohne weiteres, das sollen sie.

Frage: Sehen Sie in der etwas wahlweisen Interpretierbarkeit einiger Gedichte – ich denke da besonders an »lichtung« – nicht eine gewisse Gefahr? Man kann dieses Gedicht von »links« interpretieren, wie es versucht worden ist, man könnte es genausogut von »rechts« machen.

Jandl: Ich bin prinzipiell dafür, daß ein Gedicht so interpretiert wird, wie der Interpret es kann. Zu dieser speziellen Sache mit »lichtung«: Ich glaube nicht, daß die Interpretation, die dadurch nahegelegt wird, daß sich – nicht nur in der Bundesrepublik Deutschland, sondern auch in anderen Ländern mit einer Mehrparteiendemokratie – gewisse, zuweilen auch beträchtliche Annäherungen zwischen der Sozialdemokratie und der konservativen Partei zeigen – ich glaube nicht, daß eine solche Interpretation unbedingt eine »rechte« sein muß, sondern daß Kritik an einer solchen Annäherung eher einer »linken« Interpretation entspricht.

Frage: Eine Interpretation von »rechts« könnte etwa lauten: »Das, was die Studenten heute machen, ist nichts anderes, als was die Nationalsozialisten zu ihrer Zeit machten.«

Jandl: Ja, ich kann ja an und für sich gegen eine Interpretation eines bereits vorhandenen Gedichtes nichts machen, dagegen ist man eigentlich machtlos. Natürlich kann man unter Umständen auch diese Interpretation bringen, ich würde aber doch sagen: in dem Moment, in dem man dieses Gedicht auf herrschende Zustände anwendet und nicht gleichzeitig Rückgriffe auf eine vergangene Epoche macht, ist es einfach ein Kommentar zu der Situation von »rechts« und »links« – wenn man es politisch will – in einer Mehrparteiendemokratie, in einem pluralistischen Staatsgebilde, wo diese Abfärbungen von der einen auf die andere Seite stattfinden, wobei ich überzeugt bin, daß »Links« mehr von »Rechts« annimmt als umgekehrt, daß also in einer Koalition aus Christdemokraten und Sozialdemokraten die sozialdemokratische Seite mehr von ihren Prinzipien aufgeben muß – und es auch tut – als die andere Seite. Aber das Gedicht ist natürlich eigentlich offen: Es dreht sich um rechts und links.

Frage: Es muß gar nicht politisch gemeint sein?

Jandl: Es muß überhaupt nicht politisch sein. Der Ausgangspunkt für dieses Gedicht ist einfach, daß ich manchmal »links« sage und »rechts« meine, oder umgekehrt, genauso wie ich manchmal überlegen muß: ist das jetzt Westen oder Osten? Wenn ich mich recht erinnere, ist das seit meiner Kindheit der Fall, daß ich hier und da gewisse Schwierigkeiten habe, die beiden Seiten auseinander zu halten. Das war wohl der Ausgangspunkt dafür.

Frage: Eine andere Frage: Was halten Sie von dem Verfahren, Dokumente in die Literatur einfließen zu lassen, was ja auch eine Art »konkretes« Verfahren ist?

Jandl: Das halte ich für ein ganz brauchbares Verfahren. Es kommt nur darauf an, was man aus diesen Dokumenten macht, und wie man und wofür man diese Dokumente einsetzt.

Frage: Glauben Sie, daß die Zukunft aller Künste im intermedialen Bereich liegt?
Jandl: Es widerstrebt mir überhaupt, irgendwelche Prognosen zu machen, vor allem Prognosen, die eigentlich auf so etwas Enges angelegt sind wie den intermedialen Bereich. Ich halte das für eine unerhörte Einengung. Ich würde es genauso für eine Einengung halten, wenn man sagen würde: die Zukunft gehört dem Roman, oder: die Zukunft gehört dem Gedicht, oder gar: die Zukunft gehört der konkreten Lyrik. Ebenso eng erscheint es mir, daß die Zukunft einem Bereich gehören soll, wo alles ineinanderfließt. Das glaube ich nicht. Damit überhaupt etwas ineinanderfließen kann, damit es überhaupt einen intermedialen Bereich geben kann, wird es die einzelnen Medien ebenfalls geben müssen.
Frage: Sie haben mit Friederike Mayröcker zusammen gearbeitet. Halten Sie diese kollektive Arbeitsform generell für zukunftsträchtig? Und wie hat diese Zusammenarbeit Ihre individuelle Arbeit beeinflußt?
Jandl: Bis auf eine kleinere Anzahl von Montage-Versuchen, die schon in die Jahre 57/58 zurückreichen, hat sich unsere direkte Zusammenarbeit auf eine Reihe von Hörspielen beschränkt. Und ich jedenfalls hätte mit dieser Hörspielarbeit nie begonnen, wenn es nicht auf dem Weg der Zusammenarbeit geschehen wäre. Zwar habe ich 1957 schon einmal ein Hörspiel geschrieben, »Die Auswanderer«, die jetzt erst produziert wurden, aber dieses war damals ganz in die übrige Arbeit eingebettet, die vor allem Arbeit an Gedichten war, und es war kein Anschluß da an die nächsten, seit 1967 entstandenen Hörspiele: »Fünf Mann Menschen«, »Der Gigant« und andere. Es war einfach so, daß diese Hörspiele vom Technischen her zu beginnen waren, und das geht viel leichter und ist viel interessanter, wenn mehrere – also in diesem Fall zwei – zusammenarbeiten; das ist wahrscheinlich mit jeder anderen technischen Arbeit vergleichbar, wo Teamwork möglich ist. Wenn Sie denken, wieviel die Wiener Gruppe an Gemeinschaftsarbeiten gemacht hat – und das war auch nicht eine Arbeit, die sich in irgendwelchen entlegenen poetischen Regionen abgespielt hat, sondern das war zuerst einmal eine technische Arbeit, das heißt: der ganz bewußte Versuch, neue Formen der Dichtung zu erarbeiten. Und dafür hat sich diese Zusammenarbeit großartig geeignet; man ist einfach an diese Sache herangegangen, als ob man zusammen irgendetwas bauen würde. Ähnlich war es auch bei diesen Hörspie-

len. Ich glaube, daß diese Zusammenarbeit von Autoren bisher verhältnismäßig wenig betrieben wurde, vielleicht zu wenig, und dabei wäre das wirklich eine Möglichkeit, heute Sachen zu schreiben und vor allem: neue Techniken zu erarbeiten.

Frage: Ein Attribut für die Arbeit, die Sie machen, ist »experimentell«. Trotzdem haben Sie ja einen festen, wiedererkennbaren Stil; Sie sprachen sogar von »Tradition«, die die konkrete Poesie inzwischen habe. Ist das nicht ein gewisser Widerspruch? Glauben Sie, daß Sie auch für die Zukunft Ihren jetzigen Stil beibehalten werden?

Jandl: Für mich selber sieht es immer so aus, als sei dieser »Stil«, wie Sie sagen, zumindest doch sehr facettenreich und bestünde aus vielen kleinen stilistischen Partikeln, die durchaus nicht alle in einer Arbeit drinnen sind, sondern erst in der Summe der Arbeiten findet man dann vielleicht so etwas wie eine stilistische Richtung. Experimentell ist die Arbeit für mich in zumindest zweifacher Weise: ganz simpel das eine, daß die Sachen so beschaffen sind, daß man sie erst innerhalb der Literatur oder an einem Publikum erproben muß, das zweite besteht praktisch in der Arbeitsweise, daß nämlich vorher so gut wie nichts da ist, was nicht ausschließt, daß ich manchmal ein Gedicht schreibe, wo etwas da ist, wo also irgendeine Idee, irgendein Gedanke vorher da ist, der nun den Anstoß dazu gibt. Aber normalerweise ist es so, daß nichts da ist als der Wunsch, aus dem Material, das ich dazu gewählt habe, aus Sprache, etwas zu machen. Und der Weg, bis so etwas entsteht, ist insofern ein experimenteller Weg, als es vieler Schritte bedarf, bis überhaupt eine Richtung für eine Sache festliegt; für mich selber ist das eine Art Experimentieren, wobei da auch ziemlich viel Abfall sein kann und viele Schritte vergebens getan werden, ehe eine Richtung entsteht; es ist nicht so, daß ich vorher ein Konzept habe, und dieses Konzept wird dann in ein Gedicht verwandelt, sondern daß ich auf irgendeine Weise versuche, Wörter oder Sätze in den Griff zu bekommen.

Frage: Vielleicht können Sie noch etwas weiter »aus der Werkstatt plaudern«: Setzen Sie sich vor das leere Papier und beginnen dann, oder haben Sie vorher bestimmte Einfälle?

Jandl: Es spielt da beides zusammen. Einfälle werden notiert und festgehalten; es sind Verbaleinfälle. Entweder ist es so, daß an einem solchen Verbaleinfall weiter gearbeitet wird, durch Anreicherung oder sonst eine Methode ein Gedicht zu machen; oder es ist einfach der Versuch, mit einem Wort oder einigen Wörtern

anzufangen und zu sehen, was man damit auf dem Papier machen kann.
Frage: Eine letzte Frage: Was haben Sie für die Zukunft vor?
Jandl: Wie es mit dem Gedicht weitergeht, ist schwer zu sagen, wahrscheinlich auf der Linie, die ich bisher eingeschlagen habe; wobei nur etwas in Frage käme, das gegenüber dem Bisherigen ein solches Maß an Veränderung zeigt, daß eine Berechtigung besteht, es überhaupt zu machen und zu publizieren. Eine weitere Sache: ich habe eine Menge Gedichte, die aus der Zeit von 1952 bis etwa 62 stammen, vereinzelt auch bis 69/70, die ich nicht unter die experimentellen Gedichte im strengen Sinne zählen möchte. Die stärksten Zeiten waren da eigentlich 52 bis 55 und das Jahr 62; 1956 hat dann die experimentelle Sache eingesetzt, die ist etwa bis 60 gegangen, dann war ein ausgesprochener Stillstand, zumindest bei den Gedichten, und 62 habe ich dann wieder angesetzt bei den sogenannten »nichtexperimentellen« Gedichten und habe da ziemlich viel geschrieben, und von 1964 etwa an ist wieder das Experimentelle weitergegangen. Und nun will ich also diesen ganzen Stapel von »nichtexperimentellen« Gedichten mit nach Berlin nehmen, um zu sehen was sich damit machen läßt...
Frage: Unter Pseudonym veröffentlichen?
Jandl: Nein, nein, das käme nicht in Frage: Das sind meine Gedichte und würden unter meinem Namen veröffentlicht; allerdings nur dann, wenn es mir selber möglich erscheint, diese Gedichte neben die anderen zu stellen und eine plausible Verbindung zwischen beiden Arten herzustellen. Das Gedicht »wien : heldenplatz«, es steht in »Laut und Luise« und ist eins der experimentellen Gedichte, die – wenn man von bekannten und weniger bekannten sprechen kann – zu den bekanntesten gehören, das ist einfach in einer Serie von »nichtexperimentellen« Gedichten entstanden, die aber zweifellos gewisse Beziehungen zu diesem »experimentellen« Gedicht haben. Eine Veröffentlichung käme nur in Frage, wenn mir erst einmal die Gedichte gut genug dazu erscheinen, wenn sie mir nicht veraltet erscheinen und wenn ich selber imstande bin, nun die Beziehung zwischen diesen Gedichten und dem bisher Veröffentlichten herzustellen.

Postkriptum

Ernst Jandl, 1925 in Wien geboren, hat in der Riege der »konkreten« Poeten und der experimentellen Autoren immer eine Außenseiterrolle gespielt, dabei aber von allen noch die größte Popularität errungen. Er hat nie direkt zur »Wiener Gruppe« gehört, obgleich er am selben Ort und zur selben Zeit ganz ähnliche Intentionen verfolgte: zum Teil in »wütendem Wetteifern« mit H. C. Artmann und Gerhard Rühm. Er hat – wie er in dem Interview erstmals verriet – auch viele Gedichte geschrieben, die er selbst nicht zur Konkreten Poesie zählt; allerdings enthielt er sie seinen Lesern lange vor. Manche dieser Gedichte sind vor der experimentellen Phase (sie begann 1956) geschrieben worden, die ersten 1952, zahlreiche sind aber auch parallel zu den visuellen und Sprechgedichten entstanden.

Mittlerweile hat Jandl die Skrupel, von denen am Ende des Gesprächs die Rede ist, überwinden können. Nach jenen Titeln, die ihn als experimentellen Autor bekannt machten, nach »Laut und Luise« (1966), »Sprechblasen« (1968) und »der künstliche baum« (1970), erschien 1973 mit dem Band »dingfest« eine erste Sammlung von ausgewählten konventionellen Gedichten: immerhin 159 Stück. Das Bändchen »serienfuss« (1974) brachte dann noch einmal »konkrete« Gedichte, die Jandl im Zusammenhang mit den zuvor veröffentlichten älteren Texten wiederentdeckt hatte. Auch das folgende Buch »für alle« (1974) brachte unter anderem Arbeiten aus der ersten Schaffensperiode, so eine umfangreiche Auswahl aus Jandls Debütband »Andere Augen« (1956). Gleichzeitig machte dieses Buch deutlich, wie schwer im einzelnen die Grenze zwischen herkömmlicher und Konkreter Lyrik gerade bei diesem Autor zu ziehen ist. Ebenso zeigte sich das in dem Gedichtband »die bearbeitung der mütze« (1978) mit 132 Texten aus den Jahren 1970 bis 1977. Im Jahr 1979 hatte Jandl mit seiner »Sprechoper in 7 Szenen«, dem Theaterstück »Aus der Fremde«, einen großen Erfolg auf der Bühne. In diesen Szenen eines Schriftstellerlebens wird durchweg im Konjunktiv gesprochen – eine bizarre Verfremdung selbst alltäglicher Verrichtungen.

Nach der neuerlichen Durchsicht des Gesprächs von 1970, schrieb Jandl in einem Brief vom 8. September 1981: »Es fällt mir nicht leicht, zu einem Interview etwas zu sagen, das mehr als 11 Jahre alt ist. Meist bin ich froh, wenn ich ein Interview hinter mir habe, und blicke nicht mehr zurück. Wenn ich schreibe, kann ich jeden Satz lange überlegen und von allen Seiten besehen; so fällt vieles weg, das in einem Interview, bei dem alles etwas zu rasch geht, erhalten bleibt. Heute wollte ich meine Gedichte nicht mehr als ›rationelle Produkte‹ bezeichnet wissen, was immer man darunter versteht. Sie zur Industriegesellschaft in Beziehung zu setzen, würde mir heute wohl auch nicht so leicht gelingen. Wörter wie ›Konsum‹ und ›konsumieren‹ würde ich in einem Gespräch über Literatur eher vermeiden, und konkrete Gedichte nicht gegen die ›Duineser Elegien‹ ausspielen. In gewisser Hinsicht ist jedes Buch, als Textträger, ein ›konventionelles Buch‹, ein unübertreffliches Mittel, um menschliches Denken zu speichern und über die zeitliche Begrenzung des Einzelnen hinweg den menschlichen Dialog weiterzuführen. Das Fernsehen dient anderen Aufgaben – ich würde es im Zusammenhang mit Literatur kaum erwähnen. Und schließlich gibt es zwar zweifellos Leseschwierigkeiten, bis hin zum Verlust des Leseverlangens, aber solche Mängel werden gewiß nicht von dieser oder jener Art von Literatur verursacht und sind auch nicht durch literarische Neuerungen behebbar: ihre Wurzeln sind im Zustand des Einzelnen zu suchen, vielleicht auch im Zustand einer Gruppe oder einer ganzen Gesellschaft. (Sie sehen, welche Stelle des Interviews mir heute besondere Schwierigkeiten bereitet.)«

II. Zwei Arten von Phantasie
(Interview, Mai 1973)

Frage: Wie schätzen Sie die Bedeutung der »Wiener Gruppe« heute ein?
Gerhard Rühm: Für uns war an der Gruppe zuerst einmal wichtig, daß über alles, was jeden von uns beschäftigte, was jeder hervorbrachte, diskutiert wurde, denn daraus kristallisierte sich so etwas wie eine gemeinsame Richtung heraus, die auch gemeinsames Handeln nicht nur ermöglichte, sondern regelrecht provozierte. Sehr bald kam es dabei auch zu praktischer Zusammenarbeit. Zahlreiche Gemeinschaftsarbeiten in verschiedenen Besetzungen – bis zur Beteiligung aller – entstanden, und es gab gemeinsame Veranstaltungen, deren Höhepunkt wohl die beiden »Literarischen Cabarets« waren. Vieles, was wir da brachten, kann man ruhig als erste »happenings« bezeichnen. Diese Aktivitäten haben zweifellos auch anderen jungen Künstlern wichtige Impulse gegeben, bis hin zu den »Wiener

Aktionisten«. In Österreich vor allem wirken sie bis heute noch kräftig nach.

Frage: Setzte die »Wiener Gruppe« die Konkrete Poesie durch?

Rühm: Sie hat sicher dazu beigetragen. Allerdings haben wir uns selbst nicht ausschließlich als »Konkrete Poeten« verstanden. Was Konrad Bayer geschrieben hat, kann man eigentlich kaum als Konkrete Poesie im strengen Sinn bezeichnen. Artmann stand eher dem Surrealismus nahe und ist auch relativ früh seine eigenen Wege gegangen. Die Bezeichnung »Konkrete Poesie« trifft weitgehend für Achleitner, für die frühen Texte von Ossi Wiener und auch einen großen Teil meiner eigenen Arbeiten zu. Wir haben diesen Terminus nicht erfunden, sondern nachträglich akzeptiert – als griffige, auch in andere Sprachen wörtlich übertragbare Bezeichnung für eine Tendenz der experimentellen Dichtung, die sich bald international unter eben diesem Namen ausbreitete. Unser Interesse galt der Sprache ganz allgemein und einer radikalen Erkundung ihrer »poetischen« Möglichkeiten im besonderen – vom Lautgedicht bis zur Dialektdichtung, vom visuellen Text bis zum Hörspiel. Auch neue Techniken entwickelten und praktizierten wir, zum Beispiel die poetische Montage von Sätzen und Satzteilen aus den verschiedensten Quellen.

Frage: Ist die Montagetechnik denn nicht ein überhebliches Verfahren, bei dem der Autor dem Leser Informationen vorenthält – etwa über Herkunft und ursprünglichen Kontext seines Materials?

Rühm: Nein, denn die Neuordnung vorgefundener Sätze als Fertigbestandteile charakterisiert ja gerade die Montage und verleiht ihr den spezifischen Reiz. Entscheidend dabei ist, neben dem Auswahlprinzip, das *Wie* der Zusammensetzung. Es kommt ja etwas ganz Neues dabei heraus. Gefährlich, wenn man will, ist alles. Und sicher das Gefährlichste, mit einer »realistischen« Schreibweise, was immer das sei, Wahrheitsanspruch zu erheben. Es ist naiv zu glauben, daß irgend eine Schreibweise die Realität anders als abstrakt, kürzelhaft darstellen geschweige denn adäquat abbilden könnte. Der literarische Realismus beruht auf Konvention, er ist nur ein Stil unter anderen, und seine Beschreibungen setzen beim Leser wahrhaftig auch eine ganze Menge Vorwissen voraus. Wie steht es da mit der Überheblichkeit? Wer die beschriebenen Gegenstände und Vorgänge nicht aus Erfahrung kennt, wird sie sich auch bei präzisester Beschreibung nicht wirklich vorstellen können. Mit der Form, in der wir wahrnehmen, hat der sogenannte Realismus nicht viel zu tun, und wie die Welt wirklich ist, sozusagen »objektiv«, wissen wir nicht. Schon die Simplifizierung eines Geschehens in einer linear fortlaufenden Handlung ist eine grobe Verfälschung der Wirklichkeit. Auch darauf beruht der Wert der Montagetechnik, wie überhaupt des besten Teils der experimentellen Poesie, daß sie jeden Anspruch auf Wirklichkeitsnähe, auf Abbildungstreue in Frage stellt und die konventionelle Erzählform aufbricht, die diese Problematik nicht einmal ahnen läßt, geschweige denn reflektiert. Die meisten Autoren tummeln sich wie frühgealterte Kinder in ihrer heilen Erzählwelt, in ihrer Sicht der Dinge bestärkt vom verständnisinnigen Lob des Durchschnittsdebilen. – Zurück zur Montage. Natürlich kann man Sätze auch so auswählen und aneinanderfügen, daß der Text völlig beliebig und damit langweilig wird. Man kann aber auch ein ganzes Spektrum von Querverbindungen herstellen und so einen sehr komplexen und spannenden Text gewinnen, Da es, wie ich meine, eindeutige Zusammenhänge an sich nicht gibt, da Beziehungen auf Interpretation beruhen, kann man sie nur nahelegen, gewissermaßen abstekken. Wir sehen ja überall Zusammenhänge, was wohl aus dem Mechanismus unseres Denkens resultiert, anscheinend organisch bedingt ist. Wir können gar nicht, auch wenn es wünschenswert wäre, aus den vorgegebenen Bahnen ausscheren. Die Surrealisten haben in dieser Richtung ja fast verzweifelte Versuche unternommen. Die Montage, wie wir sie verstanden haben, möchte jedenfalls das Einbahnstraßensystem linearen Erzählens aufheben zugunsten eines offenen, in vielen Richtungen befahrbaren Verkehrsnetzes, was zudem der Realität unserer Wahrnehmung sicher mehr entspricht.

Frage: Kritik am monokausalen Denken?
Rühm: Insofern nicht Kritik, als es einfach links liegen gelassen wird. Der Versuch eines anderen Modells – um Modelle kommen wir ja nicht herum.
Frage: Hilft Montage aber außer Irritation noch weiter?
Rühm: Ja, indem sie eben einen scheinbar »selbstverständlichen« Schreibstil in Frage stellt und wesentlich komplexere Beziehungen anpeilt als logisch-lineare.
Frage: Ich möchte aber bezweifeln, daß dieses Verfahren alogische Ergebnisse hat, ich meine: daß diese Ergebnisse nicht umzuschreiben wären in eine logische Deutung, die ausführlicher sein mag und von anderem Charakter...

Rühm: Ich bin ja der Meinung, daß man im Grunde gar nicht alogisch denken kann – das ist ja das Tragische, möchte ich fast sagen. Wie für uns auch alles rasch Sinn bekommt. Die Verstörung vor dem Neuen beruht auf mangelnder Gewohnheit. Was man landläufig als Sinn – im Gegensatz zum angeblichen Unsinn – bezeichnet, ist zumeist eine schlichte Banalität, wie übrigens auch der von manchen Kritikern vermißte »Inhalt« bei der Konkreten Poesie. Auch das demonstriert die Montagetechnik, daß es letzten Endes unmöglich ist, Sätze sinnlos aneinanderzureihen. Wer sich nur etwas bemüht und nicht gerade ein Analphabet ist, findet immer einen Zusammenhang. Es gibt nur stärker oder schwächer wirkende Abfolgen – die stärkeren sind im allgemeinen die überraschenderen. Ich habe soeben ein Hörspiel fertiggestellt, das wieder auf die Montagetechnik zurückgreift, wobei ich betonen möchte, daß sie nur eine der von mir angewandten poetischen Praktiken ist. Scheinbar willkürlich zusammengetragenes Material wird darin so angeordnet, daß prinzipiell verschieden interpretierbare Sequenzen durch einen gemeinsamen Faden miteinander verknüpft erscheinen, nämlich durch die Geschichte vom Ritter Blaubart. Das Stück heißt »blaubart vor der krummen lanke« – die ›Krumme Lanke‹ ist eine Berliner U-Bahn-Station. Es ist interessant, wie anders man die Sätze nur darum versteht, weil man sie auf die zugrundeliegende Fabel bezieht. Eine Tür wird geschlossen – an sich ein ganz harmloser Vorgang; anders hier, weil Türen in der Geschichte vom Ritter Blaubart eine bedeutsame Rolle spielen.

Frage: Merkt das der Hörer?

Rühm: Ja, ich hoffe, daß ich den Text so angelegt habe, daß der aufmerksame und gutwillige Hörer – den man immer voraussetzen muß – vieles mitbekommt. Es ist natürlich ein Problem, daß diese Art von Hörtexten zu komplex ist, um sie schon bei einmaligem Hören ganz durchschauen zu können. Wie oft hat man Gelegenheit, sich etwa ins klassische Musikrepertoire einzuhören; neue Hörspiele gehen meist nur einmal über den Sender, und dann verschwinden sie im Archiv. Idealerweise müßten auch neue Hörtexte – wie neue Musik – auf Schallplatten verfügbar sein.

Frage: Zurück noch einmal zur Montage. Sie ist entstanden bei den Dadaisten ...

Rühm: Bei den Dadaisten hatte sie eine andere Funktion. Die Überlegungen, die ich angedeutet habe, gab es wohl nicht. Die Dadaisten haben sich ja auch kaum mit linguistischen Problemen befaßt. Es ging ihnen vor allem um die Zerstörung, zumindest die Verstörung der bürgerlichen Kultur, was damals sicher höchst nötig war. Nicht die Analyse und Neuordnung der Elemente war beabsichtigt, sondern das Zertrümmern und Durcheinanderschütteln. Das literarische Ergebnis wurde weitgehend der Laune und dem Zufall überlassen. Konstruktive Tendenzen spielten da keine Rolle, wurden durch die Methode der dadaistischen Collage sogar attakkiert und persifliert. Ich fasse die Montage – und wir haben uns mit der Bezeichnung Montage ja bewußt gegen die Dada-Collage abgegrenzt – als eine Neuordnung von Sprachelementen, meist einfachen Sätzen, auf, die zufällig vorgefundenen oder gezielt gewählten Quellen entnommen sind, und zwar eine Neuordnung nach primär poetischen Gesichtspunkten. Ältere Grammatiken mit Beispielsätzen, die uns übrigens zu den ersten Montagen inspirierten, weisen – so betrachtet – in der unbeabsichtigten Reihung solcher einfachen Sätze oft überraschend poetische Qualitäten auf. Poesie verstanden im Sinne des bekannten Satzes von Lautréamont als »schön wie die unvermutete Begegnung einer Nähmaschine und eines Regenschirms auf einem Seziertisch«. Wie die Konkrete Poesie in den »Konstellationen« einzelne Begriffe poetisch gegeneinanderstellt, so in der »Montage« ganze Sätze, so daß sich gewissermaßen Konstellationen einfacher Aussagen statt bloßer Nennungen bilden.

Frage: Ist für Sie Konkrete Poesie ein Gegner der konventionell erzählend-beschreibenden Literatur oder ein Partner, eine Ergänzung? Ist der Roman tot, und sollen jetzt alle Texte lesen – oder jedem, was ihm gebührt?

Rühm: Den großen Roman halte ich für anachronistisch. Denn ich bin der Meinung, daß es in einer Zeit wie der unseren, wo man tagtäglich von Scheininformationen überflutet wird, in ganz besonderem Maße auf Prägnanz des Ausdrucks und auf Ökonomie der Mittel ankommt. Hunderte Seiten bloßer Fabuliererei – und was sind die Romane etwa eines Uwe Johnson anderes? – sollten uns nicht mehr zugemutet werden. Für die Darlegung psychologischer oder soziologischer Probleme gibt es die schlüssige Form des Essays, die Reportage oder einfach die zuständige Fachliteratur. Nehmen wir das zeitgenössische Drama. Eine authentische Dokumentation oder ein persönlicher Erfahrungsbericht über den Vietnamkrieg wirkt immer viel unmittelbarer und eindringlicher als jede dramatische Einkleidung auf der Bühne, von geschminkten

Schauspielern mehr oder weniger talentiert gemimt. Ganz abgesehen davon wissen wir ja, daß mit solchem Theater immer nur wieder das gleiche bürgerliche Publikum erreicht wird. Die Einkleidung in fiktive Situationen und erfundene Gespräche interessiert mich nicht – es sei denn, es passiert dabei auch etwas mit der Sprache, wie bei Joyce, wo der Roman zur Dichtung wird. Ich unterscheide prinzipiell zwischen Literatur und Dichtung. Literatur umfaßt alles Geschriebene, Dichtung dagegen nur den Teil der Literatur, der Kunst ist. Das heißt, wo mit Sprache nach künstlerischen Gesichtspunkten, also frei vom bloßen Verständigungs- und Mitteilungszweck verfahren wird. Die Dichtung arbeitet autonom mit dem Material Sprache, also mit Wortklängen und Wortbildern und mit deren Bedeutung, was natürlich die Verwendung der herrschenden Syntax als spezifisches Ausdrucksmittel nicht unbedingt ausschließt. Die semantische Dimension macht allerdings die Besonderheit der Dichtung etwa gegenüber der Musik aus. Wo aber Semantik absolut dominiert, genauer: wo es nur noch um das Narrative geht, handelt es sich für mich nicht mehr um Dichtung. Von Tschuschak, einem Hauptvertreter der russischen Literaturrichtung »Faktographie« in den zwanziger Jahren, gibt es den schönen Satz »Die Erzählkunst ist Opium für das Volk« – eine Abwandlung des berühmten Marxschen Satzes über die Religion. Nein, dem munteren, Seiten um Seiten füllenden Erzählen kann ich nichts abgewinnen. Es gibt noch so viel Wunderbares in der Literaturgeschichte zu entdecken und zu lesen, daß mir die Zeitvergeudung mit einer salopp geschriebenen Tagesliteratur à la »Gruppe 47« nahezu unverzeihlich erscheint. Wenn ich das Bedürfnis nach leichterer Kost habe, mich auf spannende und anregende Weise unterhalten möchte, dann greife ich zur Science-fiction-Story, ein anderer greift vielleicht zum Kriminalroman. Die heute hochgelobten zeitgenössischen Romane aber sind weder anspruchsvolle Dichtung noch spannende Unterhaltung. Trivialliteratur gibt nicht mehr vor als sie ist, und sie ist nicht selten mehr als das. Science-fiction entwickelt oft sehr anregende Denkmodelle und phantasievolle Konstruktionen möglicher Wirklichkeiten. Die sogenannte Trivialliteratur hat da noch eine viel vitalere Funktion als der gängige Bestseller gehobenen Genres. Qualität und Massenerfolg fallen ja leider nur ausnahmsweise zusammen, das liegt in der Natur der Qualität. Anspruchsvolle Literatur kann schon per definitionem kein leichtverdaulicher Konsumartikel sein.

Frage: Nun gibt es aber Leser der Romane von Johnson, also wohl auch ein Bedürfnis nach solcher Literatur, und was die Zeit angeht, die das Lesen kostet...

Rühm: Ja, das wird gekauft, und man stellt es sich hin. Aber wer kaut denn wirklich diese Schinken von der ersten bis zur letzten Seite durch?

Frage: Wenn ich Ihre eigenen Bemerkungen gegen Ihr Hörspiel, das Sie vorhin ansprachen, wenden darf: das kostet ja auch viel Zeit, wenn man es mehrmals hören sollte. Und läßt sich der Extrakt, Sätze seien je nach Kontext verschieden verstehbar, nicht in jedem linguistischen Lehrbuch einfacher nachlesen?

Rühm: Das glaube ich ganz bestimmt nicht. Beispielsweise kann ja auch eine noch so ausführliche Beschreibung von Musik die Musik selbst nicht ersetzten. Der unmittelbar sinnliche Eindruck ist für die ästhetische Rezeption unverzichtbar. Das gilt für die Dichtung nicht weniger als für die anderen Künste.

Frage: Wenn das aber so ist, dann möchte ich noch einmal auf Ihre, um es scharf auszudrücken, Wissenschaftsgläubigkeit zurückkommen, in Verbindung mit Ihrer Ablehnung konventioneller Literatur. Ich sehe eine Berechtigung dieser Literatur – in ihren gelungenen Beispielen – darin, daß diskursive Schreibweisen nicht das ganze Spektrum möglicher Erfahrung und Erkenntnis abdecken.

Rühm: Eben. Natürlich bin ich auch der Meinung, daß es interessant sein kann zu hören, wie sich bestimmte Menschen in bestimmten Situationen verhalten und äußern. Aber dann ist es nur konsequent, ein O-Ton-Hörspiel zu machen und darin die Leute authentisch vorzustellen – nicht in einer mehr oder weniger treffenden Nachdichtung, der Schauspielerstimmen eine mühsame Natürlichkeit verleihen.

Frage: Müssen denn Einbildungskraft, produktive Fiktion als Leistung herkömmlicher Literatur bei der experimentellen unbedingt fehlen? Handke etwa, offenbar ja auch mal experimentell, schreibt wieder Geschichten. Halten Sie eine Synthese zwischen einer sich ihrer selbst bewußten Literatur, man mag sie experimentell nennen, und Publikumsbedürfnissen wie Spannung...

Rühm: Handkes experimentelle Anfänge waren Literatur aus zweiter Hand. Er hatte sich einer vermeintlichen Mode angeschlossen, die wohl seinem damaligen Hang zum Provozieren entgegen kam, und darum fand er ja auch bald wieder zur gängigen Literatur zurück. – Und was heißt Spannung? Ist das denn nicht etwas sehr Subjektives?

Es gibt Leute, die atemlos Kriminalromane lesen, es gibt andere, die sich dabei langweilen. Für mich kann zum Beispiel spannend sein, Musik von Stockhausen zu hören, weil sie mich überrascht. Was überrascht, ist spannend. Das Unerwartete, das Ungewisse ist spannend, auch das Mehrdeutige. So kann vieles spannend sein: eine Handlung ebenso wie eine Konstellation von Wörtern. So können neue Schreibweisen spannend sein, was man ja von konventionellen nicht ohne weiteres behaupten kann. Oder sind Sie da anderer Meinung?

Frage: Ich meine, daß es wohl zwei verschiedene Arten von Spannung sind. Einerseits die herkömmliche Spannung, andrerseits eine, die eine intellektuell nicht ganz voraussetzungslose Möglichkeit der Rezeption bedingt. Die herkömmliche Art wäre gebunden an Beispiele menschlichen Handelns: Spannung resultiert daraus, daß menschliche Handlungen verfolgt werden bis hin zum Prinzip der Identifikation, dem Hauptträger dieser Art von Spannung. Die andere Art von Spannung würde ich als Spaß, intellektuelle Freude an neuen Kombinationen verstehen. Ist eine Synthese möglich? Oder interessiert Sie die erste Art nicht so?

Rühm: Ich will das nicht unbedingt ausschließen, aber es interessiert mich weniger. Ich habe ja einmal den Versuch gemacht, eine Art Lehrstück zu schreiben, »die frösche«, wo ich von einer geradezu minuziös naturalistischen Beschreibung ausgehe. Aber das hätte mir nicht genügt, wenn ich nicht zugleich hätte zeigen können, daß auch naturalistische Beschreibungen letztlich Sprachspiele sind, sich in und mit der Eigengesetzlichkeit der Sprache bewegen.

Frage: Dieses Beispiel würde ich nun gern aufgreifen, um meine Ansicht zu illustrieren. Gerade dieser Text, den ich – und nicht ich allein – für eins der besten neueren deutschen Prosastücke halte, ist doch ein Musterbeispiel für diese ganz gelungene Kombination von menschlichem Handeln und Reflexion: denn mir scheint der Umstand, daß sich das Ganze abspielt im Bewußtsein einer fiktiven Person, die eine Handlung vollzieht (mag diese auch zugegeben allein nicht sehr spannend sein), daß man sich identifizieren kann mit einer Figur, daß die Erkenntnisse abgeleitet sind aus dieser Figur und der Situation, das alles scheint mir den Spaß auszumachen, den diese Geschichte macht, im Gegensatz zu Konstellationen wie der »Baum« etwa.

Rühm: Ja, da gebe ich ihnen recht. Es wäre schlimm, wenn die schöne Literatur nur noch aus Konstellationen, überhaupt aus Konkreter

Poesie bestehen würde. Ich selbst mache heute keine Konstellationen mehr. Für mich ist der Reiz des Neuen der puristischen Frühphase Konkreter Poesie ziemlich verbraucht. Sobald Nachzügler die originären poetischen Erfindungen auszuschlachten beginnen, ist das für mich ein Signal, neue Probleme in Angriff zu nehmen. Ähnlich wie im Tachismus und später in der Op-art gibt es immer Leute, die meinen, so etwas ließe sich voraussetzungslos und beliebig herstellen. Tatsächlich aber reproduzieren sie nur ein vorgefundenes Schema, ohne die Mühen eines skrupulösen Reduktionsprozesses auf sich genommen zu haben. Die Ergebnisse sind meist entsprechend schwach, da das Rezept der Herstellung überbewertet, die konstitutive Bedeutung der gewählten Elemente, des verwendeten Wortmaterials hingegen zu wenig beachtet wird. Das meiste, was heute an visueller Poesie produziert wird, läuft auf matte Kalauer hinaus – und eben das bringt ihr oft noch Erfolg ein. Der »Spiegel«, der sonst nicht einmal davor zurückschreckt, sich mit dem Kitsch der Sagan ernsthaft auseinanderzusetzen, hat sogar einmal über Konkrete Poesie berichtet und prompt als Aufhänger und Musterbeispiel Reinhard Döhls »Apfel«-Schmus verwendet. In Wirklichkeit ist das ein Anti-Beispiel, an dem sich gut demonstrieren läßt, was Konkrete Poesie gerade nicht ist. Das Wort »Apfel« füllt, entsprechend oft wiederholt, genau die form eines Apfels aus – also eine Tautologie, und an einer Stelle steht statt »Apfel« das wort »Wurm« – also ein Kalauer. In ähnlichen Beispielen anderer Autoren ist kein Mangel. Nun gut, darüber schmunzeln an der Witzecke der »Hörzu« geschulte Geister. Mit Konkreter Poesie aber haben solche harmlosen Späßchen nicht viel zu tun. Die optische Form sollte nicht illustrieren, was der Text ohnehin schon sagt, vielmehr eine neue Information bringen. Gomringer hat für solche Gebilde die Bezeichnung »Ideogramm« vorgeschlagen. Wenn ich ein Beispiel von mir anführen darf: In einem Ideogramm wird blockartig das Wort »leib« wiederholt – viermal hintereinander in acht Zeilen. Das vorletzte »leib« erscheint so nach rechts gerückt, daß es sich unmittelbar an das letzte »leib« anschmiegt. Durch diese Vereinigung entsteht auch das Wort »bleib« – ein visueller Text also, der seine Bedeutung ebenso aus den verwendeten Wörtern wie aus ihrer formalen Anordnung bezieht. Vielleicht ist damit auch gleich der obligate Vorwurf des Formalismus entkräftet. Ich glaube, man kann guten Gewissens nicht von Formalismus sprechen, wenn Form und Inhalt einander derart bedingen. Ich habe mich nie als Formalisten gesehen und dieses Verdikt auch immer abgelehnt. Vielleicht gibt es in der Dichtung – und wenn, dann nur in der Dichtung – Beispiele, wo Form und Inhalt auseinanderlaufen. Mir fallen da die Scheibentexte von Kriwet ein, wo – was man ja von alten Schreibmeistern kennt – die Textzeilen in Spiralform angeordnet sind. Bei Kriwet sehe ich keine schlüssige Beziehung zwischen der Spiralform und dem Wortmaterial, das sie ausfüllt. Vom Standpunkt der Konkreten Poesie müßte zwischen Text und Spiralform eine zwingende Relation sichtbar werden. Döhl würde vielleicht die Spiralform mit dem Wort Karussell füllen – da ziehe ich noch Kriwets Beliebigkeit vor.

Frage: Konkrete Poesie in Ihrem Sinn ist – wenn ich Sie richtig verstehe – stets zugleich mit Innovation verbunden?

Rühm: Ja, nur trifft das nicht allein für Konkrete Poesie zu. Der Innovationsgehalt, meine ich, ist ein Qualitätsmaßstab für jedes Kunstwerk. Das sage ich auch, wenn es vielleicht seit einiger Zeit paradoxerweise antiquiert klingen mag. Der Begriff »Konkrete Poesie« wird übrigens heute viel zu allgemein verwendet. Wenn er sinnvoll bleiben soll, muß man ihn eingrenzen. Ich gehe so weit, daß ich auch nur einen Teil meiner Texte, wie ich anfangs schon sagte, als konkrete bezeichnen würde, wie überhaupt nicht sehr vieles, was so genannt wird, als »Konkrete Poesie« im strengen Sinn gelten kann. Sogar eine bekannte Zeile von Gomringer, »worte sind schatten«, die er als Gesamttitel für seinen großen Textband bei Rowohlt wählte, ist für mich viel eher symbolistisch als »konkret«. In der Konkreten Poesie bedeuten Worte sich selbst: worte sind worte, und schatten sind schatten.

Frage: Man hört das oft, daß ein Wort »sich selbst bedeuten« könne. Ich halte das schlicht für Unsinn, weil...

Rühm: Ja, ja, darüber brauchen wir nicht zu streiten. Ich wollte damit nur sagen, daß das Wort eine eigenständige Gestalt aufweist und darüberhinaus etwas bezeichnet, also Material ist, das *auch* Zeichenfunktion hat. Beides ist für die Konkrete Poesie wie für Dichtung überhaupt von grundlegender Bedeutung. Mir ging es um die Abgrenzung gegenüber einer symbolistischen Aufweichung des Begriffs. – Es war ja auch für mich ein Programmpunkt der Konkreten Poesie, Begriffe möglichst allgemein zu lassen, damit der Leser sie auf seine Weise personalisieren kann. Wenn ich schreibe: »eine blonde Frau mit blauen Augen«, so schränkt das die Phantasie beträchtlich ein, und sie ließe sich durch Zusatzbestimmungen noch viel weiter einengen. Schreibe ich dagegen nur »Frau«, so kann sich der Leser uneingeschränkt »seine« Frau vorstellen. Er kann also mit dem bloßen Wort mehr anfangen, als wenn es durch beschreibende Attribute genauer definiert wäre. Seine kreative Mitarbeit wird bei dieser Art von Dichtung wie kaum bei einer anderen provoziert.

Frage: Und nun genau an diesem Punkt möchte ich die traditionelle Literatur in Schutz nehmen und gegen Sie ausspielen. Phantasie im Leser wird nach meiner Meinung nur angeregt, wenn die Beschreibung genau die Balance hält zwischen ganz exakter, detaillierter Beobachtung und einem Freiraum für Zusätze aus der Erfahrung des lesenden Individuums. Mit einigen Details muß man sich identifizieren können, andere müssen irritieren, weil sie nach eigener Erfahrung nicht dazugehören. Das ist also weder zu erreichen durch Klischees, mögen sie noch so ausführlich sein (dort gibt es nichts, was irritiert), noch durch völligen Freiraum. Das Wort »Frau« kann soviel bedeuten, daß es eben nichts mehr bedeutet, allein. Die Phantasie bekommt dadurch keinen Anstoß. Oder sehen Sie das anders?

Rühm: Schon wenn ein zweites Wort hinzukommt, wird eine Richtung angegeben. In den fünfziger Jahren habe ich »Einworttafeln« gemacht, wo nur ein einziges Wort die Fläche füllt, und damit wurde auch postuliert, daß ein Wort potentiell die ganze Sprache enthält.

Frage: Das ist zumindest eine konsequente Überlegung: nur wie gesagt, wenn alles drin ist, ist nichts drin...

Rühm: Ihrer Vorstellung von dem, was die Phantasie anregt, möchte ich das Beispiel einer flexionslosen Sprache, nämlich das Chinesische entgegenhalten. Manfred Hausmann hat eine ganze Reihe chinesischer Gedichte übertragen und dazu im Vorwort erläutert, wie so ein Text wörtlich übersetzt aussehen würde: nicht wesentlich anders als eine Konstellation der Konkreten Poesie, wie mir scheint, vielleicht etwas wortreicher. Hausmann meinte, in dieser Form könne man das Gedicht einem deutschen Leser nicht zumuten, man müsse es seiner gebräuchlichen Sprache anpassen. Das Ergebnis solcher Anpassung aber ist eine Verfälschung, eine subjektiv verengte Interpretation der mehrdeutigen »Konstellation« des Originals. Nach Ihrer Definition hätte ein Leser chinesischer Lyrik im Urtext keine Chance, seine Phantasie spielen zu lassen, während ich glaube, daß sie gerade hier besonders aktiviert wird.

Frage: Eine andere Frage zur theoretischen Seite der Konkreten

Poesie: Waren Linguistik und Sprachphilosophie wirklich eine Voraussetzung dazu?

Rühm: Meine ersten poetischen Texte sind eher intuitiv entstanden. Ich hatte schon in früher Jugend die unbestimmte Vorstellung einer besonderen Art von Dichtung, die es aber nicht gab. Und so habe ich eben versucht, sie mir selbst zu schreiben. Erst viel später erfuhr ich, daß Gomringer in der Schweiz zu derselben Zeit, Anfang der fünfziger Jahre, in seiner Suche nach einer neuen Poesie zu ähnlichen Ergebnissen gelangt war. Es lag natürlich nahe, das Gefundene theoretisch zu reflektieren, und so habe ich mich bald auch mit linguistischen Problemen auseinandergesetzt. Was ich dabei erfuhr, war zwar sehr anregend, ließ sich aber nicht unmittelbar in meiner dichterischen Arbeit verwerten.

Frage: Ist es denn überspitzt zu sagen, daß so etwas wie Sprachskepsis eine Ursache Konkreter Poesie war, daß man über eine angebliche Determiniertheit des Denkens durch die Sprache aufklären wollte?

Rühm: Ich war eine Zeitlang, in einer puristisch radikalen Phase, der Meinung – und etwas Wahres ist sicher dran –, daß jede Aussage im Grunde falsch ist. Und zwar deshalb, weil jede Aussage eine Einschränkung und damit zwangsläufig eine Verzerrung bedeutet. »Der Baum ist grün« schränkt die ganze Vielfalt des Baumes, auch seiner Farben, auf nur eine Eigenschaft ein. Ein Baum ist aber doch so viel mehr als das...

Frage: ...was natürlich andererseits zum Teil als analytisches Urteil in dem Begriff »Baum« enthalten ist und nicht immer mitgesagt werden muß!

Rühm: Eben deshalb heißt es in der konkreten Konstellation nicht: »der baum ist grün«, sondern nur »baum«.

Frage: Wo stehen Sie denn heute in der Diskussion, ob Sprache eher einschränkt oder hilft? Schranke oder Hilfsmittel?

Rühm: Eher Schranke. Ich schließe mich da weitgehend der Argumentation von Ossi Wiener an, die er brillant in der »verbesserung von mitteleuropa« und späteren Aufsätzen vertritt. Trotzdem habe ich Spaß an der Sprache. Schließlich ist auch eine Konsequenz solcher Überlegungen, alles als Dichtung zu betrachten: von Einsteins Relativitätstheorie bis hin zu Politikerreden. – Wir haben anfangs in der »Wiener Gruppe« die Position vertreten, die mir heute allerdings fragwürdig erscheint, daß Sprache und Bewußtsein sich decken. Inzwischen bin ich überzeugt, daß es auch außersprachliche Bewußtseinszustände gibt, und gerade mit ihnen habe ich mich in letzter Zeit besonders intensiv beschäftigt. Wie viele Möglichkeiten des Menschen sind noch unentdeckt! Es ist mir gleichgültig, ob das, was ich mache, noch als Kunst bezeichnet wird oder nicht. Mich interessiert primär alles, was dazu beiträgt, uns emotional und intellektuell zu bereichern.

Postskriptum

Gerhard Rühm, 1930 in Wien geboren, wurde zunächst als Herausgeber bekannt: 1967 edierte er eine umfangreiche Sammlung mit experimentellen Texten und machte so »Die Wiener Gruppe« einem größeren Publikum bekannt. Der Band enthielt neben eigenen Arbeiten Texte von Friedrich Achleitner, H. C. Artmann und Konrad Bayer – auch Gemeinschaftsarbeiten. Vieles davon war schon in den fünfziger Jahren entstanden, aber – zumal in Österreich – unbeachtet geblieben. Rühm, der seit 1964 in Deutschland lebt, hatte zuvor den ersten eigenen Band »Konstellationen« (1961) veröffentlicht. Die Bücher »Fenster« (1968), »Die Frösche und andere Texte« (1971) und »Ophelia und die Wörter« (1972) faßten jeweils ältere und neue Arbeiten Rühms zusammen. Zu seinen faszinierendsten Texten gehört das 1958 entstandene Prosastück »Frösche«, das die strenge Form der experimentellen, auf das Medium Sprache konzentrierten Schreibform mit einer sinnfälligen Handlung verbindet: ein Lehrstück dafür, daß solche Literatur nicht steril und eintönig sein muß. Rühm hat immer wieder auch mit Formen der Montage experimentiert. Ein Beispiel ist der 1966 entstandene Collagetext »Sylvias Ballkleid«, für den eine beliebige Ausgabe der »Mindener Tageszeitung« das Material lieferte. Der Schriftsteller, der sich besonders für den Grenzbereich zwischen Literatur, Musik und Graphik interessiert, schrieb eine Reihe von Hörspielen. In letzter Zeit war Rühm, der seit mehreren Jahren auch als Hochschuldozent in Hamburg arbeitet, mit der Publikation zurückhaltend. Die Positionen, die er 1973 im Interview vertrat, sind – so teilte er nach der neuerlichen Durchsicht des Gesprächs mit – im wesentlichen auch seine heutigen.

Das Entstehen der Bücher beim Schreiben
Neue Standorte des Erzählers

> »Mir kommt es so vor, als ob in der modernen Prosa der Autor verpflichtet ist, den Leser teilhaben zu lassen an der Entstehung der Fiktion und ihm nicht die Fiktion als zweite Wirklichkeit vor die Wirklichkeit zu stellen.«
> Christa Wolf

I. Brüchige Tradition: Der fiktive Ich-Erzähler

1949, zwei Jahre nach Erscheinen seines Romans »Doktor Faustus«, ließ Thomas Mann ein Buch mit dem Titel »Die Entstehung des Doktor Faustus« folgen. Diese Entstehungsgeschichte war nicht nur ein Kommentar, sondern ein Werk, das unmittelbar zum Roman gehörte. Sie trieb die Demontage des fiktiven Erzählers voran. Allein die Tatsache, daß der Ich-Erzähler des Romans, Serenus Zeitblom, mit der Niederschrift seiner Geschichte an eben dem 23. Mai 1943 beginnt, an dem auch der reale Erzähler, also Thomas Mann, diesen Roman tatsächlich in Angriff genommen hat, zeigte schon die veränderte Rolle des fiktiven Erzähl-Ichs an. Es hat nicht mehr nur die Innenwelt des Romans zu verwalten, sondern weist auf die authentischen Entstehungsbedingungen zurück.

Thomas Mann konnte auf diese Weise die politischen Einflüsse, denen er ausgesetzt war (besonders die Entwicklung der Kriegsereignisse), zunächst direkt in den Roman einfließen lassen – mit der Einschränkung, daß Zeitblom diese Ereignisse aus Deutschland betrachtet, während Thomas Mann in den USA lebte. Er selbst hat darauf hingewiesen, daß diese Parallele keineswegs ohne Bedeutung ist: »Daß Studienrat Zeitblom an dem Tag zu schreiben beginnt, an dem ich selbst, in der Tat, die ersten Zeilen zu Papier brachte, ist kennzeichnend für das ganze Buch: Für das eigentümlich Wirkliche, das ihm anhaftet und das, von einer Seite gesehen, ein Kunstgriff, das spielende Bemühen um die genaue und bis zum Vexatorischen gehende Realisierung von etwas Fiktivem (...) ist.«

Thomas Mann konnte die Synchronität von realem und fiktivem Erzähler nicht durchhalten. Am Ende des Werks besteht ein Unterschied von zwei Jahren: der Autor ließ Zeitblom die Arbeit 1945 – mit dem Kriegsende – beschließen, während er selbst mit dem Roman erst am 29. Januar 1947 fertig wurde. Daraus ergibt sich zum Beispiel, daß Thomas Mann den Einfluß, den die Nachricht von der erfolgreichen Invasion auf ihn ausübte, nicht sofort in das laufende Werk einarbeiten konnte. Denn im Juni 1944 schrieb er am 16. und 17. Kapitel, während er Zeitblom die Invasion erst erleben lassen konnte, als dieser bereits über dem 33. Kapitel sitzt (das wiederum in Wirklichkeit, also von Thomas Mann, geschrieben wurde, als der Krieg längst vorbei war: im Dezember 1945).

Zeitblom erwähnt – sieht man von Beginn und Schluß des Romans einmal ab – in sieben Kapiteln seine Schreibzeit, zumeist mit Informationen über den Verlauf des Kriegs. Bedenkt man, daß der Roman insgesamt aus 47 Kapiteln besteht, so stellt man fest, daß die Ebene der fiktiven Schreibzeit gar nicht soviel Platz einnimmt, wie es vielleicht beim ersten Lesen des Romans den Anschein haben mag. Unwichtig wird sie deswegen nicht. Im Roman selbst wird auf die immanente »Verschränkung der Zeitläufte« hingewiesen; Zeitblom wendet sich an den Leser, der seine Pedanterie ruhig belächeln solle. »Ich weiß nicht, warum diese doppelte Zeitrechnung meine Aufmerksamkeit fesselt und weshalb es mich drängt, auf sie hinzuweisen: die persönliche und die sachliche, die Zeit, in der der Erzähler sich fortbewegt, und die, in welcher das Erzählte sich abspielt. Es ist dies eine ganz eigentümliche Verschränkung der Zeitläufte, dazu bestimmt übrigens, sich noch mit einem Dritten zu verbinden: nämlich die Zeit, die eines Tages der Leser sich zur geneigten Rezeption des Mitgeteilten nehmen wird, so daß dieser es also mit einer dreifachen Zeitrechnung zu tun hat: seiner eigenen, derjenigen des Chronisten und der historischen.« Tatsächlich gibt es ja über die von Zeitblom angesprochenen drei Zeitebenen hinaus noch die vierte: die authentische Entstehungszeit des Romans. Nicht zufällig hat Thomas Mann gerade die Entstehungszeit des »Doktor Faustus« zum Gegenstand einer eigenen Arbeit gemacht, wenn man diese Arbeit nicht sogar als nachträgliche Erweiterung des Romans selbst auffassen will, wofür heute einiges spricht.

Bisher wird »Die Entstehung des Doktor Faustus« in der Forschung zwar gern zur Interpretation des Romans herangezogen, kaum jemals aber als Teil eines Kunstwerks zur Kenntnis genommen. Die Entstehungsgeschichte leistete für Thomas Mann in Ansätzen das, was Zeitblom nicht leisten konnte: Die Abhängigkeit des realen Erzählers von der Zeit des Schreibens mitsamt ihren Einflüssen der näheren und weiteren Umgebung, des Lesestoffs, der eigenen Leistungskraft und dergleichen zu zeigen. Daß Thomas Mann die Bedeutung dieser Einflüsse sehr genau registriert hat, zeigt folgende Bemerkung in der Entstehungsgeschichte: »Wie viele beschäftigende Vorkommnisse, politische und persönliche, Erfahrungen der Lektüre, gesellschaftliche Zwischenfälle und solche, die der Posteingang mit sich bringt, spielen aber fortwährend ins Hauptbetreiben, das laufende Werk hinein, dem ja immer nur drei, vier beste, hermetisch abgesonderte Tagesstunden eigentlich angehören!«

Eine echte Dokumentation ist die Entstehungsgeschichte freilich nicht: Die Aufzeichnungen entstanden nicht während der Arbeit am Roman, sondern erst später. Wohl existierten Tagebucheintragungen, die Thomas Mann auch zitierte, aber sie wurden von ihm in ein neu entstandenes Werk ein- und ihm damit untergeordnet: Das Bewußtsein des Autors beim Schreiben der Entstehungsgeschichte war ein anderes als das während der Niederschrift des Romans. Auch muß eingeschränkt werden, daß Thomas Mann auf die Abhängigkeit seiner Arbeit von den diversen Einflüssen nicht direkt verwies. Er stellte beides, Werk und Lebensumstände, nur einfach nebeneinander. Sogar mit der Lektüre, die nachweislich einen ganz direkten Einfluß auf seinen Roman gehabt hatte, verfuhr er ähnlich. »Tagsüber in Luthers Briefen« heißt es etwa. Nur ausnahmsweise wurde der Einfluß einmal explizit hervorgehoben, so wenn da über Adornos Buch »Zur Philosophie der modernen Musik« steht: »Hier war in der Tat etwas Wichtiges.«

Folgt man einer Bemerkung von Walter Jens, nach der die fiktive Erzählfigur als Romanform der Moderne schlechthin anzusehen ist, so wird ersichtlich, welche Bedeutung der Frage nach dem »Standort des Erzählers im zeitgenössischen Roman« (so ein Aufsatztitel von Adorno) zukommt. Man kann sich die Entwicklung als ein immer stärkeres Abrücken von der Position des allwissenden Erzählers vorstellen, der besonders im 19. Jahrhundert das Gesicht des Romans prägte. Allgemein gesprochen: die Erzählperspektive verengte sich. Das Romangeschehen wurde durch das Denken und Fühlen einer einzigen Person gefiltert. Diese Person war zumeist, wenn auch nicht notwendigerweise, eine Ich-Figur. Immer häufiger wurde diese Ich-Figur dann zum fiktiven Träger der Erzählung: zum fiktiven Ich-Erzähler. Ein weiterer Schritt, der leicht übersehen wird, aber nicht unwesentlich ist, war der vom Ich-Erzähler zum – um eine analoge Wortbildung zu verwenden – fiktiven Ich-Schreiber, der nun noch intensiver auch die Probleme des Schreibenden, des Schriftstellers stellvertretend aufnehmen und reflektieren kann.

Inzwischen ist auch diese konsistente fiktive Erzähl- oder Schreibfigur zerbrochen – und mit ihr die Form des Romans. Denn Adorno bemerkte mit Recht, daß die Form des Romans Erzählung verlange: Erzählung, die nach der »Exekution des Erzählers« (wie es der DDR-Literaturkritiker Kurt Batt anläßlich der zeitgenössischen westdeutschen Prosa später nannte) nicht mehr oder nur noch sehr eingeschränkt möglich ist. Als eine Station auf diesem Wege läßt sich Max Frischs Roman »Stiller« (1954) ansehen, in dem der fiktive Ich-Schreiber ja gerade seine Konsistenz (oder, wie man in diesem Fall ja sonst sagt, Identität) abstreitet. Er erzählt über sich nur noch auf der Grundlage der Leugnung eben dieser Tatsache. Natürlich ist mit dieser mehr schematisch skizzierten Abfolge keine Charakterisierung zeitgenössischer Prosa geleistet: Der hinter dieser Entwicklung liegende Skrupel vor Fiktionen (Martin Walser: »Wir glauben nicht mehr, daß einer über andere Bescheid weiß«) manifestiert sich zumindest noch in zwei weiteren Tendenzen neuerer Prosa, nämlich in der Hinwendung zur Sprachreflexion und in der Vorliebe für Dokumentarliteratur und Textmontagen.

Die Figur des Ich-Erzählers war in der Literatur die letzte Bastion, um die Skurpel vor Fiktionen noch einmal abzuschütteln, ja die Glaubwürdigkeit des Dargestellten zu erhöhen: Als Augenzeuge spricht der Erzähler nur von dem, was er weiß, was er gesehen haben kann. Und was er nur aus zweiter Hand weiß, das formuliert er entsprechend. Zu dieser Rolle will es also durchaus passen, wenn Thomas Mann seinen Erzähler Zeitblom immer wieder betonen ließ: »Nochmals, ich schreibe keinen Roman und spiegle nicht allwissende Autoreneinsicht in die dramatischen Phasen einer intimen, den Augen der Welt entzogenen Entwicklung vor.« Wie Zeitblom dann allerdings tatsächlich an einigen versteckten Stellen mit seinem Stoff umgeht, ist durchaus geeignet, seine reine Augenzeugenqualität in Frage zu stellen, und würde einem allwissenden Erzähler alle Ehre machen.

So fordert er etwa den Leser auf, sich doch bitte nicht darüber zu wundern, wenn er Sachverhalte beschreibt, die er aus eigener Anschauung gar nicht kennen kann: »Was sich abspielte, und wie es sich abspielte – ich weiß es, und möge man zehnmal den Einwand erheben, ich könnte es nicht wissen, weil ich nicht ›dabeigewesen‹ sei. Nein, ich war nicht dabei. Aber heute ist es seelische Tatsache, daß ich dabei gewesen bin, denn wer eine Geschichte erlebt und wieder durchlebt hat, wie ich diese hier, den macht seine furchtbare Intimität mit ihr zum Augen- und Ohrenzeugen auch ihrer verborgenen Phasen.« Und wahrlich: wie genau vermag der Chronist Zeitblom eine Szene zu beschreiben, bei der er gar nicht anwesend war: »Tauwetter war eingefallen. Der Schnee, wo er zur Seite geschaufelt war, sickerte und sinterte, und die Wege begannen breiig zu werden. (...) Sie (...) gingen durch das Fichtenwäldchen, das dahinter liegt, und von dessen Zweigen es tropfte.« Hinter alldem steckt natürlich eine schalkhafte Absicht und keineswegs eine Schlamperei Thomas Manns, der etwa mit den Errungenschaften des Ich-Erzählers nicht umzugehen wüßte. Er führte seinen fiktiven Erzähler in feine Widersprüche. Indem er den Anschein der Objektivität Zeitbloms durch Ironie zerstörte, stellte er zugleich die Konstruktion des fiktiven Ich-Erzählers in Frage – als einen Fortschritt gegenüber dem allwissenden Autor?

Thomas Mann hat sich von der herkömmlichen Vorstellung, die in einem Kunstwerk etwas weitgehend Vollkommenes, eine geschlossene Komposition, ein organisches Ganzes zu sehen gewohnt war, nicht freimachen können oder wollen. Zum »Doktor Faustus« bemerkte er zwar nicht ganz ohne Verwunderung, aber doch mit spürbarem Stolz, daß es ihm möglich gewesen sei, »sofort mit seinem Motiv-Komplex in toto zu arbeiten, den Anfängen gleich die Tiefenperspektive des Ganzen zu geben.« Er kannte die Schwächen des fiktiven Ich-Erzählers, aber mußte doch mit ihm auskommen und ihn als festumrissene Figur belassen. Er bemerkte wie die Grenzen der Fiktion durchlässig werden, aber sein Roman ist zu geschlossen und abgerundet, als daß Thomas Mann die Entstehungsbedingungen in ihm selbst hätte darstellen können. Ein Gleiches ließe sich übrigens für die Verwendung der Montagetechnik aufzeigen: Thomas Mann verwendete massenhaft Fremdmaterial in seinem Roman, um es dann bis zur Unkenntlichkeit in seinem Kunstwerk zu integrieren (fast zwanzig Jahre nach Döblins »Berlin Alexanderplatz«). Er hat die Grenzen bestimmter Schreibmethoden genau erspürt und erkannt, er hat seine Zweifel in einem ausgeklügelten und abgesicherten System, das zu bewundern bleibt, zugleich zum Ausdruck gebracht und sich den Konsequenzen verweigert. Das ist es wohl, was den Roman »Doktor Faustus« zum einen als auf der Höhe seiner Zeit, zum anderen aber doch als nicht radikal modern erscheinen läßt. Der Roman hat etwas von einem Januskopf, wobei der Blick nach hinten kritisch, der nach vorn getrübt ist.

II. Autoren des Experiments: Der authentische Ich-Erzähler

Was sich bei Thomas Mann ankündigte, hat inzwischen Konturen bekommen. Im Zusammenhang mit wachsender literarischer Selbstreflexion verschmilzt der ehemals fiktive Ich-Erzähler mehr und mehr mit dem tatsächlichen Erzähler – ohne dabei stets zu Tagebuch oder Autobiographie zu führen. Und nicht zufällig. Wenn die Beschäftigung mit einer der Voraussetzungen schriftstellerischen Tuns – nämlich mit dem sprachlichen Material – als Inkarnation literarisch reflexiver Arbeit gilt, warum sollte die Beschäftigung mit anderen Voraussetzungen nicht ebenso fruchtbar sein? Die Arbeitsbedingungen des Schriftstellers, die tagespolitischen und individuellen Ereignisse – sie alle haben Einfluß auf das entstehende Werk, und sei es im negativen Sinn als Störung.

»Der Vorgang, den ich beschreibe, findet im Moment des Schreibens statt«. So liest man es bei Jürgen Becker. Und: »Der Ort des Schreibens wird identisch mit dem Ort, der im Schreiben vorkommt.« Es gibt hier, in Beckers Buch »Umgebungen« (1970), keinen fiktiven Erzähler mehr, der an einem anderen Ort schreibt als sein Erfinder (Zeitblom in Deutschland, Mann in den USA). Ohne nur noch von sich zu sprechen oder auf Fiktionen ganz zu verzichten, scheut Becker nicht, die Schreibgegenwart, wenn sie als Erfahrung dominierend wird, in seine Texte wie selbstverständlich mitaufzunehmen: »Auf den nördlichen Sandflächen der alten Heide zwischen Porz, Altenrath und Troisdorf liegt jetzt neues Betonwerk, dessen Funktion in meßbarer Phonstärke ich augenblicklich wahrnehme in meinem Dichterzimmer mit Blick auf Bäume und den Flugschneisen-Himmel darüber.« Ort und Zeit als Blickpunkt und Einfluß werden benannt; so auch schon am Ende von Beckers erstem Buch »Felder« (1964): »22.12.1963; 18 Uhr 30; Halbmond (zunehmend). Schübe von Relikten, nicht Kommentaren; die Art des Rekapitulierens läßt übrig und macht anders; Geräusche oben des Flugzeugs (wird fortfliegen am 2.1.); all das noch in die Maschine; lesen ändern fortschicken; vorn ist vor drei Jahren, hinten ist jetzt; Felder.«

Die Umstände, in und unter denen ein Werk entsteht und von denen der Leser sonst gar nichts erfährt oder hintenherum aus

Tagebüchern oder Selbstkommentaren, werden hier in das Werk selbst integriert und zeigen es als das, was es (auch) ist: als etwas Gemachtes und während seiner Entstehungszeit Ungewisses. Im besten Fall demonstrieren die Ereignisse des Schreibaugenblicks, wo sie benannt werden, ihren Einfluß selbst: »Nun, während ich nach den Worten für den nächsten Satz suche, der fortsetzen soll die Beschreibung eines extra ereignislosen Abends, höre ich die Glocke des Telefons läuten unten im Haus. Wird da wer mal eben vorbeikommen wollen? Haben wir ein verabredetes Muschel-Essen vergessen? Wird mir, indem ich zum Hörer flitze, etwas Glaubwürdiges einfallen, was meine Unlust glaubwürdig macht, oder wird dieser Satz wieder der letzte Satz heute abend sein?« Danach beginnt, deutlich abgehoben, ein neuer Abschitt, ein neuer Zusammenhang: so beantwortet sich diese Frage aus den »Umgebungen« ohne einen Kommentar zu erfordern, von allein.

Alfred Behrens Buch »Künstliche Sonnen« (1973) enthält fünf Erzählstränge (»Erzählspuren« nennt sie Behrens), einer davon ist betitelt »Über das Entstehen der Bücher beim Schreiben« und informiert über die Lebensbedingungen des Autors während der Arbeit an dem Buch (die anderen Stränge sind mehr oder weniger fiktive Abhandlungen). Mit Datum und Tageszeit versehen – der erste Bericht beginnt mit »Montag 10. Januar 1972 22 Uhr 30« – steht dieser Teil gleichberechtigt neben den anderen des Buches. »TOP OF THE POPS auf der Tonspur die ganze Zeit während ich das hier schreibe. Inzwischen ist es 23 Uhr 45.« Aufs Ganze gesehen erfährt man bei Behrens allerdings recht wenig über den tatsächlichen komplizierten Einfluß der Schreibumstände auf das Ergebnis; der Metastrang und die anderen Textteile stehen sich doch zu wenig vermittelt gegenüber. An keiner Stelle wird dem Leser demonstriert, welcher Text genau unter welchen Bedingungen entstanden ist – höchstens heißt es einmal, daß die Idee, dem schreibenden Autor überhaupt im Buch selber Platz einzuräumen, erst spät gekommen sei, und zwar beim Hören des Liedes »Amarillo«.

Auch Herbert Achternbusch läßt, was ihn während des Schreibens irritiert, in seine Arbeiten miteinfließen. So wird in »Die Alexanderschlacht« (1971) der Text einfach durch die Bemerkung unterbrochen: »Ich lauf in den Regen hinaus und hole einen Brief von Peter Härtling: Sehr geehrter Herr Achternbusch, ich haben einen Plan, den will ich so kurz wie möglich schildern (...)«, folgt der weitere Brief von Härtling (in dem dieser Achternbusch zur Mitarbeit an einer Anthologie einlädt). Es gibt auch profanere Unterbrechungen dieser Art: »Jetzt habe ich mir ein Wurstbrot gemacht.« Darüberhinaus sind andere Einflüsse, die einen Autor beschäftigen können, bei dieser Schreibform mit einem kurzen Satz angedeutet, wie in »Die Macht des Löwengebrülls« (1970): »natürlich stören mich schon jetzt die Augen des Lektors, der die Kommas sucht.«

Im übrigen ist es nicht so, daß die Schreibgegenwart nur in der Prosa heimisch geworden wäre. So findet sich unter den Gedichten von Nicolas Born eins, dessen Titel bereits aufhorchen läßt: »Zuhausegedicht«. Und das Gedicht fängt dann auch folgendermaßen an: »Es ist der 12. November am Morgen / 18 Grad Außentemperatur / drei Briefe und eine Karte im Kasten / zum erstenmal seit Wochen / ist die Sonne wieder ganz da.« In diesem Stil geht es weiter: »Piwitt pflegt im Bad seine hohe Stirn / ein Gespräch über Sozialismus haben wir / rechtzeitig abgebrochen.« Und der anwesende befreundete Kollege Hermann Peter Piwitt führt dem Gedicht und der Schreibform am Schluß noch eine Art Pointe zu: »Piwitt fragt mich ob er hier vorkommt / ja sage ich aber nur als Name / er ist zufrieden und bricht auf / zu einer Wanderung.«

Muß die Frage folgen: Sind diese Zitate mehr als beiläufige Eingebungen der Autoren, mehr als Marginalien, die im Gesamtkontext eher verschwinden? Auf den ersten Blick scheinen sie ja ohnehin nur Selbstverständliches zu besagen. Wer wüßte denn nicht, daß ein Autor auch manchmal essen muß, daß um ihn herum etwas passiert, während er schreibt?

Es ist wohl kein Zufall, daß die Wortmeldung des Autors im eigenen Text dort am plausibelsten erscheint, wo er sich zu einer anderen Figur in Beziehung setzen muß: in der Biographie – schon deshalb, weil der Gegenstand einer Biographie nicht (wie noch Adrian Leverkühn bei Thomas Mann) eine fiktive Figur, sondern eine reale Person ist. »Ich vergleiche also den allgemeinen Formelvorrat für die Biographie eines Frauenlebens satzweise mit dem besonderen Leben meiner Mutter; aus den Übereinstimmungen und Widersprüchlichkeiten ergibt sich dann die eigentliche Schreibtischtätigkeit.« So läßt Peter Handke Werkstattäußerungen in seine Erzählung »Wunschloses Unglück« (1972) einfließen, in der er den Ursachen für den Selbstmord seiner Mutter nachspürt. An anderer Stelle heißt es: »Ab jetzt muß ich aufpassen, daß die Geschichte nicht zu sehr sich selber erzählt.«

Was bei Handke noch den Charakter einer Randnotiz hat, wird in

Dieter Kühns Roman »Die Präsidentin« (1973) zum tragenden Gerüst der Erzählung. Die Biographie über eine französische Börsenspekulantin der zwanziger und dreißiger Jahre dieses Jahrhunderts ist geradezu ein Lehrbeispiel dafür, wie der Autor die Rolle des ehrwürdigen fiktiven Ich-Erzählers usurpiert. Kühn wendet sich innerhalb des Romans an seine Leser, teilt ihm mit, welche Alternativen es für den Fortgang der Erzählung gegeben hätte, führt ihm vor, welche anderen Stilmittel er hätte einsetzen können. Er charakterisiert sich zu recht als Autor, »der den Leser am Auswählen und Auswerten von Material teilnehmen läßt«; der Leser könne ihm beim Schreiben zuschauen, sozusagen über die Schulter. Der Roman enthält seine eigene Entstehungsgeschichte. Die mühselige und kostspielige Recherche vor Ort wird vorgeführt, Kühn gewährt offen Einblick in seine ökonomische Situation: »Der Entschluß, für ein paar Arbeitstage nach Paris zu fahren, wird gefördert durch eine Einladung zum Deutsch-Französischen Autorentreffen.« An anderer Stelle teilt er mit: »Ich finde es spannend, in damaligen Zeitungen über den Gazette-Krach zu lesen: ich habe den 28er Jahrgang verschiedener Zeitungen durchsucht, im Stadtarchiv Düren, in der Stadtbibliothek Aachen, im Frankfurter Societätsverlag, habe Material gefunden, das ich in den Roman aufnehmen möchte.« Er, der »Autor im Materialkontakt«, hat dann zu erwägen, welche Einzelheiten am Ende in das Buch aufzunehmen sind. Es liegt ihm vor allem daran, das »Hochputschen von Börsenkursen« genau zu verstehen und zu erklären. »Auch die Beschreibung solcher Methoden gehört zu diesem Buch – so, wie zu einem Kriminalroman die Beschreibung der Tatwerkzeuge gehört oder zu einem Sexroman die Beschreibung von Geschlechtswerkzeugen. Freilich ist bei einem Buch über Wirtschaftsvorgänge das Werkzeug weniger plastisch.« Was hier leger klingen soll, zeigt auch eine Gefahr der Methode: Der Werkstattbericht wird zum Selbstzweck und überlagert die Geschichte, die Kühn erzählt.

Doch wird man dem Autor zugute halten müssen, daß er hier weitgehend Neuland betritt. Beides, die Annäherung an den Gegenstand und den Gegenstand selbst, in erzählerischer Balance zu halten, das ist in dieser Form ohne Vorbild in der deutschen Literatur. Dabei ist gelegentlich auch Autoreneitelkeit spürbar, wie sie bei der Methode des authentischen Ich-Erzählers wohl nur schwer zu vermeiden ist. »Das liest sich ja fast, als hätte ich diesen Zeitungsartikel bestellt!« Auch die schlichte Freude über Funde kommt im Werk selbst zur Sprache – und nicht wie früher vielleicht in einem privaten Werkstatt-

Tagebuch des Autors. »Solche Artikel lese ich mit begleitendem Kugelschreiber unterstreichend und notierend«, erfährt man von Kühn über die Vorarbeiten zu seinem Buch. Ganz ähnlich schrieb 25 Jahre zuvor Thomas Mann: »Ich könnte einen kleinen Katalog von Büchern aufstellen (...), die ich ›mit dem Bleistift‹ studierte, so angelegentlich und wachsam, wie man nur zu produktivem Zweck, um eines Werkes Willen, liest.« Der Unterschied ist nicht nur der zwischen Bleistift und Kugelschreiber: Thomas Mann verbannte die Selbstverlautbarungen in seine Entstehungsgeschichte.

Ist demgegenüber bei Kühn und anderen Autoren der Gegenwart von einem Fortschritt zu sprechen? Es gibt Stimmen, die im Text integrierte Reflexionen des Schriftstellers über die laufende Schreibarbeit ganz und gar als unwesentlich oder modisch abtun möchten. So vertritt die Literaturkritikerin Barbara Bondy die Meinung, »daß sich kein Mensch für die Skrupel des Schreibenden interessiert, daß Werkstatt- und Dokumentarqualen den Leser durchaus gleichgültig lassen.« Nun ist dabei nicht aus dem Auge zu lassen, daß Erläuterungen und Selbstkommentare aus der Literatur dieses Jahrhunderts überhaupt nicht mehr fortzudenken sind. So wird unter dem Stichwort »Moderne« in einem Literaturlexikon denn auch von einem »äußerst bewußten Spätstil« gesprochen, »der mit der Erzählung zugleich das Erzählte erzählt, der das Gedichtete kommentiert und den Kommentar noch kommentiert«, und es werden neben Thomas Mann Namen wie Gide und Musil genannt. Bei der Literaturkritikerin Marianne Kesting heißt es: »Und wie der Naturwissenschaftler heute sein Instrumentarium in seine Forschung und deren Ergebnisse einbezieht, so begannen auch die Schriftsteller ihr Instrumentarium, nämlich das Schreiben selbst, innerhalb des Romans zu untersuchen.« Die Unbekümmertheit ist schon lange hin, und wen Werkstattqualen gleichgültig lassen, der geht an einer wesentlichen Thematik moderner Literatur vorbei. Der Schriftsteller, nachdem ihm einmal Zweifel am Genügen seiner Fiktionen gekommen waren, mußte sich fortan mit seinen Arbeitsmitteln auseinandersetzen.

Ist aber die Schreibform des authentischen Ich-Erzählers, in der also der Autor selbst permanent sein Schreiben reflektiert, darüber Rechenschaft abgibt und sich nicht hinter einem fiktiven Schreib- oder Erzähl-Ich verbirgt, eine konsequente Fortentwicklung? Läßt sich ein Werk vorstellen, dessen Werdegang der Autor minuziös und vollständig in ihm selbst mit darstellt?

Heinrich Böll hat das Problem 1973 in seiner Nobelpreisrede

diskutiert: »Wenn ich gefragt werde, wie oder warum ich gerade dieses oder jenes geschrieben habe (...), kann ich den gesamten Zusammenhang nicht wiederherstellen und wünschte doch, ich könnte es, um wenigstens die Literatur, die ich selber mache, zu einem weniger mystischen Vorgang zu machen als das Brückenbauen und Brötchenbacken.« Und er fährt fort: »Theoretisch müßte die totale Rekonstruktion des Vorgangs möglich sein, eine Art Parallelprotokoll, während der Arbeit erstellt, das, wäre es umfassend, wahrscheinlich den vielfachen Umfang der Arbeit selbst annehmen würde.«

Damit hat Böll die eine wesentliche Grenze dieser Schreibform angesprochen, nämlich ihr rasch ausuferndes Wesen. Die Gründe dafür: Das Protokoll »müßte ja nicht nur den intellektuellen und spirituellen, auch den sinnlichen und materiellen Dimensionen gerecht werden.« Doch wie erklären, daß »etwas wie Leben entsteht. Personen, Schicksale, Handlungen – daß da Verkörperung stattfindet, auf etwas so Totemblassem wie Papier, wo sich die Vorstellungskraft des Autors mit der des Lesers auf bisher unerklärte Weise verbindet, ein Gesamtvorgang, der nicht rekonstruierbar ist«? Und damit ist auch die zweite Frage angesprochen, ob denn wirklich die Schreibhandlung in ihrer Totalität und Ursprünglichkeit, ihrer Komplexität und Psychologie analysierbar und erfaßbar ist. »Es wird immer ein Rest bleiben«, sagt Böll, »man mag ihn Unerklärtheit nennen, Geheimnis meinetwegen, es bleibt und wird bleiben ein, wenn auch winziger Bezirk, in den die Vernunft unserer Provenienz nicht eindringt, weil sie auf die bisher nicht geklärte Vernunft der Poesie und der Vorstellungskraft stößt, deren Körperlichkeit so unfaßbar bleibt wie der Körper einer Frau, eines Mannes oder auch eines Tieres.«

Auch die bisher erwähnten Autoren wissen um diese Schwierigkeiten (und haben dies wiederum thematisierend in ihre Literatur integriert). »Der Vorgang, den ich beschreibe, findet im Moment des Schreibens statt«, hieß es bei Jürgen Becker, und er fährt dann folgendermaßen fort: »aber so rasch geht das gar nicht; einige Zeilen weiter ist in Wahn drüben die Boeing schon gelandet, deren augenblickliches Vorkommen im Ausschnitt des Fensters ich zu notieren augenblicklich mich beeile; hochguckend sehe ich das Ding schon hinter meiner georgischen Birke verschwunden und was nun? was sage ich jetzt? beschreibe ich nun den leeren weißgrauen Schneehimmel zusammen mit der Nichtpraktizierbarkeit eines Prinzips, das den Moment als Momentvorgang des Schreibens verifiziert sehen will?«

Ist es also schon unmöglich, auch nur das zu protokollieren und schriftlich festzuhalten, was im Augenblick des Schreibens um den Schreibenden herum geschieht [apropos Augenblick: gerade hinderte mich unsere Katze Lola einige Minuten am Weiterschreiben, mit einem zackigen Sprung neben meine Schreibmaschine – man verzeihe mir diese in einem Essay unangebrachte Randbemerkung; es paßte gerade so gut zum Thema] – wieviel schwieriger muß es dann sein, an weniger offenliegende Einflußvorgänge heranzukommen! Auch nur den eigenen Gedanken während des Schreibens protokollarisch nachzuspüren, ist unmöglich.

Achternbusch reagiert darauf in seiner Art. Er macht aus dem »authentischen Erzählen« ein Spiel, indem er in der dritten Person redet, wo mit einiger Sicherheit noch von der Schreibtischarbeit Achternbuschs die Rede ist: »Als er sich mit der Schreibmaschine zur Abschrift dieses Textes an den Tisch setzen wollte, nahm er lediglich einen sehr schönen, weichen, wattierten Rock vom Stuhl und begann also mit dem einführenden Satz: (...)«, worauf dann der »eigentliche« Text folgt, noch einmal von der Klammeranmerkung durchbrochen: »und wie er den Text auf die Maschine tippte, waren schon wieder 2 Tage vergangen« (nebenbei: auch das Abschreiben gehört ja zur Arbeit des Schriftstellers; welche Schwierigkeiten es bringen würde, auch noch diese Ebene thematisieren zu wollen – warum und wie Änderungen vorgenommen werden –, das kann hier nicht weiter ausgeführt werden; man mag es sich ausmalen). Mit der Er-Form beginnt bei Achternbusch das »authentische Erzählen« bereits wieder zur Fiktion hinüberzuschwimmen: zum tendenziell fiktiven Erzähler. »Auch wußte er als Lehrer, der auch im Fach Musik unterrichtete, daß das kein Klang, sondern ein Geräusch gewesen war, aber was redete er noch von diesem kleinen Geräusch, das längst im Gerassel der Schreibmaschine untergegangen war. Dann saß er da, es war still, und kein Gedanke kam, obwohl viele auf der Lauer lagen, als wüßten sie, als hätten sie Angst gehabt, jetzt geschrieben zu werden.« Hier fällt es, weiß man, daß Achternbusch kein Lehrer ist, schon schwer, die dargestellte Schreibsituation als die von Achternbusch auszugeben; an anderer Stelle schlägt er solchen Bestrebungen mit voller Ironie ein Schnippchen: »Wie die Füße der Traumspinne fassen meine neun Finger über die Tasten der Schreibmaschine« – Achternbusch nämlich hat sie noch alle zehn.

So ist also auch das Erzähl-Ich der experimentellen Literatur – hier als Gegenbegriff zum Roman herkömmlicher Prägung gemeint – nicht eindeutig im Bereich der Nichtfiktion angesiedelt, lebt vielmehr aus der Spannung zwischen diesem und dem fiktiven Bereich, im Sinn von Jürgen Beckers Satz aus den »Umgebungen«: »ganz selbstverständlich schließt Schreiben alles Dokumentarische ein, dessen Verwendung ganz selbstverständlich alles Erfundenen nicht ausschließt« – ohne daß jedoch das Erzähl-Ich wieder zu einer festumrissenen fiktiven Figur im Sinne Thomas Manns würde.

Roy Pascal geht in seinem Standardwerk »Die Autobiographie« der Frage nach, warum nicht Schriftsteller sich überhaupt mit autobiographisch-dokumentarischem Material begnügen, »weshalb bei so vielen Autoren die Selbstergründung durch das Medium erdichteter Umstände und Situationen, in der Form des Romans also, erfolgte«. Was erreicht die Fiktion? Erste Antwort: Zu einem menschlichen Leben gehören nicht nur die äußerlichen Ereignisse, die sichtbaren Vorfälle, sondern auch Träume und Wünsche – auch sie haben Realität, werden aber in Autobiographien vielfach stiefmütterlich behandelt. Ein Mensch ist nicht nur durch das zu definieren, was aus ihm geworden ist, sondern ebenso durch das, was aus ihm hätte werden können. Pascal zieht das Fazit: »Wenn man sich nur an die Tatsachen hält, entgeht einem zu viel.« Ja, ein Gutteil der äußeren und anderer Fakten wird darüber hinaus von vornherein unterdrückt: verschwiegen und verdrängt aus Schamgefühl. »Wir wissen nur zuviel über den inneren Zensor, der so heimtückisch handelt, weil er automatisch handelt.« So kommt es zu der Feststellung, die François Bondy getroffen hat: »Manche Schriftsteller haben festgestellt, daß die Fiktion ›wahrer‹ sein kann als der Bericht über sich selber.« Es gibt eine Reihe von Autoren-Äußerungen, die das bestätigen. Gide: »Memoiren sind immer nur halb ehrlich – vielleicht kommt man der Wahrheit im Roman näher.« Proust: »Man kann alles erzählen, aber unter der Bedingung, daß man nie ›Ich‹ sagt.« Max Frisch: »Im Sinn der Beicht-Literatur (maximale Aufrichtigkeit gegenüber sich selbst) vermag die ER-Form mehr.«

Ein Vergleich mit der Wissenschaftstheorie (die immer zugleich auch Erkenntnistheorie ist) bietet sich an. In einer wichtigen Theoriediskussion der jüngeren Vergangenheit, dem »Positivismusstreit« der sozialwissenschaftlichen Disziplinen, lassen sich Parallelen finden. Es ist dies der Streit zwischen einer »empirisch-analytischen« und einer »kritisch-dialektischen« Theorievorstellung. Fast schon unzulässig vereinfacht: hält die erste Richtung sich betont an das faktisch Gegebene, das prinzipiell Meßbare, so versucht die zweite, diese Fakten in einem Zusammenhang umfassenderen Ausmaßes (von

einem theoretischen, eventuell auch utopischen Orientierungspunkt her) zu interpretieren. Adorno, maßgeblicher Vertreter der zweiten, der kritisch-dialektischen Richtung, sagt über die Gesellschaft als Erkenntnisgegenstand: »nur durch das, was sie nicht ist, wird sie sich enthüllen als das, was sie ist.« Ähnlich dem Autobiographen – nur an dem Gewordenen interessiert und nicht auch an dem prinzipiell Möglichen – kann auch der empirisch Forschende an Wesentlichem vorbeischauen, hat er nur das auf den ersten Blick Sichtbare im Auge. Denn, so Adorno, »manche Gedanken, und am Ende die essentiellen, entziehen sich dem Test und haben doch Wahrheitsgehalt.« Das gilt auch für die Literatur.
(1974)

Das Verschwinden des Autors im Material
Literarische Collagen

> »Wenn es den Stil nicht mehr gibt, muß man Stile beherrschen: auch Zitat und Montage sind Künste, und das Erbe fruchtbar zu machen, erscheint uns als Metier, das aller Ehren Wert ist.«
> Walter Jens

Als ein »Produkt lupenreiner Hochstapelei« bezeichnete 1972 der Philosoph Wolfgang Harich – damals noch in der DDR – ein neues Buch von Hans Magnus Enzensberger. Das ist ein in der Literaturkritik nicht eben häufig anzutreffendes Verdikt. Was war geschehen? Enzensberger hatte im Frühjahr 1972 für den Westdeutschen Rundfunk einen Film über das Leben des spanischen Anarchisten Bonoventura Durruti gedreht und später die bei seinen Recherchen angefallenen Dokumente und Äußerungen noch lebender Kampfgefährten zu einer umfangreichen Textsammlung gebündelt. Dieses Buch »Der kurze Sommer der Anarchie« (1972) bezeichnete er als Roman. Darüber empört sich Harich:

»In Wahrheit handelt es sich aber um eine Kompilation von Zitaten aus Werken und Berichten anderer (wie Ehrenburg, Simone Weil, Borkenau usw.), von Enzensberger lediglich, nach Art einer chronologisch angeordneten Anthologie, zusammengestellt und mit ein paar Glossen versehen, die nur 44 von 293 Seiten ausmachen.«

Hochstapelei? Zu diesem Urteil kann nur kommen, wer die Entwicklung der Literatur in diesem Jahrhundert nicht verfolgt hat oder ignoriert. Das Befremden über die Methode der Zitatmontage will zumindest naiv anmuten, denn seit mehr als sechzig Jahren propagieren Autoren die Abkehr von der schöpferischen Eigenleistung des Schriftstellers – mit den unterschiedlichsten Argumenten. »Mein Amt war, die Zeit in Anführungszeichen zu setzen, in Druck und Klammern sich verzerren zu lassen, wissend, daß ihr Unsäglichstes nur von ihr selbst gesagt werden konnte«, schrieb Karl Kraus 1914 in seiner Zeitschrift »Die Fackel«: »Nicht auszusprechen, nachzusprechen, was ist. Nachzumachen, was scheint. Zu zitieren und zu photographieren. Und Phrase und Klischee als die Grundlage eines Jahrhunderts zu erkennen.«

Alfred Döblin schrieb 1929 in einem Aufsatz über den »Bau des epischen Werkes«: »Und es ist mir so gegangen, als ich dies oder jenes historische Buch schrieb, daß ich mich kaum enthalten konnte, ganze Aktenstücke glatt abzuschreiben, ja ich sank manchmal zwischen den Akten bewundernd zusammen und sagte mir: besser kann ich es ja doch nicht machen. Und als ich ein Werk schrieb, das den Kampf von Riesenmenschen gegen die große Natur schildert, da konnte ich mich kaum zurückhalten, ganze Geographieartikel abzuschreiben; der Lauf der Rhone, wie sie aus dem Gebirge bricht, wie die einzelnen Täler heißen, wie die Nebenflüsse heißen, welche Städte daran liegen, das ist alles so herrlich und seine Mitteilung so episch, daß ich gänzlich überflüssig dabei bin.«

Und Hans Magnus Enzensberger begründet in seinem attackierten Buch das Verfahren so: »Der Roman als Collage nimmt in sich Reportagen und Reden, Interviews und Proklamationen auf; er speist sich aus Briefen, Reisebeschreibungen, Anekdoten, Flugblättern, Polemiken, Zeitungsnotizen, Autobiographien, Plakaten und Propagandabroschüren. Die Widersprüchlichkeit der Formen kündigt aber nur die Risse an, die sich durch das Material selber ziehen. Die Rekonstruktion gleicht einem Puzzle, dessen Stücke nicht nahtlos ineinander sich fügen lassen. Gerade auf den Fugen des Bildes ist zu beharren. Vielleicht steckt in ihnen die Wahrheit, um derentwillen, ohne daß die Erzähler es wüßten, erzählt wird.«

Das französische Substantiv »collage« bedeutet einfach: Aufkleben (aber auch umgangssprachlich: wilde Ehe, ein semantischer Akzent, den man durchaus im Auge behalten darf). In der bildenden Kunst bezeichnet »Collage« ein Objekt, in das Materialien eingeklebt worden sind. Der Begriff »Montage« stammt aus dem technischen Bereich und fand zunächst für Kunstarten Anwendung, die mit Apparaten hergestellt werden: Foto und Film.

Die Dadaisten, die die neuen künstlerischen Arbeitsweisen als erste in Deutschland aufgegriffen und propagiert haben, benutzten beide Begriffe. »Wir wußten«, erinnert sich Raoul Hausmann, »daß nach dem Beispiel der Futuristen Picasso wirkliches Material benutzte, Zeitungsausschnitte, Haare, Holz, Glas – und dies bereits 1912 – und daß derselbe Picasso (...) Stilleben aus farbigem Papier machte, ein Verfahren, das man ›Collage‹ nannte. Ich fing im Sommer 1918 an, Bilder aus farbigen Papieren, Zeitungsausschnitten und Plakaten zu machen.« Und über »Montage«: »Dieser Name entstand dank unserer Abneigung, Künstler zu spielen, wir betrachteten uns als Ingenieure (...), wir behaupteten, unsere Arbeiten zu konstruieren, zu montieren.«

Gerade bei den Dadaisten ist das Übergreifen der neuen Verfahren auf verschiedene Kunstgattungen gut zu verfolgen: Kurt Schwitters stellte sowohl Bildcollagen als auch Textmontagen her, Hausmann machte außer Bildern auch Fotomontagen. »Montage« ist der allgemeinere Begriff. Er bezeichnet das Zusammengesetzte, betont das Konstruierte und aus disparaten Bereichen Stammende. Keineswegs ist er auf die Zitatverwendung eingeschränkt. Es ist zwar heute eine leicht inflationäre Verwendung dieses Begriffes – etwa in der Literaturkritik - zu beobachten, wobei alles, was als Prosa nicht einem erzählerischen Gleichfluß folgt, der Montage zugeschlagen wird, doch wäre es wohl wenig sinnvoll, hier Verbotstafeln aufstellen zu wollen (man sollte vielleicht nur daran erinnern, daß es Brüche, Aussparungen, Rückblenden, Parallelmotive in der Literatur immer gegeben hat, ohne daß man deswegen gleich »Montage« rufen mußte). Der Begriff »Collage« taucht zur Kennzeichnung literarischer Texte seltener auf. Wie die Bildcollage durch das eingeklebte Fremdmaterial (eine Fahrkarte, einen Stoffetzen, ein Tapetenstück) geprägt ist, so ist die literarische Collage durch das als Fremdtext erkennbare Zitatmaterial charakterisiert. Nur so gibt die Übertragung des Begriffs von einer Kunstgattung in die andere einen Sinn. Die literarische Collage ist also eine Form der Textmontage: nämlich der Montage von Zitaten.

Es lassen sich dabei drei Funktionsformen unterscheiden: 1. Die zitierten Fremdkörper werden dem literarischen Werk ihres exotischen Reizes wegen einverleibt. Sie gehen dabei äußerstenfalls in ihrer neuen Umgebung nahtlos auf, verlieren ihr Gesicht und werden als Zitate unkenntlich. 2. Das fremde Wortmaterial läßt keinen Rahmen mehr zu, es geht nicht in einer größeren Struktur auf, sondern bildet, neu kombiniert und arrangiert, selbst die Struktur. Der Verfasser tritt als bloßer Arrangeur ohnmächtig oder fasziniert zurück. 3. Die herbeigeholten Textpartikel werden gezielt eingesetzt, um etwas zu verdeutlichen, zu entlarven oder zu kommentieren. Auch hier kann sich das Zitat, als Beleg und Dokument, von der Stimme des Autors ablösen und für sich sprechen, doch bleibt es im Griff einer genau kalkulierten Wirkungsabsicht.

Ein Zitat, das sich selbst aufgibt (wie im ersten Fall), soll hier nicht weiter interessieren. Denn Anverwandlungen fremder Texte und Textteile gibt es, seit es Literatur gibt. Die pure Fiktion dürfte stets die Ausnahme gewesen sein: Anspielungen, Paraphrasen oder nachprüfbare Fakten gehören zum Geschäft des Dichtens seit jeher. Auch das kryptische Zitat kann weitgehend außer Betracht bleiben. Denn es ist nur unter günstigen Umständen identifizierbar. Zum Beispiel weist Thomas Mann sein Publikum nachträglich auf »das – kaum einem Leser bemerkliche – Zitat von Diät-Menüs nach Briefen Nietzsche's aus Nizza« in seinem Roman »Doktor Faustus« (1947) hin. Thomas Mann liefert überhaupt zahlreiche Beispiele für eine Zitatverwendung, die nicht – wie er selbst hoffte – im Sinne der modernen »Montage-Technik« ist. Gerade im »Doktor Faustus« zeigt sich, daß das »Aufmontieren von faktischen, historischen, persönlichen, ja literarischen Gegebenheiten« noch nicht automatisch zu jener Form der Zitatmontage führt, die in der Literatur dieses Jahrhunderts als Bruch mit herkömmlichen Schreibweisen eine beachtliche Rolle spielt. Denn auch bei der quantitativ großen Bedeutung, die zitierte und zitatähnliche Passagen in Romanen von Thomas Mann haben, ist es doch unverkennbar, daß Brüche und Nahtstellen im Erzählfluß äußerst penibel eingeebnet sind.

Gerade die Absage an eine geschlossene Kunstwelt, an das literarische Werk als autonome Struktur, die Aufsplitterung in schillernde Einzelteile und die veränderte Rolle des Autors aber machen das Faszinierende an dieser Entwicklung aus (bisweilen können die Voraussetzungen interessanter sein als das Ergebnis, der Text selber). Es kommt darauf an, daß – wie Adorno formuliert – »das Werk buchstäbliche, scheinlose Trümmer der Empirie in sich einläßt, den Bruch einbekennt und in ästhetische Wirkung umfunktioniert.« Den Bruch einbekennen: das machen zum Beispiel Texte, in denen das Zitat als fremdartiges Wortmaterial erkennbar bleibt (natürlich in einem anderen als im wissenschaftlichen Sinne).

Wenn allerdings Adorno weiter davon spricht, daß die »montierten Abfälle« erstmals in der Entfaltung von Kunst dem Sinn sichtbare Narben schlügen, so bezieht sich das nur auf die zweite Funktionsform, in der Einbruch und Anordnung des Zitierten einer sozusagen »poetischen« Logik unterliegen. Im dritten Fall, bei dem die Kombination der Einzelteile einem zielgerichteten Kalkül folgt, entsteht neuer Sinn gerade durch die Montage. Tatsächlich gilt es besonders, diese zwei Funktionsformen auseinanderzuhalten, obgleich das in der Praxis nicht immer eindeutig gelingen wird. Es stehen zwei unterschiedliche Autorenhaltungen dahinter: auf der einen Seite der Glaube an die aufklärerische Funktion von Literatur und die Absicht, die Zitate zu einem informativen Textganzen zusammenzufügen, auf der anderen Seite ein Gefühl der Ausgeliefertheit an die bedrängenden Fremdkörper, das äußerstenfalls in eine masochistische Lust zur Unterwerfung münden kann.

Für die letztere Autorenhaltung findet sich ein Beispiel in Herbert Achternbuschs »Die Alexanderschlacht« (1971). Darin stößt der Leser unvermittelt auf eine kleine Kolumne mit englischen und deutschen Vokabeln, gefolgt von Fragen wie: »Gegenüber den Vorgesetzten: Ihre Anordnungen nicht befolgt? Sie schwer gekränkt? Gegen sie gehetzt?« Danach erscheint die mathematische Formel des Sinus- und Kosinussatzes, schließlich – in englischer Sprache – eine Darstellung über den Lyriker Percy Bysshe Shelley. Achternbusch verhehlt im Folgenden auch nicht, woher diese Zitate stammen: »Aus der Schublade dieses Tisches hab ich gestern abend einige Heftchen geholt und sie willkürlich aufgeschlagen und übereinander auf den Tisch gelegt und heute nachgesehen was drinsteht; ein Wörterbuch zu Shakespeares Julius Caesar (von Susn), eine Männerbeichte (von mir), eine Sammlung mathematischer Formeln (von Susn), und a Short History of English Literature (von Susn).« Wie ein ironischer Kommentar zu dieser Collage und ihrer Herkunft will dann die folgende Bemerkung des Autors oder Erzähl-Ichs erscheinen: »Wenn ich sag willkürlich, möchte ich meine Befähigung zum Propheten unterstreichen, weil die Stellen (bis auf die mathematische) ziemlich beredt sind.«

Wirklich beredt dagegen ist eine Collage von Hans Magnus Enzensberger aus seinem Band »Mausoleum« (1975). Der Text »U.C. (1877 bis 1963)« ist ein Lehrstück dafür, wie Zitate genau kalkuliert gegeneinander gesetzt werden können, um einen vom Arrangeur erwünschten neuen Sinn zu ergeben. »U.C.« ist das Kürzel für den italienischen Psychiater Ugo Cerletti, der von 1877 bis 1963 lebte und als Erfinder der Elektroschockmethode zweifelhaften Ruhm genießt. Enzensberger nutzt das Verfahren der Kontrastmontage, um seine Abscheu vor solcherart Fortschritt zu formulieren (sein »Mausoleum« enthält 37 »Balladen aus der Geschichte des Fortschritts«). In den durchlaufenden Erinnerungsbericht des Psychiaters hat der Autor irritierende Klammern geschoben, die teilweise Zitate aus anderen Quellen enthalten.

Der Text rekapituliert die Vorgeschichte des ersten Versuchs Cerlettis am Menschen folgendermaßen:

Und *ich wies meine Assistenten an nach einer geeigneten Versuchsperson Ausschau zu halten* (und *W Il Duce*) und *am 15. 4. 1938 überwies mir der Polizeipräsident von Rom ein Individuum zur Beobachtung* (und *der Faschismus ist über den verwesten Leib der Göttin Freiheit hinweggestiegen*) und *ich zitiere aus seinem Begleitschreiben* (und *Italiener! Schwarzhemden! Legionäre!*): »*S. E., Ingenieur* und *39 Jahre alt* und *aufgegriffen am Hauptbahnhof* und *ohne gültigen Fahrausweis* und *offenbar nicht im vollen Besitz seiner Geisteskräfte*« (und nicht endenwollende Ovationen) und *ich wählte diesen Mann aus für meinen ersten Menschenversuch.*

Es folgt eine genaue Beschreibung des ersten Elektroschocks mit achtzig Volt Wechselstrom. Das Opfer »fiel zusammen aber ohne das Bewußtsein zu verlieren (...) und er fing an sehr laut zu singen (...) dann wurde er still und rührte sich nicht mehr«. Der weitere Verlauf der Prozedur wird so dargestellt:

Und *natürlich bedeutete das für mich eine starke gefühlsmäßige Belastung* (und nach Reil [1803] ist *die unschädliche Folter ein Gebot der Heilkunst*) und *ich beriet mich mit meinen Assistenten ob ich eine Pause einlegen sollte* (und nach Squire [1973] ist *es unbekannt wie lange die Amnesie anhält*) und *der Mann hörte uns zu und sagte plötzlich mit lauter und feierlicher Stimme:* »*Tut es nicht noch einmal. Das ist der Tod.*« (und nach Sogliano [1943] kann die Behandlung *ohne Bedenken bis zu fünfmal innerhalb von zehn Minuten* wiederholt werden) und *ich gestehe daß mir der Mut sank* (und nach Kalinowski et al. [1946] sind stets *Gurte und Fesseln bereitzuhalten für den Fall daß der Patient gemeingefährlich und gewalttätig wird)* und *ich mußte mich aufraffen um diesem abergläubischen Gefühl nicht nachzugeben* (und nach Sakel et al. [1965] *fehlt es leider bisher an einer wissenschaftlichen Begründung* für den Elektroschock) und *ich nahm mich zusammen und gab ihm noch einmal einen Stoß von 110 Volt*

Die bestürzende Wirkung dieser Collage entsteht gerade dadurch, daß Enzensberger den Forscher weitgehend für sich sprechen läßt und seine Selbstdarstellung nur hier und da – ganz im Sinne von Karl Kraus – mit imaginären Ausrufezeichen versieht. Ein Kommentar des Autors wird damit überflüssig.

Nicht immer ist die Absicht des Autors oder die Wirkung auf den Leser so eindeutig. Ein Beispiel für einen Text, hinter dem sich kritische Intentionen vermuten lassen, der aber zugleich den Eindruck ohnmächtiger Häufung hinterläßt, ist Walter Aues »Lecki oder Der Krieg ist härter geworden« (1973). Das Buch trägt den Untertitel »Vorbereitungen zu einem Roman« und ist – laut Verlagsankündigung – das »Ergebnis einer zweijährigen Sammlung und Verarbeitung von Nachrichten, wie sie täglich von Fernsehen, Rundfunk und Presse verbreitet werden.« Hier ein beliebiger Ausschnitt aus dem umfangreichen Montagetext:

DIE HIRNRINDE AUS EINER GRAUEN ZELLSUBSTANZ. AUFGEFALTET UND AUSGEBREITET, WÄRE SIE ETWA 3 MILLIMETER DICK UND HÄTTE EINE AUSDEHNUNG VON ETWA ZWEI QUADRATMETERN, die zeit verging, hubschrauber der israelis überflogen die entmilitarisierte zone und erreichten die stellungen ihrer kampftruppen. die tonbandgeräte und film-projektoren waren eingeschaltet. passatwinde kamen vom meer, der fluß war mit blutegeln verseucht. viele waren der meinung, daß noch alles gut werden würde. die kleinen sterne waren rot und kalt, die größeren blau und heiß. ER stand da, völlig fassungslos und lächelnd. oberleutnant calley spricht mit perry RHODAN. grafische kurven gaben aufschluß über die giftwirkung der abwässer. sharon tate hing an einem nylonstrick und BLUT & HAARE klebten auf den gesichtern der soldaten. vieles auf der welt hatte noch nie einen namen erhalten, sagten die soldaten. jeder, der den jordan überquert, muß mit dem tod rechnen, sagten die soldaten. DER CHIRURG HEBT DAS SKALPELL. in fassungslosem entsetzen beugte sich jacqueline kennedy über ihren mann, riefen die soldaten. ein leibwächter sprang zu sirhan, ABER jede hilfe kam zu spät, sagten die soldaten.

Aue stellt nicht nur Zitate gegeneinander, sondern atomisiert sie und verquirrlt ihre Bestandteile. So entsteht eine flimmernde Suada, in deren Richtungslosigkeit der Leser eine eigene Befindlichkeit wiederentdecken kann: die Ratlosigkeit angesichts endlos einfließender Informationen des Tagesgeschehens. Die Morde an Kennedy und Sharon Tate, Vietnam-Krieg, Nahost-Konflikt, naturwissenschaftliche Details – alles gerät in diesem Text unterscheidungslos zu einem Brei aus Versatzstücken der Medienwirklichkeit. Die fiktive Person Perry Rhodan (eine Figur aus einer Romanheftchen-Serie) fügt sich in dieses Ensemble, als wenn sie dazugehört: ein pointierter Hinweis darauf, wie Wirklichkeit in unseren Köpfen zu einem Konglomerat mit irrealen Zügen werden kann. Allerdings ist die analytische Qualität dieser Textmontage gering, der Autor ist der Faszination seiner Sprachartikel erlegen und kann sie nur noch – Legosteinen gleich – immer wieder neu zusammenbauen.

Alexander Kluge greift in seinen Büchern zum Bildzitat. Die Prosabände »Lernprozesse mit tödlichem Ausgang« (1973) »Neue Geschichten« (1978), die Neuausgabe des 1964 zuerst erschienenen Buches »Schlachtbeschreibung« (1978) und der Materialienband »Die Patriotin« (1979) enthalten Texte, die durchsetzt sind mit Fotos, Zeichnungen, Schaubildern, Landkarten, Comics und Noten. Die Herkunft dieser Dokumente bleibt nicht selten im Dunkeln. Eine Zeichnung, die gleich in zwei von Kluges Büchern auftaucht, ist jeweils mit unterschiedlichen und einander widersprechenden Bildlegenden ausgestattet. Dokument und Fiktion werden ununterscheidbar. Kluges Texte sind zum Teil fingierte Collagen: Sie täuschen die Authentizität des Zitats nur vor.

Zu welchen Komplikationen es führen kann, wenn die Zitate in einer Montage nicht mehr identifizierbar sind, zeigt das Schicksal von F. C. Delius' »Unsere Siemens-Welt« (1972). Es handelt sich dabei um eine satirische »Festschrift zum 125jährigen Bestehen des Hauses S.«, in der eine Reihe von strittigen Sachbehauptungen enthalten sind. Nach einem Urteil des Stuttgarter Landesgerichts von 1974 mußten Autor und Verlag sich verpflichten, einige der aus anderen Publikationen übernommenen Angaben über die Firma Siemens nicht mehr zu wiederholen. Nach einer Berufungsverhandlung vor dem Oberlandesgericht kam es Ende 1975 zu einem Vergleich, wobei der Konzern auf Schadenersatzforderungen verzichtete. An dieser Auseinandersetzung sind zweierlei Konsequenzen bemerkenswert: Einem literarischen Text kann der grundgesetzlich garantierte Schutz als Kunstwerk versagt bleiben, wenn er Sachbehauptungen enthält. Ein Autor, der mit Zitaten arbeitet, darf sich auf seine Quellen selbst dann nicht verlassen, wenn sie bereits veröffentlicht und soweit ohne Widerspruch geblieben sind. Freilich werden diese Probleme der literarischen Collage nur virulent, wenn ein Autor – wie Delius – seine Zitate mit kritischer Absicht auswählt und einsetzt. Spiele mit dem Sprachmüll unserer Tage dagegen werden, da sie auf niemanden zielen, auch keine Gegnerschaft provozieren.

Ein letztes Beispiel für die zahlreichen Möglichkeiten, Zitate in literarische Texte aufzunehmen: Dieter Kühns Roman »Die Präsidentin« (1973) ist die Biographie einer französichen Börsenspekulantin der zwanziger und dreißiger Jahre, Marthe Hanau. Der Text enthält präzise Hinweise darauf, wie ein Autor an Dokumente und fachwissenschaftliche Literatur herankommt. Wenn es heißt »so lese ich« oder »solche Details finde ich in ...«, dann spricht Kühn selbst zum Leser. Oder er zitiert aus »einem der Bücher, die ich für dieses Buch durcharbeite«. So ist der Roman Darstellung und Werkstattbericht in einem. Dieses Verfahren hat Kühn in seiner Biographie »Ich Wolkenstein« (1977) erneut benutzt; ein umfangreiches Quellenverzeichnis weist die Zitate als Dokumente in wissenschaftlichem Sinne aus.

Historischer Exkurs

So sehr die literarische Collage ein Kind unseres Jahrhunderts ist, so weit reichen doch Vorformen in die Literaturgeschichte zurück. Denn die Vorstellung eines geschlossenen Kunstganzen ist auch in der Vergangenheit immer wieder in Frage gestellt gewesen, und dieses Ideal hat bei den Anfängen unserer Literatur schon überhaupt keine Rolle gespielt. Als Beispiel sei der Barockroman »Assenat« (1670) genannt, dessen Geschichte von seinem Autor, Philipp von Zesen, als zusammengewürfeltes Mixtum compositum vorgestellt wird: »Ich habe sie nicht aus dem kleinen finger gesogen / noch bloß aus meinem eigenen gehirne ersonnen. Ich weis die Schriften der Alten anzuzeigen / denen ich gefolget.« Ein Anmerkungsapparat ist beigefügt, umfangreicher als die eigentliche Geschichte.

Doch wäre es kurzsichtig, hier eine Brücke – etwa zu Dieter Kühn – schlagen zu wollen. Die Berührungspunkte sind nur oberflächlich. Denn in den Jahrhunderten dazwischen wird der Schriftsteller als autarker Schöpfer überhaupt erst aktuell. Im 17. Jahrhundert verkündet Miguel de Cervantes stolz (der Blick läßt sich hier nicht auf die deutsche Literatur beschränken), daß er im »Don Quijote« (1605-1615) ohne »Zitate am Rand und ohne Notate am Schluß des Buches« ausgekommen sei. Im 18. Jahrhundert ist es Laurence Sterne, der in seinem »Tristram Shandy« (1760–1767) fragt: »Sollen wir auf ewig neue Bücher machen, wie die Apotheker neue Mixturen machen, indem wir aus einem Gefäß ins andere gießen?«

Es war zugleich das Ringen um eine bürgerliche Literatur, die befreit sein sollte aus der Vormundschaft feudaler Brotgeber. Diese Anstrengungen flankierten den philosophischen Versuch, die Gleichheit aller Menschen zu begründen. Volker Klotz hat den Zusammenhang einleuchtend dargestellt: »Im Widerspruch zur feudalen Kunstpraxis, die als ebenso normiert empfunden wurde wie das Leben am Hof, erwartete man, daß der Maler, Dichter, Musiker originale Leistungen vollbringt. Sein einmaliges, unverwechselbares Genie sollte in einmaligen, unverwechselbaren Werken zutage treten. (...) Eigengesetzlich, zweckfrei, interesselos sollten die ästhetischen Gebilde jede Spur ihrer Herstellung tilgen.«

Ebenso wie das Ideal einer unabhängigen Künstlerpersönlichkeit und eines abgerundeten Kunstganzen war auch der Gedanke des geistigen Eigentums erst durchzusetzen. Man muß sich vorstellen: bis ins 19. Jahrhundert hinein war die Aufnahme des Urheberrechts in das Gesetzbuch ungewiß. Als schutzwürdiges Rechtsgut – vom Landesherrn als »Privileg« vergeben – galt seit dem 15. Jahrhundert allein die handwerkliche Arbeit der Druckerei. Abschreiben durfte jeder ohne schlechtes Gewissen. 1794 kam es in Preußen zu einer ersten rechtlichen Regelung der Urheberfrage, aber es dauerte noch bis 1845, bis ein dreißigjähriger Rechtsschutz auch nach dem Tode des Verfassers zur Regel wurde – jedenfalls für den Norddeutschen Bund. Erst 1871, nach der Reichsgründung, fanden diese Bestimmungen auch Anwendung im übrigen Deutschland.

Währenddessen unterhöhlte die Romantik bereits die klassischen Ideale. Mit den Mitteln der Fiktionsironie und künstlicher Brüche und Verschachtelungen wurde der Sehnsucht nach dem harmonisch Abgerundeten Kontra gegeben. E. T. A. Hoffmanns Roman »Kater Murr« (1820/22) läßt sich nur deshalb nicht als literarische Collage ansprechen, weil die quasi in den Zusammenhang gerissenen Zitate fingierte Dokumente sind. Aber die Montageliteratur hat hier zweifellos einen ehrenwerten Vorfahren.

Als der bürgerliche Stand seine Emanzipation erfolgreich befestigt und den Adel weitgehend zurückgedrängt hatte, zeigte sich, daß das Prinzip der Gleichheit noch nicht die Gleichrangigkeit aller Menschen bedeutete; und der Gedanke an die Unverwechselbarkeit des Einzelnen sah sich in den Fertigungshallen der aufkommenden Industriezweige nur unzureichend verwirklicht. Aus dem Ideal wurde die Phrase, die nicht nur Karl Kraus auf den Plan rief. Die Großstadt brachte zudem neue Mittel der Kommunikation: Zeitungen, Rundfunk, Kino. Der Erste Weltkrieg machte die apokalyptischen Potenzen des neuen Zeitalters deutlich.

Die Literatur konnte von diesen Veränderungen nicht unbeeindruckt bleiben. Die Totalität des Weltkrieges war nur noch mit Mühe am Schicksal eines Einzelhelden zu exemplifizieren, und auch die Vielfalt der Großstadt ließ sich kaum noch aus singulärer Sicht schildern. In dem Mammutdrama »Die letzten Tage der Menschheit« (1918/19) von Karl Kraus, das den Krieg als Endzeitgemälde »in hundert Szenen und Höllen« zeigt, gibt es eine Hauptfigur überhaupt nicht mehr. In Edlef Köppens Roman »Heeresbericht« (1930) wird dem privaten Bericht des Helden die öffentliche Sprache (etwa als Propagandamittel) gegenübergestellt. In Alfred Döblins »Berlin Alexanderplatz« (1929) lösen sich die Großstadtzitate bisweilen ganz von der Hauptfigur ab.

Als Motiv verbirgt sich dahinter nicht zuletzt die Vorstellung, daß die Wirklichkeit nicht mehr von dem zu trennen sei, was die Menschen über diese Wirklichkeit in Umlauf bringen, Lügen und Klischees (etwa der Zeitungen) müßten als einwirkende Faktoren entlarvt werden – am besten durch sich selbst. Die Realität und ihre Inszenierungen hatten die Phantasien des Autors überrollt. Oder wie Kraus sagt: »Als ob man so etwas erfinden könnte und als ob mein Anteil an diesen Gestaltungen darüber hinausginge, daß ich zu allem, was es gab, am rechten Ort und zur rechten Zeit die Anführungszeichen gesetzt habe.«

Von solchen Überzeugungen aus war es nicht mehr weit bis zum Einsatz des Zitatmaterials als Mittel politischer Agitation. Von einer seiner Theateraufführungen im Jahre 1925 sagte Erwin Piscator, das politische Dokument habe erstmals »textlich und szenisch die alleinige Grundlage« gebildet. »Die ganze Aufführung war eine einzige Montage von authentischen Reden, Aufsätzen, Zeitungsausschnitten, Aufrufen, Flugblättern, Fotografien und Filmen des Krieges und der Revolution.«

Ähnliches und doch ganz anderes praktizierten zur gleichen Zeit die dadaistischen Künstler: Ihr Protest hatte nur indirekte Berührungspunkte zur aufkommenden Reportage- und Dokumentationsliteratur. Kurt Schwitters und Hans Arp, die wichtigsten Schriftsteller aus dem Kreis der Dadaisten, setzten ihre Zitate nicht aneinander, um etwas zu belegen und zu beweisen, sondern um das Chaos zu bestätigen, das sie um sich herum ausmachten. Ihre Attacke lief ebenfalls Sturm gegen das gängige Kunstverständnis. Ihr Tun indes hatte, wenn überhaupt, nur eine einzige Bedeutung: die Verweigerung von Bedeutung. Kunst sollte nicht länger die schöne Beigabe zum Alltag sein: Der Alltag selbst wurde eingelassen, der Zufall war als Auswahlprinzip beliebt, alles, was nicht nach Kunst aussah, willkommen. Nicht vorherige Stile oder andere künstlerische Richtungen stellte man in Frage, sondern das System Kunst, das System Literatur überhaupt.

Erst in den fünfziger Jahren wurde im deutschen Sprachraum daran angeknüpft. Die »Wiener Gruppe« bezog sich ausdrücklich auf ihre Vorgänger aus den Zwanzigern und wiederholte in Gemeinschaftsmontagen dadaistische Unsinnsliteratur. Obgleich als Erben nicht in jedem Fall originell, bereiteten Autoren wie Gerhard Rühm und H. C. Artmann doch eine Schreibweise vor, die sich in den sechziger und siebziger Jahren viel Beachtung, wenn auch nicht gerade besondere Publikumsgunst sichern konnte: die »experimentelle« Literatur. In den sechziger Jahren wurde zugleich eine abermalige Politisierung der Literatur gefordert und vorangetrieben, die ihrerseits auf Vorformen aus den zwanziger Jahren, das dokumentarische Theater und die zeitkritische Reportage, zurückgreifen konnte.

Ein zweites Mal also wurde das konventionelle Kunstverständnis in einer Zangenbewegung attackiert: Formale Experimente hier, »Literatur als Waffe« dort, stellten sich zwei Richtungen gegen ästhetische Beharrlichkeit (und Bequemlichkeit) von Künstlern und Konsumenten. Das alles kumulierte Ende der sechziger Jahre in der – allerdings voreiligen – Proklamation vom »Tod der Literatur«. Radikaler noch als zuvor wurde die Position der künstlerischen Einzelleistung, die sich doch recht gut wieder etabliert hatte, bestürmt und verlacht. Für Peter O. Chotjewitz bestand in jenen Jahren die Funktion eines Schriftstellers allein im »Lesen und Wiederverwenden dessen, was schon geschrieben worden ist.« Michael Scharang begrüßte eine vermeintliche Tendenz, »die Autorschaft, bisher einzelnen vorbehalten, möglichst allen zugänglich zu machen.«

Und für eine kurze Zeit sah es fast so aus, als zeigte der Sturm nachhaltige Wirkung. Die Imagination des Schriftstellers war plötzlich nicht mehr gefragt, Phantasie und Fiktion standen in schlechtem Ruf. Wieder einmal war Material gefordert, als dokumentarisches oder als Spielmaterial. »Literatur braucht nun weniger Einbildungskraft als vielmehr Material. Material, an dem sie sich aufschlüsselnd und kombinatorisch, analytisch und montierend betätigt.« So schrieb 1966 Helmut Heißenbüttel, einer der theoretischen Begründer und auch ausgiebigen Praktiker der experimentellen Literatur. Selbst herkömmliche Romane, die natürlich weiterhin erschienen, konnten sich dem Gebot der Stunde nicht völlig entziehen: man denke nur an das Zeitungszitat in Uwe Johnsons Zyklus »Jahrestage« (erster Band 1970) oder an Heinrich Bölls Roman »Gruppenbild mit Dame« (1971), der nach Auskunft des Autors Auszüge aus Protokollen und Prozeßakten enthält, »die ich als Collage verwende«.

Das Selbstverständnis der Kunst war einmal mehr in Frage gestellt. Die Krise der westlichen Kultur, die im unversöhnlichen Echo der Studenten auf den Dschungelkrieg in Vietnam ihren tumultuarischen Ausdruck fand, signalisierte sich hier zum ersten Mal. Zu rasch hatten sich Wiederaufbau und Restauration gerade in der Bundesrepublik vollzogen, als daß Erschütterungen ganz ausbleiben konnten. Bereits zu Beginn der sechziger Jahre war eine spezielle deutsche Vergangenheit wieder lebendig geworden, deren beharrliche und vielfach unbedachte Kennzeichnung als »unbewältigte« auch meinen konnte, daß sie eigentlich mittlerweile hätte bewältigt sein können. Der Prozeß gegen Adolf Eichmann im Jahre 1960 und die Auschwitz-Prozesse, 1962 und 1964 in Frankfurt am Main, hielten das Ausmaß des Grauens noch einmal unerbittlich protokollarisch fest.

Eine Literatur, die darauf reagieren wollte, hatte mit verschiedenen Fragen zu ringen, die einfachsten davon: War dieses Geschehen, das da nun öffentlich verhandelt wurde, denn beschreibbar? Wenn ja, mit welchen Mitteln? Und: Wer durfte sich an diese Aufgabe wagen? Die Grenzen eines Autors, der als Außenstehender darüber schreibt, machte Peter Weiss nach einem Besuch auf dem ehemaligen Lagergelände von Auschwitz deutlich: »Der Lebende, der hier herkommt, aus einer anderen Welt, besitzt nichts als seine Kenntnisse von Ziffern, von niedergeschriebenen Berichten, von Zeugenaussagen, sie sind Teil seines Lebens, er trägt daran, doch fassen kann er nur, was ihm selbst widerfährt. Nur wenn er selbst von seinem Tisch gestoßen und gefesselt wird, wenn er getreten und gepeitscht wird, weiß er, was dies ist.«

Die Lehre aus dieser Erkenntnis (eine Lehre, der auch der

schockartige Erfolg der Fernsehserie »Holocaust« Jahre später nur bedingt widerspricht) konnte etwa lauten: Der Versuch, das Leiden in den deutschen Konzentrationslagern literarisch nachvollziehen zu wollen, ist zum Scheitern verurteilt. Weiss selbst hat sie mit seinem Drama »Die Ermittlung« (1965) beherzigt. In diesem Musterfall eines dokumentarischen Theaterstücks der sechziger Jahre (andere waren Kipphardts »In der Sache J. Robert Oppenheimer«, 1964, und der »Diskurs« über den Vietnamkrieg, 1967, ebenfalls von Weiss) werden die grauenhaften Vorgänge nur indirekt dargestellt. Der Autor bringt nicht das Geschehen selber, sondern den späteren Prozeß darüber auf die Bühne. Er will nur fragen und einkreisen, nicht aber das Grauen vergegenwärtigen: daher die Adaptation des Gerichtsverfahrens. Das Stück basiert in der Hauptsache auf Aufzeichnungen und Presseberichten von den Gerichtsverhandlungen. Zum engeren Kreis der literarischen Collagen zählen die Stücke des Dokumentartheaters nur bedingt (ebenso wie das ursprünglich nicht als Theaterstück konzipierte »Verhör von Habana« Hans Magnus Enzenbergers, 1970). Die Zitate erscheinen in diesen Texten kaum als Fremdkörper: sie sind vielmehr im Sinne eines Kunstganzen verarbeitet. Eine wesentliche Voraussetzung freilich teilen die Dokumentartexte mit der Collageliteratur: die Absage an das Prinzip der Fiktion.

Ist aber die Kennzeichnung literarischer Texte als »dokumentarisch« nicht grundsätzlich fragwürdig? Selbst wenn zu den Zitaten genaue Quellenangaben geliefert werden, genügt die Anordnung des Materials kaum jemals den Maßstäben auch nur des Archivs einer Provinzzeitung. So ist schon früh und mit Recht eingewendet worden: »Dokumentar-Literatur läuft Gefahr, die fingierten Wahrheiten jener Literatur, der sie mißtraut, durch authentische Unwahrheiten zu ersetzen« (Dieter E. Zimmer). Denn was in Einzelheiten stimmen mag, gibt deswegen noch lange kein treffendes Gesamtbild. Überdies ist die Frage schwer zu entscheiden, wann ein Collagetext beginnt, »dokumentarisch« zu sein. Ist nicht jedes Zitat zugleich ein Dokument? Alexander Kluge verwendete für seine Beschreibung des Untergangs der sechsten Armee in Stalingrad Wehrmachtsprotokolle (»Schlachtbeschreibung«, 1964/1978), Helmut Heißenbüttel in einer Mammutcollage Zitate aus literarischen und wissenschaftlichen Werken (»D'Alemberts Ende«, 1970), Enzensberger historische Zeugnisse, um das Leben eines spanischen Anarchisten einzukreisen (»Der kurze Sommer der Anarchie«, 1972). Sind diese Werke deswegen schon dokumentarisch?

»Das einfachste wäre es, sich dumm zu stellen und zu behaupten, jede Zeile dieses Buches sei ein Dokument.« So steht es in einer theoretischen Vorbemerkung zu »Der kurze Sommer der Anarchie«. Aber: nichts liegt Enzensberger so fern wie naive Faktengläubigkeit. Enzensberger will mit seinem Buch nicht behaupten: So war es. Sondern vielmehr: So könnte es gewesen sein. Was ihn als Schriftsteller reizt, ist gerade das »Opalisieren der Überlieferung, das kollektive Flimmern«, sind die feinen Widersprüche zwischen den Quellen, die subjektiven Makel, die an jeder Verlautbarung haften. Denn für Enzensberger ist das, was die Menschen für gesichertes Wissen über sich selbst und ihre Vergangenheit halten, eine einzige selbstverfertigte Fiktion, eine gemeinsame Vereinbarung, eine »gesellschaftliche Konstruktion der Wirklichkeit« (wie die Soziologen sagen). Nach seiner Meinung ist Geschichte nichts als eine »Erfindung, zu der die Wirklichkeit ihre Materialien liefert«. Das gilt auch für die Biographie eines Einzelmenschen, für den »Roman als Collage« – deshalb auch kann der Autor für seine Zitatensammlung auf dem Etikett »Roman« beharren, das ja Fiktion signalisiert.

Ein Abgesang aus dem Computer

Daß das literarische Spiel mit dem Zitat Ende der sechziger, Anfang der siebziger Jahre zur tonangebenden Technik avancieren konnte, will von heute her, den beginnenden achtziger Jahren, fast ein wenig verwunderlich erscheinen. Aber es war so. Ob Peter Handke in einem Theaterstück (»Kaspar«, 1968), Horst Bienek in einem Lyrikband (»Vorgefundene Gedichte«, 1969), Peter O. Chotjewitz in einem als Buch getarnten Zettelkasten (»Vom Leben und Lernen«, 1969), ob Wolf Wondratschek in einem Hörspiel (»Paul oder die Zerstörung eines Hörbeispiels«, 1970), Ror Wolf in einer brillanten Textbildcollage zum Thema Fußball (»Punkt ist Punkt«, 1970), Arno Schmidt in einem der umfangreichsten Bücher der deutsche Literatur (»Zettel's Traum«, 1970), Max Frisch in einer Skizze über Schweizer Geschichte (»Wilhelm Tell für die Schule«, 1971) oder Uwe Johnson in einem biographischen Versuch über Ingeborg Bachmann (»Eine Reise nach Klagenfurt«, 1974) – sie alle nutzten den Reiz des fremden Textmaterials für ihre Arbeit.

»Damals lag es einfach in der Luft«, sagte Horst Bienek später in einem Rundfunkinterview, gefragt nach seinen »Vorgefundenen Gedichten«, die er aus Versandhauskatalogen, Fernsprech- und Kursbüchern zusammensetzte, »ich würde es heute nicht noch mal machen, weil das ja auch von der Neuheit lebte.« Viele Texte der Collageliteratur sind schon heute völlig vergessen, und es erscheint mehr als zweifelhaft, ob sie jemals wieder aus der Versenkung auftauchen werden. Bücher von Paulus Böhmer (»Aktionen auf der äußeren Rinde«, 1972), Guntram Vesper (»Kriegerdenkmal ganz hinten«, 1970), Alfred Behrens (»Gesellschaftsausweis«, 1971) oder Walter Aue (neben »Lecki«: »Blaiberg oh Blaiberg«, 1970) sind Beispiele dafür. Auch unter den zuvor genannten Titeln sind Arbeiten, die heute allenfalls noch in literaturwissenschaftlichen Zirkeln zur Kenntnis genommen werden.

Überhaupt ist die Blüte dieser Form von Literatur eher eine des Angebots als der Nachfrage gewesen. Anklang beim Publikum fanden diese Werke nur in wenigen Fällen (wie Arno Schmidt bei der Gemeinde seiner Leser und Anhänger). Das war kein Wunder, denn das Verhältnis zum Leser wurde zum Teil arg strapaziert. Die schon vom Dadaismus lädierte Übereinkunft zwischen Leser und Autor, daß letzterer zum Vergnügen und zur Belehrung des ersteren eine schöpferische Leistung zu erbringen habe, wurde gezielt torpediert. So in einem Buch von Chotjewitz: »Woran merken Sie, daß ich zu Ihnen spreche, wenn Sie das lesen, und daß nicht die Stimme eines anderen schweigsamen Autors zu Ihnen spricht, daß nicht alles eine riesige urheberrechtliche Schweinerei ist?« Der Leser – falls er noch weiterhin einer sein wollte – war dann nicht mehr verwundert, Seiten später zu erfahren: »Literatur in jeder Form ist unnütz.«

Keineswegs ist den Autoren der literarischen Collage generell schöpferische Leistung abzusprechen. Aber die Antiliteraturpose vieler Texte, dieses späte Echo auf den Dada-Übermut, zeigte doch eine auszehrende Wirkung. Mitte der siebziger Jahre ebbte der Strom der Collageliteratur merklich ab. Die Lektoren, die diese Form in den Verlagen ermöglicht hatten, revidierten ihre ästhetischen Maßstäbe oder arbeiteten in eigenen Kleinverlagen weiter, wo Bücher wie »Obduktionsprotokoll« von Hartmut Geerken (1976) fast unter Ausschluß der Öffentlichkeit erschienen.

Bezeichnend für die Situation waren die negativen Lektoratsbescheide über Uwe Nettelbecks »Mainz wie es singt und lacht« (1976), eine Collage, deren Publikation kein größerer Verlag mehr übernehmen wollte. »Bücher dieses Typs und mit diesem Umfang lassen sich heute kaum verkaufen. Ende der sechziger Jahre wäre die Situation für ein solches Buch etwas günstiger gewesen, aber heute ist es besonders wegen der geschwundenen Verkaufsschancen kaum noch zu kalkulieren.« So begründete es der eine Verlag, ein anderer teilte mit: »Von den kleinen, teils komischen, teils belanglosen Stories lesen sich die meisten ganz schön, allerdings werden sie schnell langweilig – wegen der Häufung und wegen der Wiederholung der simplen Collagetricks.« Und der gewitzte Lektor fügte hinzu: »Das ist jetzt vielleicht wieder ein Brief für die Sammlung.« Womit er Recht hatte: Nettelbeck läßt die Absagebriefe gewissermaßen als Metazitate in seinem Buch neben anderen Zitaten erscheinen. Die Methode kreist um sich selbst. Und wie eine Art Abgesang auf die literarische Collage – vom Autor allerdings anders verstanden – will das vom Umfang her an Arno Schmidt gemahnende »Volksbuch« (das alles andere als ein solches ist) von Heidulf Gerngroß (1978) erscheinen. Tatsächlich kann man die 1280 Seiten dieses Wälzers, in denen sich allenfalls staunend herumblättern läßt, nur noch beschreiben: Eine zusammenhängende Lektüre ist ausgeschlossen. Zwar soll – hier muß ich mich auf mündliche Angaben des Verlegers berufen – der Autor erstaunlicherweise etwa 500 Seiten zunächst selbst verfaßt haben. Dann aber hat er sie mit 300 weiteren Seiten (Zitaten aus der Bibel, den Massenmedien und Spionageromanen) von einem Computer unauflöslich vermengen lassen. Nach neun Jahren Vorbereitung (so war zu erfahren) hat diese datenverarbeitende Maschine dann zwei Wochen für die Herstellung jenes Fotosatzes benötigt, nach dem das Monstrum gedruckt worden ist. Das Zufallsprinzip wurde quasi einprogramiert: Nur noch fragmentarische Spuren des ursprünglichen Textmaterials lassen sich am Ende ausmachen.

Experiment und Diskussion

Es wäre nun leicht zu sagen: Das alles war anscheinend nur eine kurze Phase des experimentellen Aufbruchs innerhalb der Literatur. Ihre Resultate sind großenteils verblaßt, also gehen wir zur Tagesordnung über. Doch das wäre zu leicht: Es hieße, etwas als Modeerscheinung abtun, das eine große Zahl von Autoren praktisch und theoretisch beschäftigt hat. Und nicht nur Autoren: die Technik der Montage und Collage gilt als das wesentliche übergreifende Stilphänomen in allen Künsten, bis hin zur Musik. Schon in den zwanziger und dreißiger Jahren hat es große Debatten über das Reizwort »Montage« gegeben.

Georg Lukács als Gegner der neuen Technik und Bertolt Brecht sowie Ernst Bloch als deren Befürworter haben bereits wesentliche Positionen markiert. Wobei als Montage alles das galt, was man unter das »Experiment des Zerfällens« rechnen konnte, selbst die Verfremdungstechniken in den Brechtschen Theaterstücken. Die Frage, die stets im Hintergrund stand und steht, lautet: Mit welchen künstlerischen Mitteln und Verfahren läßt sich auf die veränderte und sich weiter verändernde Umwelt adäquat reagieren?

Die Diskussion wurde in den sechziger Jahren fortgeführt. Der Schriftsteller Franz Mon geht (in seinem Essay »Collagetexte und Sprachcollagen«) von der »Sprunghaftigkeit und Disparatheit der Realität« aus. Er meint: »Die Collagetechnik erweist sich dieser Realität auf den Leib geschnitten« – ein zweischneidiges Argument. Denn es erhebt sich sofort die Frage, ob die Realität dann noch länger als weitgehend von Menschen gemacht und also kritisierbar gezeigt werden kann. Paktiert die Methode nicht insgeheim mit dem Status quo, »mit der Verformelung des Lebens, die kenntlich zu machen sie immer noch vorgibt« (wie Dieter Wellershoff meint)? Das wird sich nur von Fall zu Fall entscheiden lassen. Auch andere Einwände treffen zwar manche Texte dieser Machart, nicht aber die Methode der Collage schlechthin. Etwa der Vorwurf der Geheimniskrämerei: Er zielt auf Autoren, die mit ihrer Bildung und Bibliothek kokettieren und gern wissen lassen, daß sie ausgiebig zitieren, nicht aber, wo sie ihre Schätze gehoben haben.

Ein anderes Problem im Umgang mit der literarischen Collage dürfte indes gewichtiger sein: eine generelle Hemmschwelle der Rezeption, wie sie bei Prosatexten in diesem Maß sonst kaum zu beobachten ist. Nun ist die Mühe des Lesers in der Literatur nicht von vornherein etwas Verdammenswürdiges, doch eine Beobachtung von Dieter Wellershoff sollte zu denken geben: »Keine Integrationsleistung wird dem Leser abverlangt, sondern trainiert wird seine Fähigkeit zu momentaner Aufmerksamkeit und rascher Neuorentierung als psychische Entsprechung der Collagestruktur unserer Wirklichkeit.« Etwas, das genauso diffus und verwirrend ist wie die Realität, entlastet nicht mehr und macht genauso unkonzentriert wie der Alltag selbst.

Die Beobachtung, die jeder, auch der im Literarischen geübte Leser bei einer Annäherung an Collagetexte machen kann, nämlich: daß er nicht in den Text hineingezogen wird, diese Beobachtung hat nun einen einfachen Grund. Es ist tatsächlich niemand da, der ihm eine hilfreiche Hand bietet oder ihn gar an dieselbe nimmt. Denn es fehlt der Erzähler. Der ist auch indirekt nicht spürbar, etwa als geheimer Drahtzieher; es gibt nämlich keine Erzählung mehr. Eine altmodische, aber anscheinend unausrottbare Erwartungshaltung im Leser fordert jedoch genau dies: Entlastung und Erzählung (wobei vieles dafür spricht, daß beides miteinander eng zu tun hat). Dazu noch einmal Dieter Wellershoff: »Auch der Leser des literarischen Textes will die Ordnung finden, der alle Einzelheiten angehören und in der sie ihre anfängliche Unbestimmtheit verlieren.« Denn das geschlossene Kunstganze, wie es einmal die Norm war, ist auch ein perfekter Illusionsraum, eine voll allzuviel verwirrenden Einflüssen gereinigte Gegenwelt, in der alles seinen Platz hat und Bedeutung trägt.

Insofern ist die Collageliteratur unmittelbarer Ausdruck jener Krise des Erzählers, die sich in der Literatur dieses Jahrhunderts zugespitzt hat, ohne allerdings das bleibende Bedürfnis nach Erzählung eliminiert zu haben (und zwar sowohl auf Seiten der Schriftsteller wie der Leser). Warum kann in der Literatur nicht mehr erzählt werden? Die Antworten der Experten gleichen sich. »Etwas erzählen heißt ja: etwas *Besonderes* zu sagen haben, und gerade das wird von der verwalteten Welt, von Standardisierung und Immergleichheit verhindert«, heißt es bei Adorno. »Die Erfindung von Figuren und Handlungen (oder Emotionen und Reflexionen), in denen sich Motivkonflikte darstellen und offenlegen lassen, verlor an Zeugniswert. Zeugniswert gewinnt stattdessen das Nicht-Fiktive«, behauptet Heißenbüttel. Und Nathalie Sarraute, die Verfechterin des französichen »nouveau roman«, gibt das Fazit: »Aus sehr guten Gründen also zieht der Leser heute den Tatsachenbericht oder doch mindestens das, was einen ähnlich vertrauenerweckenden Eindruck macht, dem Roman vor.«

Aber ist es wirklich so? Wie wohlbegründet diese theoretischen Verlautbarungen, die hier nur pointiert zitiert wurden, auch sein mögen, Tatsache bleibt, daß das Erzählerische, die Fiktion und der Roman (als Inbegriff der Phantasieliteratur) zu oft totgesagt worden sind, als daß man an deren tatsächliches Ende noch glauben möchte. Max Frisch hat einmal »unser Gier nach Geschichten« so erklärt: »Alle Geschichten sind erfunden, Spiele der Einbildung, Bilder, sie sind wirklich nur als Bilder, als Spiegelungen. Jeder Mensch, auch wenn er kein Schriftsteller ist, erfindet seine Geschichte. Anders bekommen wir unser Erlebnismuster, unsere Erfahrung, nicht zu Gesicht.«

Darum ist es wohl nicht überraschend, daß die Methode der Collage in der Literatur gerade dort bleibenden Eindruck hinterläßt, wo sie in

eine Geschichte eingebunden ist, wie in Döblins Roman »Berlin Alexanderplatz«, oder selbst eine Geschichte erzählt, die anders kaum besser veranschaulicht sein könnte, wie in der Zitatmontage von Karl Kraus über die blutige Niederschlagung einer Arbeiterdemonstration in Wien 1927 (»Der Hort der Republik«). Dort, wo also ein erzählerisches Temperament hinter der Anordnung der Zitatsplitter noch spürbar bleibt, ist die Collageform am ehesten geeignet, auch einem Lesebedürfnis entgegen zukommen. In vielen anderen Fällen läßt sie den Leser – gewollt oder nicht gewollt – an der Oberfläche ihrer Wahllosigkeit abprallen.
(1980/81)

Autoren des Experiments
Fünf Auswege

1. Der Film: Herbert Achternbusch (1977)

Eines Tages, früher oder später, mußten sie einander wohl begegnen: Werner Herzog, der Filmregiseur, und Herbert Achternbusch, der Schriftsteller und Filmträumer. Beide sind sie in München geboren, der eine 1942, der andere 1938. Beide wuchsen sie in einer ländlichen Gegend Bayerns auf. Beide sind fanatisch auf den Film eingeschworen – wobei der eine, Herzog, sich ohne Umwege auf sein Medium stürzte, während der andere, Achternbusch, zunächst Bücher schrieb, die er zum Teil Romane nannte und in denen die Zauberworte »Film« und »Kino« immer häufiger, immer unausweichlicher auftauchten.

»Der Film ist mein Ticket fürs Leben« – der Satz stammt von Herzog, aber Achternbusch konnte ihn genauso gesagt haben. Herzog ist es ganz und gar Ernst damit, dem Schriftsteller nicht minder. »Zur Erhaltung meines Lebens war immer Kino nötig«, heißt es in Achternbuschs Büchern. »Ich mußte das meiste auf der Leinwand sehen, weil ich nicht so viel Zeit zum Schlafen hatte, all die Beängstigungen, die mich tagsüber ansegelten, in Träumen abzutakeln.«

Und da ist noch etwas, was beiden gemeinsam ist: Die Bücher des einen wie die Filme des anderen sperren sich gegen jede schnelle Vereinnahmung. Sie sind in einem Maße irritierend und zurückweisend, daß wohl mancher Leser oder Zuschauer nach den ersten Seiten oder nach der ersten halben Stunde das Handtuch wirft. Weder gelingt es der intellektuellen Analyse, die Bestandteile in die sichere Scheune der Begrifflichkeit einzufahren, noch kann sich der Konsument einfach der Übereinkunft trivialer Bilder anheimgeben.

Schließlich: Achternbusch und Herzog sind von erstaunlicher Produktivität. Etwas abseits, zunächst nur von Kennern wahrgenommen, reiht sich seit Jahren Werk an Werk. Das erste Buch von Achternbusch erschien 1969, »Land in Sicht« (1977) ist bereits sein achtes: fast jedes Jahr eins. Herzog hat seit Mitte der sechziger Jahre siebzehn Filme gedreht, darunter sieben abendfüllende. Wenn beide, gemessen an dieser Quantität, bislang nur bedingt Berühmtheiten geworden sind – ist das allein einem ignoranten Publikum anzulasten?

*

In Achternbuschs 1973 erschienenem Roman »Der Tag wird kommen« taucht Werner Herzog (»den ich auf jeden Fall abgöttisch verehrte«) zum ersten Mal auf – in einem Kapitel, das sonst ganz dem Western-Matador John Ford gewidmet ist. In seinem nächsten Buch, der »Stunde des Todes« (1975), kann Achternbusch bereits eine frohe Botschaft verkünden. »Das ist das beste Drehbuch, das ich je gelesen habe«, so soll sich Herzog über einen Text geäußert haben, der als Kapitel im Roman selbst mit abgedruckt ist. Es sind keine leeren Worte geblieben. Herzog hat die Achternbusch-Vorlage als »Herz aus Glas« verfilmt.

Das neue Buch von Achternbusch, das optimistisch »Land in Sicht« verkündet, ist nicht zuletzt auch ein Buch zur Verfilmung. »Dieser Art des Filmens entspricht nur die Liebe, da verdreht man auch die Augen und stammelt sich an und erkennt sich so, und es ist gleichgültig, wer es ist.« So lautet, ganz Achternbusch, ein Kommentar. Einige Drehtage hat der Autor selbst miterlebt: »Alles ging fehl, der Bildstand stimmte nicht, dann war der Akku leer, ganz Deutschland war unter Nebel, hier blieb der notwendige aus, kam er einmal über das Hinterteil des Rachel, dann machten wir mit der Standbildkamera alle paar Sekunden ein Bild, so daß der Nebel in Film wie Wasser kocht...«

Diese Bilder leiten später den Film ein, dessen Kenntnis Achternbusch bei seinen Lesern schlichtweg voraussetzt. Wer sich in seinen Produkten, Plänen und Phantasien nicht ein wenig zu Hause fühlt, für den bleiben weite Passagen unverständlich, selbst wo es um ganz faßliche, konkrete Einzelheiten geht.

Achternbusch berichtete in seinen Büchern von Anfang an über sich, über sein Leben. Allerdings nicht in der Form autobiographischer Eindeutigkeit. Niemals läßt sich ganz ausmachen, ob die Lebensdaten echt, retuschiert oder ganz fiktiv sind. So unentwirrbar hat er sich verknäult. Das »Ich« dieser Texte verheddert sich ständig, setzt sich Masken auf, probiert auch andere biographische Details wie Kleider an – darin ganz der zeitgenössischen Prosa von Alain Robbe-Grillet etwa, Max Frisch oder Ror Wolf verbunden.

Im Gegensatz zu diesen Autoren geht Achternbusch dabei jedes Kalkül ab. Was dort elegant, raffiniert und artifiziell wirkt und ist, bleibt mit wenigen Ausnahmen bei Achternbusch vital, chaotisch und ungepflegt. Er leiht dem »Ich« seiner Erzählungen und Romane zwar manchmal ganz freimütig den eigenen Namen (und erscheint so als Herbert oder Herby) – doch ohne sich anzubiedern.

Trotzdem läßt sich der Frage nicht ausweichen, wen das interessiert. Daß es rechte Achternbusch-Fans gibt: gut. Aber ein breites Leserinteresse? Achternbusch ist diese Frage nicht gleichgültig, auch wenn er sie in seinem neuen Buch eher nebenher formuliert: »Man sagt als einfacher Mensch so gern ›Das gefällt mir nicht‹ und vergißt dabei, wie geblendet und falsch erzogen man als einfacher Mensch ist, der mit seinem gesunden Menschenverstand nur noch an Einkaufspreise rankann.«

Neben den Spiegelungen seines eigenen Ichs finden sich in seinen Büchern selten Personen, die mehr sind als ihre Namen. Und fast immer sind es eher irre als lustige Gestalten. Auch das ist mit Einschränkungen eine Parallele zu Werner Herzog. Im ganzen Werk Achternbuschs gibt es nur einmal eine Figur, die so ernst genommen wird wie der Erzähler selbst; gemeint ist der Monolog einer alten Frau in »Ein Tag wird kommen«. Was Achternbusch an erstaunlicher Präzision zu leisten imstande ist, scheint ihn selbst jedoch nicht sonderlich zu interessieren.

Den Höhepunkt schriftstellerischer Intoleranz dem Leser gegenüber feierte Achterbusch 1971 in seinem bisher umfangreichsten Buch, der »Alexanderschlacht«, einem kapitel- und absatzlosen Assoziations-Konglomerat, das seinesgleichen sucht (und allenfalls bei Oswald Wiener findet). Hier wird die Methode zum Exzeß, keineswegs nur in einem unergiebigen Sinn. Danach sind seine Bücher zusehends übersichtlicher. So enthält etwa »Die Stunde des Todes« neben dem Text, der als Vorlage für »Herz aus Glas« diente, noch einen weiteren abgeschlossenen Teil, der genaugenommenen ein Drehbuch ist.

Ebenso das neue Buch »Land in Sicht«: Auch darin finden sich zwei Filmvorlagen, »Die Atlantikschwimmer« und »Bierkampf«. (Der Text zu den »Atlantikschwimmern« war in der österreichischen Zeitschrift »manuskripte« noch mit Szenen und Regieanweisungen abgedruckt; im Buch hat er durch einen fortlaufenden Textabdruck unnötigerweise an Übersichtlichkeit eingebüßt.) Für den Literaturfreund gibt es in diesem Buch nichts Unerwartetes mehr zu entdecken.

*

Die Neugeburt: das ist das eigentliche Thema von Achternbuschs »Die Atlantikschwimmer«, seinem zweiten Film. Wasser bedeutet in diesem Film vielerlei. Man sieht es als Bergsee, als reißenden Fluß, als Ozean und auch einmal eingekachelt in einer Badeanstalt. Wasser ist hier jenes Element, dem wir entstammen und entrissen wurden, und zugleich etwas, das uns lockt und zurückholen will, also Lebens- und Todesspender. Wasser ist aber auch die Vision von einem neuen Horizont, ist eine Glücksverheißung: »In der Ferne leuchtet Amerika.«

Einer stürzt sich ins Filmen, als gelte es, ein neues Leben zu beginnen, oder überhaupt erst: mit dem Leben zu beginnen. Entsprechend, nämlich strampelnd, stolpernd, suchend, geht es denn auch zu in seinen Bildern. Kaum etwas folgt wirklich aufeinander, Zusammenhänge werden nur angedeutet, sie sind unwichtig. Ein Vorgang, der mehr mit Geburt und pränatalen Sehnsüchten zu tun hat als mit Komik. Achternbusch mit Valentin vergleichen zu wollen, wie oft geschehen, trifft deshalb nicht. Valentin hatte ja stets einen Grundstoff, der ganz von dieser Welt war, Alltagsdialog, der sich dann spiralig in Wahnsysteme hochdrehte. Achternbusch hat überhaupt noch gar keinen Boden unter den Füßen, von dem er sich erheben könnte. Er ringt erst darum. Eher ist er ein verspäteter Surrealist als ein Witzemacher.

Die Klammern des Films heißen Überdruß und Hoffnung. Er beginnt mit einem versuchten Selbstmord: Einer springt ins Wasser, doch das Wasser trägt ihn. Der Film endet damit, daß eine der beiden männlichen Hauptfiguren, nämlich Herbert (gespielt von Achternbusch), in den Kleidern der eigenen Mutter, ihre Identität annehmend, in den Atlantik hinausschwimmt.

Als »Atlantikschwimmer« wollten Heinz und Herbert eigentlich den Preis eines Kaufhauses gewinnen. Dazu kommt es dann aber nicht. Eine der eindringlichsten Szenen des Films: wie die beiden Freunde üben, in ihren knapp sitzenden Badehosen, von zwei Schwimmlehrerrinnen im wörtlichen Sinne bemuttert. Heinz ist zum Baby geschrumpft, erhält Flasche und Brust, er schwimmt wie in seinem Element. Die Sehnsucht nach Kindheit und Mutter, sogar danach, wie die eigene Mutter zu werden, die Flucht aus diesem Leben der sich erwachsen Nennenden – das ist hier Bild geworden.

So weit, so interessant. Eine Geschichte ergibt sich daraus nicht. Wie im Traum verändern sich die Figuren. Dazwischen befinden sich dann auch ganz handfeste Szenen, zumeist in Wirtshäusern spielend, eine Kulisse für Laienschauspieler, mit denen Achternbursch gern arbeitet. Aber ist das alles ein Film, der das Intersse wachhält?

Man darf doch seine Zweifel haben. Zugegeben, Achternbusch hatte nur bescheidene finanzielle Mittel zur Verfügung. Der Hauptmangel ist indes von grundsätzlicher Natur. Dieser Film ist aus der Lust der Akteure entsprungen, aber nicht für die Lust der Zuschauer gemacht. Es geht bei Achternbusch doch manchmal zu wie beim ambitionierten Heimkino, wo der Hobbyfilmer seinen Gästen bei der Vorführung erläutern muß, was ein bestimmter Einfall bedeuten soll.

Da rennt etwa Herbert aus einer Wirtshausstube, legt sich auf einen Tisch, so daß sein Kopf herunterhängt. Die Kamera nimmt ihn von unten auf, im selben Raum beginnt eine neue Szene, Herberts Kopf bleibt im Bild. Der Sinn? Das Drehbuch belehrt uns: ein Traum. Es heißt dort: »Mit Kopf und Händen hängt er herunter, umrahmt die Bühne, auf der sein Traum beginnt.« Das mag gewollt naiv gemeint sein – nur muß der Zuschauer auf so viel Navität erst einmal kommen.

*

Was aber heißt nun: Achternbusch ist ein Filmträumer? »Wie kann man einen Film drehen, der aufs Haar dem gleichen sollte, was ich mir nicht vorstellen konnte?« – so hat er sich einmal selbst gefragt. Ist es Zufall, daß Achternbusch nicht ganz ohne trotzigen Unterton Herzogs Verfilmung »Herz aus Glas« doch an einer bezeichnenden Stelle für unzureichend hält? Der Bärenkampf am Schluß ohne Bären bleibe »affig«, meint er. Herzog hatte den Propheten Hias seinen Kampf als Pantomime dargestellen lassen.

Die Idee des Filmens umfaßt bei Achternbusch mehr als den nüchternen Wunsch nach Realisation. Das Leben als Darsteller und Produzent ist eigentlich wieder nur ein Projekt, ist eine weitere Rolle jenes Ichs, das nicht nur für Herbert Achternbusch steht. Es ist auch ein Name für die trotzige Hoffnung, daß die vorhandenen Verwirklichungsmöglichkeiten sich erweitern lassen: »Irgendwo draußen ist Leben möglich, sonst hatten wir doch nicht diese verrückte Idee danach.« So sind auch die Filmpläne von Herbert Achternbusch in erster Line als Entwürfe da, als ein Gegen-Leben, das, ausgelebt und realisiert, auch nur von dieser Welt ist.

2. Das Gedicht: Jürgen Becker (1979)

Oft wird gefragt, worin sich die moderne reimlose Lyrik überhaupt von Prosa unterscheide. Bei Jürgen Becker liegt es nahe, umgekehrt zu fragen: Wodurch – außer in ihrer Gestalt – unterschied sich seine Prosa eigentlich vom Gedicht? Liest man seine Bücher aus den sechziger Jahren wieder, so ist der melodische Tonfall, ein fast elegischer Rytmus in zahlreichen Passagen ganz unverkennbar. Wortspiele, Verknappungen, Inversionen machen die Prosa zu wahrhaft poetischen Texten. In »Ränder« (1968) wurde der Spannungsbogen vom breiten Redestrom über die sprachliche Reduktion bis hin zur leeren Seite (und wieder zurück) sinnfällig vorgeführt: ein ganz einfacher methodischer Einfall, und wie vieles Einfache am Ende überzeugend. Im Prosaband »Umgebungen« (1970) war die Form bewußt zurückgestellt: diese Notate aus dem Alltag gaben sich ganz unprätentiös. Für Becker, der sich sichtlich scheute, literarische Methoden, die durchgespielt sind, noch einmal aufzunehmen, war eine Grenze erreicht. Mit Ausnahme einer – obgleich fast textfreien, so doch äußerst literarischen – Fotosammlung unter dem sprechenden Titel »Eine Zeit ohne Wörter« (1971) erschien vier Jahre lang kein größeres Buch von ihm. Ein Heft des Literarischen Colloquiums Berlin (»Schnee« von 1971) ließ vermuten, wie es weitergehen könnte: Es enthielt Gedichte.

Jürgen Becker kommentierte selbst seinen ersten größeren Gedichtband, der dann 1974 erschien: die Gedichte »verselbstständigen den lyrischen Impuls, der wohl von Anfang an mein Schreiben durchzogen hat.« Dieser Band »Das Ende der Landschaftsmalerei« zeigte Becker auf der Suche nach einem eigenen Stil: umrahmt von zwei seitenlangen Gedichten, die äußerlich an Passagen aus den »Rändern« erinnerten, gab es Versgebilde, deren kargeste mit vier Zeilen auskamen. Gerade in den kürzeren seiner Gedichte war Becker auf dem Weg zu jenem umgangssprachlichen, publikumsfreundlichen

Alltagston, der die Lyrik der siebziger Jahre weitgehend bestimmen sollte. Mit dem zweiten Gedichtband »Erzähl mir nichts vom Krieg« (1977) führte er dem Lyriknachwuchs vor, wie graziös und doch ernsthaft, wie egozentrisch und doch bescheiden sich die Verse der neuen Subjektivität darstellen konnten. Im Grunde war es ja sein Programm von jeher, das er in »Umgebungen« so formuliert hatte: »versuchen Sie mal schnelles Aufschreiben dessen, was gerade im Moment in der Nähe greifbar, sichtbar und hörbar ist: in jedem Fall werden dabei Wörter und damit Gegenstände und Vorgänge gegenwärtig, die ohne eine besondere Intensität der Sinne meistens nicht wahrgenommen werden.« Seine Gedichte verstand Becker als Tagebuchnotizen, mit Understatement erklärte er, es seien zum Teil Texte, »die vor allem Material vorzeigen, aus denen Gedichte entstehen«.

Nun endlich, in seinem dritten Gedichtband mit dem elegischen Titel »In der verbleibenden Zeit« (1979), ist Becker ganz beim Gedicht angekommen. Der Ton hat sich kaum verändert, die Wörter sind ebenso alltäglich wie zuvor. Doch die Fassade täuscht. Wer genauer hinschaut, trifft auf ungewohnten Widerstand. Waren die Verse des letzten Bandes noch eingängig, offen, einladend, so sind die neuen in ihrem Kern zugeknöpft, hermetisch, abgekapselt.

Becker als Speerspitze einer neuen Dunkelheit im Gedicht? Nicht, daß es sie unbedingt zu verteidigen gelte: die locker-leichte Alltagslyrik mit ihren »Miniaturen, die halb Schnappschuß und halb Genrebild sind«, wie Hans Magnus Enzensberger einmal gar nicht freundlich anmerkte. Ein Widerstand dem Leser gegenüber kann dem Gedicht durchaus zur Ehre gereichen. Vielleicht wünscht man sich sogar wieder ein wenig mehr davon nach all dem lyrischen Klartext der vergangenen Jahre. Allerdings steigen mit der Mühe des Lebens auch die Ansprüche an den Text.

Jürgen Becker befriedigt diese Ansprüche nicht. Den Anstrengungen der Rezeption folgt nur vereinzelt die Freude der Erfahrung. Schon beim ersten Kontakt irritiert manche sprachliche Unebenheit. Die »Minuten werden jetzt immer mehr wichtig« heißt es in einem Vers. Becker ist ein zu guter Kenner der Sprache, um nicht zu wissen, daß die Steigerung von »wichtig« immer noch »wichtiger« heißt (statt »mehr wichtig«). Aber einen Sinn ergibt dieser schräge Sprachgebrauch auch aus dem Zusammenhang nicht, ebensowenig wie in diesem Beispiel: »Da werden noch mehr weiß die Möwen«.

Beckmesserei? Nicht unbedingt, denn was im Grunde nebensächlich sein könnte, rührt doch an das Problem dieser Lyrik. Sie ist schroff, das wäre kein Unglück. Aber sie ist unbeholfen. Nicht daß die Sprache Beckers die gewohnte Geschmeidigkeit und Melodik verloren hat, ist zu beklagen (obgleich nach meinem Geschmack auch das), sondern daß diese Erstarrung zugleich steril und künstlich wirkt. Die Sprödigkeit dieser Verse erscheint wie aus einem Guß, so als sei hier ein neues Design entworfen worden: ein ausgeklügelter Kälteschock. So greift auch das denkbare Argument nicht, der Übermittlungsverlust korrespondiere aufs Beste mit den Motiven der Vergänglichkeit und des Älterwerdens, des Rückzugs und Rückblicks. Denn darum geht es in diesen Gedichten deutlicher als zuvor bei Becker.

Vergangenenes wird beschworen, »wir tauschen Krisen-Erinnerungen aus«; die Krücken der Erinnerung werden zitiert, die »Film-Bilder vom letzten Oktober; / da waren Augenblicke, wir könnten sie zählen.« Obgleich er weiß, daß kein Medium die Zeit zurückbringt, daß es nichts hilft, »daß wir mit Tonbändern weiterleben«, werden sie von Becker gesucht, »die Momente des Wiederentdeckens«, bis zurück in die Kindheit: »ein Stück Hohlweg verlängert / in die Ferien des Vaters mit Fliegeralarm mittags«. Es sind »noch keine Gespräche über das Alter«. Aber genau wird »das Ausbleiben einer Empfindung heute abend« registriert, kühn wird verkündet: »niemand, / der später geboren ist, versteht / mein Erschrecken.« Gefragt wird in diesen Versen: »Was kommt denn noch?« Und fast wie mit einem Versprecher klingt bedeutungsschwer ein Gedicht aus: »Wir schließen die Läden, / horchen noch / und halten die Uhr an.« Man hält die Uhr an, nicht die Luft: Das Atmen geht vorerst weiter.

Der Mensch, der aus diesen Gedichten spricht, ist den Menschen entwöhnt: »wir treffen / Feinde, die wir, die uns umarmen.« So menschenleer wie hier ging es bei Becker vorher niemals zu. Über Collagen der Malerin Rango Bohne, mit der er verheiratet ist, schreibt er Zeilen, die sich wie eine eigene Poetik lesen: »Menschen / gibt es, aber die Menschen nimmst du / ganz weg, du bist barmherzig, die Straße / sieht aus wie ein stiller, gewissenloser / Strom.« Und die Zweisamkeit? Gibt es keine Gesprächspartner, kein Gegenüber mehr? Auch hier Kunde, die von Verlorenheit spricht: »Wir erzählen / vom langen Leben zusammen; einer hat alles / vergessen, einer hört nicht mehr zu.« Und doch gibt es bisweilen ein überraschendes Du, ein trostvolles Vergewissern:

Du suchst ja mit. Du kennst, was ich meine
mit diesem Toben der Ruhe.
Du hältst mein fürchterliches Warten aus.

So privat diese Gedichte tatsächlich sein mögen, ein sprechendes, gar ein authentisches Ich wird hier nicht mehr sichtbar. Die konkrete Umgebung des schreibenden Individuums bleibt ausgespart. Jener Autobahn-Zubringer in unmittelbarer Nachbarschaft, dessen Werden durch mehrere Bücher Beckers zu verfolgen war, taucht hier nur noch sporadisch, nur noch wie ein schüchternes Selbstzitat auf. Das ist symptomatisch.

Nichts, gar nichts ist gegen die Motive dieser Lyrik einzuwenden. Dahinter lassen sich Chiffren einer vor sich gehenden Veränderung vermuten, die mehr bezeichnen als ein einzelnes Schicksal. Aber eben: nur vermuten. Denn man liest die Gedichte wieder und wieder, und nichts will haften. Im Ohr bleibt allenfalls die Vagheit flüchtiger Genitivverbindungen, das »Zucken der Ampeln«, die »Regierung der Wünsche«, die »Folter des Traums«, der »Wind der Chemie«. Oder: die »Kurven / der fliegenlernenden Mofas«. Hier und da greift Becker zum surrealen Bild. Da gibt es »Milch bis es schwarz wird«, und »im Himmel singt Hans der geschundene Knecht / gießt Öl ins Getriebe des Monds«. Dann wieder nähern sich seine Verse dem Schweigen. Diese kurzen Strophen tragen immerhin Geheimnis in sich. Ein solches Kurzgedicht heißt »Augenblick«:

Einmal Kraniche, still liegend
über ziehender Gegend, wo wir
nicht mehr sind, aber zuvor,
wir kämpfen viel weg.

Nur wenige Beispiele gibt es für eine irrlichternde Balance zwischen dem alltäglichen und dem mystischen Bezirk. »Legenden« ist der Titel des folgenden Gedichts, das in den Bann des Unheimlichen zieht, dessen Pathos allerdings etwas von einer Kinderschreck-Attitüde hat:

Im Nebel die Nebellampen, und wenn
übern Asphalt kein Reh rennt,
passiert nichts die Nacht,
oder, du steigst noch einmal aus
und siehst über den Wiesen
etwas davongehen
hinab in den weißen Grund
zum Fluß, und du gehst,
im rauschenden dunklen Gras, hinterher.

Hier kommt der Lyriker noch einmal auf den Leser zu, appelliert an die gemeinsame Grundlage bekannter Bedrohungen. Wer kennt ihn nicht, den Umschlag der Geborgenheit im Auto in das Gefühl des

Ausgesetztseins? Die Einsamkeit des Fahrers bei Nacht und Nebel. Solche Momentaufnahmen finden sich hier und da in Beckers Gedichtband (auch diese bisweilen ganz knapp, wie das »Fragment einer Geschichte«: »Die weiße Nachtluft. Das Fenster / schließend höre ich das Telefon, / eine Stimme mit der Erzählung / vom tanzenden Schnee vor dem Fenster.«).

Diese Gedichte gibt es. Aber sie wirken schon wie Verse aus einem anderen Zusammenhang. Typisch für den neuen Ton der Lyrik Jürgen Beckers sind sie nicht. Der grundsätzliche Einwand betrifft dagegen die Mehrzahl der hier gesammelten Gedichte. Ihnen droht der Zusammenhang mit der Realität, drohen die Umgebungen verloren zu gehen.

3. Die Sozialchronik: Peter O. Chotjewitz (1977)

Was ist er: ein Nacherzähler, Fabulierer, Arrangeur, Sprachspieler, ein Provakateur, ein ernsthafter Schriftsteller? Von allem etwas? Alles in einem?

Es gab eine Zeit, Ende jener wilden sechziger Jahre, die fast schon legendär sind, da wollte Peter O. Chotjewitz, Jahrgang 1934, partout kein guter Schriftsteller sein. Verzweifelt versuchte er (so schien es), das Guthaben an Anerkennung wieder abzubauen, das ihm seine ersten beiden Prosabücher »Hommage à Frantek« (1965) und »Die Insel« (1968) eingebracht hatten (zwei fabulierfreudige Romane in der Antiroman-Tradition).

Er hat nicht nur, eine dem literarischen Betrieb innewohnende Tendenz zum Exhibitionismus auf die Spitze treibend, Aktfotos von sich veröffentlicht, was übrigens zu Unrecht von den Texten dieses Bandes »Roman – ein Anpassungsmuster« (1968) ablenkte, er streute auch Bemerkungen in sein Buch »Vom Leben und Lernen« (1969) ein wie: »Literatur in jeder Form ist unnütz.« Alles, was ein Schriftsteller schreiben könne, verkündete er, sei schon geschrieben worden. Es reiche daher aus, das schon Geschriebene immer wieder neu zu lesen und, wenn man unbedingt eine neue Produktion wolle, das schon Vorhandene »in eine neue (An-)Ordnung zu bringen«.

Alte Sünden? Anscheinend ja, denn in vielen (nicht in allen) der nach 1970 verfaßten Prosastücke läßt sich ein zunehmendes Interesse an politischen Stoffen wahrnehmen. Chotjewitz hat sich zwar auch schon vorher mit Montagetexten auf solche Fragen eingelassen (sein

Hörspiel »Die Falle« hatte sogar einen Länderkultusminister auf den Plan gerufen), doch der Gegenstand war primär Spielmaterial für ästhetische Reize gewesen. Indes muß ihm seitdem jene Protest- und Billigformel, nach der alles, was man schreiben könne, schon geschrieben worden sei mehr und mehr suspekt vorgekommen sein.

*

»Der dreißigjährige Friede« erzählt die Geschichte von Jürgen Schütrumpf, der am 17. September 1949, zehn Tage nach Gründung der Bundesrepublik Deutschland, geboren wird. Eine abenteuerliche, bisweilen atemraubende Geschichte: und doch nur der Bericht aus einer unauffälligen Kleinbürgerfamilie. Eine Familienchronik: und doch das Durchmessen der westdeutschen Nachkriegsgeschichte. Die präzise Rekonstruktion eines Verbrechens: und doch die Nachzeichnung banalster Alltäglichkeit. »Der dreißigjährige Friede«: das ist fast so etwas wie ein Programm. Die Geschichte des Jürgen Schütrumpf wird bis ins Jahr 1975 erzählt, im April 1975 wird er verurteilt – kurz bevor der Friede in Deutschland dreißig Jahre währt. Dreißig Jahre Friede: das meint nicht allein die Zeit, die seit dem Zweiten Weltkrieg ins Land gegangen ist. Es spielt auch auf den bisherigen Zustand dieser Republik an – die langfristige Übereinkunft der Sozialpartner, die weitgehende Verbannung des politischen Extremismus, das Einverständnis der Bürger mit ihrem Staat.

Ein trügerischer Friede? Was war, was ist los in diesem Land? Wie sieht die Wegstrecke aus, die die Bundesrepublik zurückgelegt hat? Das sind Fragen, die sich bei der Lektüre einstellen. Haben die Erschütterungen am Ende der sechziger Jahre, die Proteste in den Seminaren und Demonstrationen auf den Straßen eine Krise signalisiert, die Mitte der siebziger Jahre mit Arbeitslosigkeit und sich politisch verstehendem Terrorismus die Menschen aus dem Wohlstand aufschreckte?

Schütrumpf gehört zu jener Generation, die nur den Frieden kennt (wie zur Zeit des Dreißigjährigen Krieges unzählige Menschen nur den Kriegszustand erlebten). Der letzte Weltkrieg und der Nationalsozialismus sind für diese Generation nur Wissen aus zweiter Hand, Gegenstände eines mehr oder (meist) weniger guten Geschichtsunterrichts. Die Bundesrepublik ist für sie eine Selbstverständlichkeit.

Zu den Intellektuellen zählt Schütrumpf nicht. Sein Vater, Besitzer eines kleinen Handwerksbetriebes, wollte ihn nicht auf das Gymnasium schicken: Jürgen ging bei ihm in die Lehre, später in die

Maschinenfabrik. Eine ereignisarme Biographie. Fünfundzwanzig Jahre lebt Jürgen mit sich und der Umwelt in einem scheinbaren Frieden. Wie kommt es dazu, daß ausgerechnet er, der nie auffiel, politisch nicht interessiert war, eines Nachts ein Verbrechen begeht, das die Öffentlichkeit erregt? Jürgen Schütrumpf gibt es (unter anderem Namen) wirklich. Der Leser erfährt diese Tatsache allerdings erst am Schluß des Buches – eines »Biographischen Berichts«, wie Chotjewitz meint, tatsächlich aber eines Romans. Denn es handelt sich hier – in Thomas Manns Worten – um »Wirklichkeit, die sich in Fiktion verwandelt, Fiktion, die das Wirkliche absorbiert«.

Als Tretjakow 1924 das Leben eines chinesischen Studenten protokollierte, schrieb er dazu: »Ich war abwechselnd Untersuchungsrichter, Vertrauensmann, Interviewer, Gesprächspartner und Psychoanalytiker. Was ich auf diese Weise geschrieben habe, kann ich nicht anders nennen als ein Interview. Aber dieses Interview umfaßt mehr als 26 Jahre des Lebens eines Menschen, und deshalb nenne ich es ein ›Bio-Interview‹.« Auch auf die Vorstudien zu Chotjewitz' Roman dürften diese Worte zutreffen.

Chotjewitz hat mit mehr als zwanzig Personen Gespräche geführt. Verwandte und Freunde Schütrumpfs sind von ihm interviewt worden. Vieles davon findet sich in seinem Buch wieder. Allein, was Chotjewitz über die Ehe der Eltern Jürgens zu berichten weiß, von deren stumpfsinnigem Automatismus, wäre für sich schon eine vortreffliche Erzählung. Das Elend dieser Ehe und die Wirkung auf den Sohn wird plausibel (erst als der Mann krank wird und nicht mehr das Geld verdient, kommt die Frau noch einmal zu sich: eine Emanzipationsepisode). Oder wie Chotjewitz die Rangeleien zwischen Betriebsrat und Betriebsleitung der Maschinenfabrik beschreibt, in der Jürgen arbeitet: das hat man so genau noch in kaum einem Roman aus dem Werkkreis Literatur der Arbeitswelt gelesen.

Das Problem ist alt: Wie kann ein Schriftsteller, ein Intellektueller, sich zu Lebensformen äußern, die außerhalb seines Horizonts liegen? Soll er die Arbeiter und Angestellten ihre Geschichte selbst erzählen lassen? Literatur aus dem Kassettenrecorder? Den letzten Weg hat die Dokumentar- und Protokoll-Literatur der sechziger Jahre beschritten. Ohne viel Erfolg. Denn die Nachschrift der Lebensbeichte ergab oft nicht mehr als die Verdoppelung der Ungewißheit seitens der Befragten über das, was das eigene Leben eigentlich ausmacht. Chotjewitz hat daraus seine Lehren gezogen. Das macht sein Buch auch formal bemerkenswert. Er vertraut nicht auf den Originalton der

Gespräche, die er geführt hat, indem er etwa das Erfragte montiert und zitiert, sondern er modelliert daraus eine Erzählung. Sein Roman liest sich streckenweise wie ein Krimi; der Leser kann sich, wenn er will, ganz der Geschichte hingeben, deren Unterhaltungswert gegen Ende immer größer wird. Gleichzeitig aber leugnet der Roman auch nicht seine Nähe zur biographischen Reportage, zum analytischen Protokoll.

Es ist das Verdienst von Chotjewitz, mit dem Buch bewiesen zu haben, daß eine spannende Geschichte nicht unter Preisgabe des Erkenntnisanspruchs erzählt werden muß. Das Vergnügen, das sein Roman bereitet, lebt gerade aus der Spannung zwischen einer fast altmodischen Erzählhaltung (gestellt-naiv in der dritten Person) und der Verwendung des wissenschaftlichen Vokabulars der Psychologie und Soziologie. Einmal heißt es von Jürgens Vater: »Ein Mensch wie er lebt nicht in seinen Werken fort und hat keine Geschichte. Er nimmt seinen Anteil an der Geschichte nicht wahr und erkennt nicht seinen Beitrag zur gesellschaftlichen Arbeit.«

Ist das aber nicht doch der langweilige Seminarton, der die Literatur ruiniert? Hat Chotjewitz' Roman denn überhaupt stilistisches Niveau? Es gibt tatsächlich zahlreiche sprachliche Nachlässigkeiten. Die unaufdringliche, sachliche Diktion des Romans mag prinzipiell angebracht sein, nur wird die Askese bisweilen allzu weit getrieben. Entscheidender noch ist ein anderer Einwand. Chotjewitz kann an verschiedenen Stellen der Versuchung nicht widerstehen, historische und soziologische Kenntnisse penetrant in den Vordergrund zu rükken, mit einer beinah oberlehrerhaften Attitüde.

Und doch: »Der dreißigjährige Friede« ist ein weitgehend gelungener Versuch, an die Tradition einer Literatur anzuknüpfen, die zugleich mit dem Einzelschicksal – ohne es als Demonstrationsobjekt zu mißbrauchen – die Bedingungen erzählt, unter denen das Individuum antritt. Insgesamt ist Chotjewitz zu einer akzeptablen Mischung aus Vergegenwärtigung und Raffung, aus Anschaulichkeit und Diskurs, aus Detailtreue und der Herstellung von Zusammenhängen gekommen. Die Geschichte jedenfalls, auf die Chotjewitz gestoßen ist und die er erzählt, bietet viele Chancen, Zeittypisches auszumachen. Dabei ist sein Roman von Agitationsliteratur weit entfernt. Es ist einfach so, daß sich im individuellen Leben des Jürgen Schütrumpf die politische Entwicklung spürbar ausprägt: die behütete Kindheit in den fünfziger Jahren, eine irritierte Jugend in den sechziger Jahren, Verwirrung Anfang der siebziger Jahre. Bis hin zu aktuellen Problemen, bis hin zum Terrorismus spannt sich der Bogen. Da vorschnelle Verdächtigungen auch literarischer Werke zur Zeit nicht mit letzter Sicherheit auszuschließen sind, sei in aller Deutlichkeit betont: Eine Entschuldigung des Terrorismus, gar ein Sympathisieren mit ihm, stellt der Roman von Chotjewitz nicht dar.

Er ist ganz im Gegenteil, will man ihn politisch verstehen, eine Absage. Denn das Verbrechen, das am Schluß des Romans steht, das Verbrechen, in das Jürgens Biographie mündet: eine nächtliche Brandlegung in der Fabrik, ist nur scheinbar eine politische Aktion (Entlassungen standen bevor). In Wirklichkeit ist es der Amoklauf eines politisch Ahnungslosen. Es sind private Gründe, die den Ausschlag für diese sinnlose Protestaktion geben, kein Kalkül. Ein beängstigend alltägliches Leben, das der Roman zuvor auf über zweihundert Seiten beschrieben hat, schlägt hier in die persönliche Katastrophe um. Eine Liebesgeschichte, gekränkter Narzißmus und Größenwahn spielen eine Rolle. Übrigens: das hindert die Betriebsleitung der abgebrannten Fabrik nicht, die Tat als Vorwand zu nehmen, um die insgeheim längst abgesprochene Schließung vorzunehmen. In der Kleinstadt werden mit einem Schlag sechshundert Menschen arbeitslos. Die Beschäftigung mit der Gewaltaktion lenkt die Öffentlichkeit von deren Schicksal ab. Das Verbrechen spielt so jenen in die Hände, gegen die es angeblich gerichtet war.

Peter O. Chotjewitz hat als Autor seine Vorliebe für soziale Belange entdeckt, wie sich in seiner Prosasammlung »Durch Schaden wird man dumm« (1976) schon ankündigte. Die Sprachspiele der in ihrer Art liebenswerten beiden ersten Romane »Hommage à Frantek« und »Die Insel« sind hier nicht mehr zu finden. Den Romancier Chotjewitz haben wir nach fast zehnjähriger Pause wieder. Möglich sogar, daß wir ihn jetzt erst richtig haben.

4. *Der Trivialroman: Michael Scharang (1979)*

Hat wirklich Michael Scharang diesen Roman geschrieben? Jener Michael Scharang, der vor genau zehn Jahren in der Tradition der Textliteratur eines Helmut Heißenbüttel als experimentierender Schriftsteller begann (»Verfahren eines Verfahrens« hieß sein erstes Buch), der dann zusehends politisch aktiv wurde (eine Zeitlang war er Mitglied bei den österreichischen Kommunisten) und dem wir aufschlußreiche theoretische Äußerungen über das Spannungsfeld von Literatur und Politik verdanken? Jener Michael Scharang, der sich zusammen mit Arbeitern hinsetzte und dokumentarische Hörspiele über deren Lebensweise verfaßte, nicht über ihre Köpfe hinweg, sondern unter Berücksichtigung ihrer Wünsche und Einwände, der schließlich zwei Romane mit bäuerlich-proletarischen Helden schrieb?

Es ist nicht zu begreifen. Gewiß, seine ersten beiden Romane »Charly Traktor« von 1973 und »Der Sohn eines Landarbeiters« von 1976 waren umstritten. Hatte er seinen Figuren nicht zuviel politische Überzeugungen aufgeladen, anstatt diese Überzeugungen aus den Personen und ihren Geschicken zu entwickeln? Hatte er die persönlichen Schicksale nicht allzu deutlich zu Demonstrationszwecken hergerichtet? Hatte er nicht der schriftstellerischen Phantasie Zügel angelegt, die Sprache zu glanzloser Schlichtheit verdammt? Das alles wurde, und zu Recht, gefragt. Aber außer Zweifel stand, daß man es hier mit dem ernst zu nehmenden Versuch zu tun hatte, politisches Wollen und literarisches Können auf einen Nenner zu bringen.

Bei Scharangs drittem Roman »Der Lebemann« gibt es nichts mehr zu streiten. Schon die Handlung ist eine dürftige Konstruktion: Ein Mann, Anfang vierzig und Bankdirektor, fragt sich beim Aufwachen nach Sinn und Zweck seines bisherigen Lebens. Er geht nicht in die Bank, statt dessen im Park spazieren, trifft dort ein junges Mädchen, das mit seinem Freund unzufrieden ist. Ein neues Leben soll beginnen. Am Morgen »danach« kauft er eine Wohnung, um mit diesem Mädchen zu leben. In der Wohnung darunter brüten Ganoven einen Bankeinbruch aus. Der Bankdirektor hört's mit und räumt den Tresor der eigenen Bank selbst aus, bevor die Gangster ihn mühsam aufschweißen. Das Mädchen findet das, als es ihr gebeichtet wird, gar nicht schön und will lieber weiter als Warenhausverkäuferin arbeiten.

Man kann nicht einmal sagen, daß diese Inhaltsangabe viel von der Komplexität des Romans wegnehme. Scharang hat die Geschichte einfach auf 250 Seiten aufgeblasen. Nun läßt sich natürlich aus minimaler Handlung herrliche Prosa machen. Ist dies nicht Stoff für eine Gaunerkomödie? Oder vielleicht für eine Parodie auf die literarisch um und um gewendete Krise der männlichen Lebensmitte und die in deutscher Prosa permanent nicht funktionierenden Liebesbeziehungen? Das alles könnte es sein. Ist es aber nicht. Scharang schreibt nicht witzig, und er trifft, falls es ihm denn wirklich um Parodie gehen sollte, nur ins Leere.

In einem Interview hat Scharang vor noch nicht langer Zeit gegen seinen zweiten Roman selbst einige Einwände geltend gemacht. Er habe noch nicht die Reife gehabt, um seine Figuren menschlich durchzugestalten. »Es liest sich vieles wie eine Inhaltsangabe zu einem Roman«, sagte er. Falls sein neues Buch eine Antwort auf diese selbst erkannten Probleme sein sollte, so wäre dies erschreckend.

Denn tatsächlich versucht Scharang nun, seine Personen bis in die hintersten Winkel ihrer Gehirne zu verfolgen, und zwar gleichviel, ob Hauptfigur, Freundin oder Ganove. Überall dürfen wir Einblick nehmen. Leider gibt es aber gar nichts zu entdecken. Denn was Sandner, der nicht ganz saubere Bankchef, Monika, seine Geliebte, oder Leo, Karl, Franz und ihr Bandenchef von sich geben, ist bodenlos banal. Erbarmungslos wird es dem Leser, der es ja längst weiß, immer wieder eingehämmert.

Zum Beispiel die Lebensmittenkrise der Hauptperson. – »Ja, es ist schon so: Ich wollte über mein Leben nachdenken, ich wollte ins reine kommen mit all dem, was mir in letzter Zeit zu schaffen gemacht hat.« Wenn das nicht verständlich ist. Aber auch das Ergebnis dieser Überlegungen erfahren wir ein paar Seiten später. Es lautet schlicht: »Wenn ich nicht gleich damit anfange, mein Leben zu ändern, ist es zu spät.« Wer es immer noch nicht verstanden hat, wird zwanzig Seiten später belehrt: »Sandner wollte diese Kompromisse nicht mehr.« Und für die ganz Langsamen folgt abermals hundert Seiten später folgende Erkenntnis, diesmal in einen Dialog mit Monika verpackt: »Bevor ich dich kennengelernt habe, war ich ziemlich am Ende, mir kam alles falsch vor, was ich machte ... sinnlos, fürchterlich sinnlos schien mir alles.« Überdeutlichkeit ist das Kennzeichen dieses Romans. Doch es ist das pure Nichts, über das die Lupe gehalten wird. Gleichzeitig huscht Scharang über alle interessanten Aspekte seiner Hauptfigur (geschäftliche Aktivitäten und musikalische Begabung) hinweg. Glaubt er wirklich, so entstehe eine unterhaltsame Geschichte? Es scheint, daß Scharang die Schwierigkeit, eine einfache Story plausibel und packend zu erzählen, zu leicht genommen hat.

Wohlgemerkt: Nichts ist gegen den Wusch eines Schriftstellers einzuwenden, auch über den kleinen Kreis der speziellen Literaturkenner hinaus Leser zu finden. Im Gegeteil. Symptomatisch scheint aber an Scharangs Fehlschlag eine Unterschätzung der handwerklichen Anforderungen zu sein, die ein solches Unternehmen stellt. Scharang sieht sich mit dem »Lebemann« einer anderen Konkurrenz gegenüber. Und es zeigt sich: Viele deutsche Taschenbuchkrimis, manche Romane von Simmel (von ausländischen Erzeugnissen nicht zu reden) sind in ihrer Machart und selbst in ihrer literarischen Methode ausgeklügelter und überzeugender als dieser Roman.

*

Vor über dreißig Jahren schrieb Max Frisch in sein Tagebuch: »Der meist verfehlte Versuch, ein Schauspiel umzusetzen in eine Erzählung und umgekehrt, lehrt wohl am krassesten, was man im Grunde zwar weiß: daß eine Fabel an sich gar nicht existiert! Existenz hat sie allein in ihren Niederschlägen, man kann sie nicht destillieren, es gibt sie nur in Kristallisationen.«

Die vorzügliche Fernsehrealisation der Geschichte vom »Lebemann« (Regie Axel Corti) macht besonders deutlich, wie überflüssig es war, daß ihr Autor denselben Stoff unter demselben Titel auch noch als Roman veröffentlicht hat. Genausogut könnte man jeden beliebigen »Tatort«-Krimi noch einmal zu einem Buch auswalzen.

Es zeigt sich auch, wie unterschiedlich unsere Erwartungen mittlerweile geworden sind, was Literatur und Fernsehen angeht. Ist bei Frisch in bezug auf Prosa und Schauspiel noch von etwas Vergleichbarem die Rede, so fällt die Produktion des Fernsehspiels ganz aus dem Rahmen der Kunstgattungen: Wir erwarten an diesem Ort keine Kunst mehr.

Denn was heißt: vorzüglich realisiert? Doch dies: Gemessen an dem, was man vom Fernsehen her gewohnt ist, ist Scharangs »Lebemann« opulent inszeniert, aufwendig und handwerklich perfekt.

Der Regisseur hielt sich nicht lange mit dem Drumherum auf (Midlife-Krise des Helden), sondern konzentrierte sich ganz auf die Geschichte und das atmosphärische Detail (geradezu meisterhaft eine Szene in einem kleinen italienischen Städtchen, wo die beiden mit ihrem Auto gestrandet sind). Die Schauspieler sind gut gewählt, allen voran Ulli Mayer in der Rolle der jungen Frau, deren Überschwang und Lebendigkeit zunehmend von den bedrohlichen und heimlichen Machenschaften ihres Freundes gebremst werden. Auch Heinz Trixner spielt den Bankmanager überzeugend als einen großen Jungen, dem alles zufällt und der doch von einer untergründigen Angst getrieben wird, er könnte wieder verlieren, wenn er nicht noch höher setzt.

Und die Regie ließ sich nicht die Möglichkeit entgehen, alles aufzufahren, was die Fernsehwelt an Versatzstücken zu bieten hat: haufenweise Geld (schön gestapelt, um von einem Tresor in den anderen gefahren zu werden), schwere, schnelle Autos, pompös eingerichtete Wohnungen, teuerste elektronische Geräte. So richtig die große, die weite Welt für einen erfolgreichen Mann und seine schöne junge Freundin.

Denn unsere Fernsehspiele sind längst ein Hollywood im kleinen: ausgerüstet mit guten Budgets gehört zum Renommee eines solchen Stückes heute die Materialschlacht. Man zeigt, daß man den Aufwand nicht scheut. Hier findet die neureiche Gesellschaft ihr eigentliches Abbild. Die Geschichte verliert sich völlig in der Inszenierung, ihre »Kristallisation« ist ihr einziges Gesicht.

Michael Scharang hat dazu das Nötige geliefert: Figuren, die sich schnell erfassen lassen (»schönes Mädchen«, »Ganovenboß«), und teilweise äußerst witzige Dialoge, die hier voll zur Geltung kommen, während sie in seinem Roman ganz untergehen vor lauter Erklärungen. Auch in dem literarischen Verwertungsdrang des Autors zeigt sich im übrigen die abwehrende Einstellung gegenüber dem Fernsehspiel als künstlerischem Ausdrucksmittel. Erst im Roman, dachte er wohl, kommt diese Geschichte ganz zu sich. Ein Irrtum.

5. Die Selbstparodie: Ror Wolf (1977)

Nein, ganz gewiß: ein »Reise-Roman«, wie der Untertitel weismachen will, ist der Prosatext »Die Gefährlichkeit der großen Ebene« nicht. Wer Ror Wolf, den heute 45 Jahre alten Schriftsteller, nur ein wenig kennt, wird das auch kaum erwarten.

Aber wer kennt Ror Wolf? Er hat nie eigentlich einen »Namen« gehabt – ein Beweis mehr für den Umstand, daß die Literaturkritik allein nicht über Erfolg entscheidet. Sie nämlich war dem Autor stets wohlgesonnen: Als Lothar Baier vor fünf Jahren einen Sammelband »Über Ror Wolf« herausgab, wappnete er sich vorsorglich gegen den Verdacht einer einseitig positiven Auswahl. Wenigen Schrifstellern, schrieb er in einer Nachbemerkung, sei so einhellig Begabung, Phantasie und methodische Intelligenz zugesprochen worden.

Warum blieb ein spürbarer Erfolg trotzdem aus? Zunächst sicherlich, weil dieser Autor nur in großen Abständen veröffentlicht, Bücher mit geringem Umfang zumal, im Verlagsprogramm eher unauffällig präsentiert. Vor allem aber, weil seine Schreibform in einer vom Publikum wenig geliebten Tradition steht. Die experimentellen Texte erlebten hierzulande nur Ende der sechziger, Anfang der siebziger Jahre ein kurzes Hoch: Allerdings war dies eher eine Blüte des

Angebots, weniger der Nachfrage. Inzwischen haben die Lektoren, die diese Literatur in den Verlagen durchsetzten, resigniert, ihre ästhetischen Maßstäbe geändert, oder sie arbeiten in eigenen Kleinverlagen weiter.

Die Qualität der Literatur sei keine Frage des Absatzes oder der wechselnden Moden? Völlig richtig. Zudem ist die Ahnengalerie der experimentellen Prosa gut besetzt: von Joyce über Beckett bis hin zu Nathalie Sarraute, die im »Zeitalter des Argwohns« vor nun zwanzig Jahren zustimmend Literaturwerke beschrieb, die nur noch vorgäben, Romane zu sein. In ihnen habe ein undefinierbares, unangreifbares Geschöpf, ein anonymes »Ich«, die Rolle der Hauptperson an sich gerissen. Und – heißt es weiter – auch die Figuren, die dieses Wesen umgäben, hätten kein eigenes Leben mehr, seien nur noch Visionen, Träume, Abwandlungen und Nebenerscheinungen dieses einen, allmächtigen »Ich«. Das mag nicht unbedingt verlockend klingen, aber gehört fest in das Programm einer Literatur, deren Absicht unter anderem ist, eingespielte literarische Muster zu entlarven und zu unterlaufen.

Keine Handlung im herkömmlichen Sinne mehr, keine festumrissenen Personen: diese Kampfansage an den Roman realistischer Prägung ist mindestens so alt wie dieses Jahrhundert. So bleibt auch heute von Fall zu Fall zu fragen, wie brillant die Schlacht jeweils geführt wird. Das Spiel ist bekannt, doch kann es immer wieder ergiebig sein.

Bei Ror Wolf also: ein »Reise-Roman«, der keiner ist. Ein Erzähler sagt darin: »Ich bin weit herumgekommen in dieser Welt, zu sehen war nichts, zu hören war auch nicht sehr viel, vielleicht ein paar Worte, vielleicht nicht einmal das.« Gibt es keine Abenteuer, keine fremden und exotischen Landschaften?

Doch, durchaus. Nur spielen sich diese Abenteuer allein im Kopf der Erzählerperson ab, die weiterhin tapfer von sich als einem »Ich« spricht. Und die Landschaften sind weniger fremd als alptraumhaft, bizarr. Unvermittelt bricht der Schrecken ein, in jenen Ausschnitt des Fensters, von dem aus der Erzähler vorgibt, in die Welt hinauszuspähen: »Ein Balkon knickt jetzt ab, mit dem Mann gegenüber. Er trägt schwarze Schuhe und schlägt mit dem Kopf hart im Hinterhof auf.« Dieses Ereignis ist noch eher harmlos. Fallen und Stürzen nehmen schnell apokalyptisches Ausmaß an, ja in einem nahezu expressionistischen Sturm bläst Rolf Wolf zum Exitus der Bürgerwelt: »Fußgänger rutschen und kippen, und Autos prallen zusammen, und viele brechen sich Arme und Beine, und Lastwagen stürzen hinab in die unbeschreibliche Tiefe.«

Da die Außenwelt nur in der Innenwelt des an seinem Platz verharrenden Ichs existiert, ist die Zerstörung dieser Außenwelt folgenlos. Was erzählt wird, nimmt Wolfs Prosa nicht selten im gleichen Atemzug wieder zurück. Er fabriziert so ein Gaukelspiel, das die Lust des Lesers, seine Vorstellungskraft zu mobilisieren, immer wieder auf neue anstachelt, um ihn dann in der Luft hängen zu lassen – quasi auf einem jener unsicheren Balkons, die bei Wolf unweigerlich in die Tiefe stürzen.

Hier liegt eine der Quellen des Ansporns, sich durch dieses amorphe, drohend auseinanderbrechende Prosagewächs hindurchzuzwängen. Kaum ein Autor der hochartifiziellen Verweigerungsliteratur versteht es gleichermaßen wie Ror Wolf, an seinem Kartenhaus oben noch weiterzubauen, während er es unten schon eigenhändig zum Einsturz bringt.

Leider schleicht sich bei der Lektüre seines neuen Prosabandes »Die Gefährlichkeit der großen Ebene« das Gefühl ein, dergleichen sei doch schon origineller und souveräner dargeboten worden. Wo? Nun, die Antwort ist einfach: bei keinem anderen als bei Ror Wolf selbst, nämlich in seinem ersten Buch »Fortsetzung des Berichts«, das vor nun dreizehn Jahren erschienen ist. In diesem, seinem bisher umfangreichsten Werk, hatte er mit der Kraft der ersten Stunde seine Traumlandschaften so virtuos entworfen, daß die Frage nach stilistischen Vorbildern, zu denen die frühen Prosatexte von Peter Weiss gezählt wurden, schnell verstummte: Da sprach von Beginn an einer seine unverwechselbare Sprache.

Doch die gleichen Landschaften, zum Hohn auf das bürgerliche Individuum und seine eingebildete Unverwechselbarkeit bevölkert mit gesichtslosen Menschenlarven, mit sonderbaren Insekten und wuchernden Pflanzen, durchsetzt von Krankheiten und ekelerregendem Verfall, Landschaften, in deren Fugen Verbrechen und verdrängte Sexualität auflauern, diese exterritorialen und surrealen Landschaften aus Ror Wolfs früher Prosa tauchen kaum verändert in seinem »Reise-Roman« wieder auf.

Stünde nicht des Verfassers Name auf dem Buch – man würde dies für eine gute Parodie durchgehenlassen. Hat sich Wolfs Schreibmethode erschöpft? In zwei weiteren, der Titelprosa folgenden Textteilen des Bandes »Die Gefährlichkeit der großen Ebene« greift Wolf zum Teil ganz auf früher entstandene Arbeiten zurück. »Mehrere

Männer«, eine kleine Sammlung von Kürzestprosa, schrieb er in den Jahren 1969 bis 1975: hier brilliert in manchen Stücken seine verblüffende Durchtriebenheit. Der Text »Neumanns Bedeutung für die Allgemeinheit« stammt sogar aus dem Jahre 1967. Er entstand wahrscheinlich im Zusammenhang mit »Pilzer und Pelzer«, der »Abenteuerserie«, die im selben Jahr erschien, ist also eine Art Nachtrag zu diesem, Wolfs zweiten Buch, mit dem der Autor es verstand, seiner Schreibweise eine neue und überraschende Nuance abzugewinnen.

Dagegen nimmt sich der Hauptteil des neuen Bandes, jener 1975 und 1976 geschriebene »Reise-Roman«, in der Tat eine literarische Selbstparodie, bemühter aus als sein Vorbild »Fortsetzung des Berichts«. Die Sätze sind kürzer, härter. Was verlorenzugehen droht, ist jener tänzelnde, flackernde Sprachduktus, der bis in die Grammatik hinein das Ungefähre und Korrigierbare, das Vage und Widersprüchliche menschlichen Sprechbemühens aufzeigte.

II ERZÄHLEN

> »Es ist eine wohlbekannte Tatsache: kein Mensch kann es wirklich ertragen, daß er nicht imstande ist, jemandem etwas zu erzählen.«
> Getrude Stein, »Erzählen«

Ausblick auf die siebziger Jahre
Nicolas Born und Peter Handke

I. Endlich schöne Gedichte
(Interview, September 1970)

Frage: Sie haben bisher zwei Gedichtbände veröffentlicht, die starke Beachtung fanden. Soll es so weitergehen?
Nicolas Born: So kann es nicht weitergehen. Ich möchte schönere Gedichte schreiben als bisher. Endlich schöne Gedichte.
Frage: Das kann nicht Ihr Ernst sein.
Born: Wie meinen Sie das?
Frage: Sie waren ein Jahr lang in Amerika.
Born: Ja. Da gibt es Leute, die sich verhauen lassen. Danach setzen sie sich hin und schreiben schöne Gedichte. Sie lassen sich in dem, was sie machen, nicht polarisieren. Und darin zeigt sich auch nicht etwa Schizophrenie oder Flucht aus der Wirklichkeit, sondern eher die Weigerung, sich in einem Dialog verschleißen zu lassen, die Weigerung, zu reagieren wie Pawlowsche Hunde. Es war doch der herrschenden Klasse niemals wirklich unangenehm, wenn in der Reaktion auf Vietnam auch ein paar böse nette Verse abfielen oder wenn sich wie hier eine ganze Dichtergeneration über den neuen Topos hermacht und erstaunlich fündig wird. Ein Feund von mir sagte ziemlich boshaft und ziemlich ungerecht: »Fried? Das ist doch der Dichter, der durch Vietnam berühmt geworden ist.« Ja, das gehört in diesen Zusammenhang. Gedichte über Nixon oder Johnson oder wen immer in dieser Rolle betreiben doch nur den Personenkult mit anderen Mitteln. Hier wird Reagieren zur Reak-

tion. Sie heben die Scheiße auf, die der fallenläßt, um sie ihm nachzuwerfen, aber getroffen wurde er noch nie. Wenn man überhaupt auf das Mittel der Majestätsbeleidigung zurückgreifen will, dann haben auch dies ein paar junge Amerikaner besser gemacht. Nämlich in freundlicher Absicht Nixon beim Koitus dargestellt, was ihm etwas Menschenwürde gibt.

Frage: Ist das eine Attacke gegen Kritik, gegen Gesellschaftskritik?
Born: Ja. Gegen die kritische Position des Schriftstellers. Gegen sein Selbstverständnis, sein Berufsbild. Wenn wir allerdings den Begriff »Kritik« weiter und offener definieren, ist es etwas anderes, denn dann könnten selbst affirmative Methoden wieder in Kritik umschlagen. Und in dieser offenen Definition würde auch eine sozialistische Utopie einen aktuellen kritischen Aspekt bekommen. Es ist richtig und notwendig, gegen einen gesellschaftlichen Mißstand zu protestieren, aber wenn dieser Protest in eine literarische Form umgegossen wird, ist er lächerlich. Der Raum, der dem Schreibenden zum Reagieren bleibt, wird immer enger. Nach einigen kräftigen Reagiergedichten hat er sich abreagiert und wird etikettiert und abonniert auf Wohnungsfragen oder auf Vietnam. Diese Kritik bleibt sozusagen in der Familie, ist immanent und impliziert gewollt oder ungewollt, daß, abgesehen vom Gegenstand des jeweils kritischen Gedichts, alles in Butter sei. Natürlich fühle ich mich selber noch ebenso befangen. Ich kenne die Alternativen nicht, aber ich habe Vorstellungen davon. So könnten Utopien (nicht zu verwechseln damit, wie sich unser Gesellschaftssystem in zwanzig oder fünfzig Jahren darstellen könnte) zuerst einmal die grundlegende Übereinkunft der Autoren mit ihrer Gesellschaft aufheben. Dann Orientierungsbilder setzen, erwünschte Bilder, soziale Bilder, sozialistische Bilder, ich möchte sagen: schöne Bilder. Keine Traumwelt, sondern eine Welt, die möglich ist, und die fängt mit den Träumen an.
Frage: Aber geben Sie damit nicht einen Bereich auf, in dem Mitsprache möglich ist, in dem reagiert werden muß auf handfeste Ausbeutung, Manipulation?
Born: Wir sprechen von Gedichten. Und Gedichte taugen wenig zu Sozialarbeit und zur sozialen Revolution. Der Kampf um Selbstbestimmung darf auf keinen Fall in der Literatur stattfinden. Aber selbstverständlich sollen Utopien Rückwirkungen haben auf die gesellschaftliche Gegenwart.
Frage: Gibt es in Amerika solche Tendenzen?
Born: In Ansätzen ja. Jedenfalls sind viele Leute dabei, sich aus

Fixierungen zu befreien. Und ich habe dort nie Gedichte gelesen, die ideologisch derart eingeklemmt gewesen wären wie viele hier bei uns. Und ich habe auch nie »young poets« getroffen, die sich aus ihrer selbstverständlichen Gegnerschaft zur amerikanischen Innen- und Außenpolitik eine Poetologie gebastelt hätten. Sie schreiben schöne offene Liebesgedichte ohne Patentsicherung, ich meine ohne Zynismus und Hinterlist. Da fängt die Utopie an. Da werden solche Wünsche formuliert, solche Orientierungsbilder gesetzt, die schön sind. Aber natürlich, oft bleibt es auch da noch im Bewußtseinskult hängen, eben in Ansätzen, oder es kommt oft auch nur zu formaler Spontaneität. Aber klügere Reflexionen wurden doch entwickelt. Viel Affirmation in listiger Absicht. So etwa: Hier das schöne große Amerika, unsere Wirklichkeit aus Coca Cola, Marylin Monroe und Pepsodent. Sie demonstrieren solche Produkte als Symbole des Lebens schlechthin und erzielen mindestens Betroffenheit damit. Ich weiß nicht, ob ich ein Gedicht von Ted Berrigan richtig zitiere. Der Anfang geht etwa so: »Es ist nicht besonders langweilig in der Tasche deiner Bluse ein Stück Seife zu finden, noch ist es besonders aufregend. Es ist eben das, was in Amerika 1965 passiert.« Ich meine, das drückt in scheinbarer Affirmation viel von der Abgestumpftheit und Ignoranz Amerikas aus. Es ist das alltägliche banale Ablenkungsritual, das aber in so einem Gedicht doch verweist auf das, was wirklich 1965 in Amerika passiert ist. Aber sicher, das alles hat noch nicht viel mit Utopie zu tun. Und ich würde mißverstanden... ich habe nicht gemeint, daß einfach die kritische Perspektive von einer utopischen abzulösen ist. Das ist zu modellhaft, und auf die Alternative ist für den Augenblick zu klar angespielt. Die Alternative kann sich verändern, kann erweitert werden in vielen Diskussionen oder auch schon beim Schreiben. Das alles kann auch nicht heißen: Autoren, raus aus dem Klassenkampf. Soweit Autoren jemals drin waren. Dem Arbeiter die Hand geben, ja. Aber nicht, um sich daran festzuhalten.

Frage: Und der Unterschied zwischen Amerika und uns?

Born: In Amerika habe ich gesehen, daß da eine Spontaneität erreicht wurde (auch eine Offenheit und Freiheit in Rhythmus und Syntax – allein, was für Wörter dort verwendet werden!), die ganz Gegensatz zu allem steht, was hier gemacht worden ist: zur esoterischen Lyrik der fünfziger Jahre mit hermetischen Metaphergebäuden und zu der von ganz unbestimmtem Sozialengagement geprägten Lyrik, die in den sechziger Jahren geschrieben wurde.

Frage: Glauben Sie, daß diese »Offenheit« der Lyrik mehr Leser zuführen könnte, als die esoterischen Gedichte es vermochten?
Born: Das wäre prima, wenn es für die Lyrik, die jetzt von der jüngeren Generation gemacht wird, mehr Leser gibt. Ich glaube nicht sehr daran. Die meisten sind ja »versaut« von der esoterischen Lyrik.
Frage: Wer hat eigentlich hier eingeführt, daß Freunde in Gedichten namentlich vorkommen?
Born: Das weiß ich nicht genau. Ich habe das gemacht, weil ich es von amerikanischen Beispielen her kenne. Also vielleicht bin ich hier der Urheber der Literarisierung von Freunden, ich nenne die Dinge und Menschen beim Namen (lacht).
Frage: Was bedeutet das?
Born: Das bedeutet nicht mehr oder weniger, als daß man seine Freunde mal an den Platz bringt, wo man sie gern sieht. Solange die Freunde in der Wirklichkeit da sind, gibt es keinen Grund, daß sie in den Gedichten plötzlich nicht da sein sollen. Das ist doch sehr schön: man macht die Freunde auch ein bißchen bekannt dadurch.
Frage: Glauben Sie nicht, daß man mit Prosa sozialkritischer sein kann als mit Gedichten?
Born: Ich weiß es nicht. Aber ich glaube, daß die Lyrik im Moment mehr Möglichkeiten hat, daß man in der Lyrik fast alles machen kann. Aus einem Augenblicksgedanken kann ein Gedicht werden.

Postskriptum

Nicolas Born, 1937 in Duisburg geboren, starb im Dezember 1979, kurz vor seinem 42. Geburtstag. Sein Debüt war der Roman »Der zweite Tag« (1965). Er hatte es allerdings nicht gern, wenn man ihn später danach fragte. Ihm schien dieses Buch, das heute nirgendwo mehr zu erhalten ist, mißraten. Anerkennung fand er zunächst als Lyriker. An amerikanischen Vorbildern geschult (wie Rolf Dieter Brinkmann, aber sie doch in ganz anderer Weise aufgreifend), waren seine Gedichte aus den Bänden »Marktlage« (1967) und »Wo mir der Kopf steht« (1970) von deutlicher Sprache, zielten auf die Dinge und das Geraune des Alltags. Politisch, im plakativen Sinne, war die Lyrik Borns nie, auch wenn er, der gelernter Chemigraph war und eine Zeitlang in der Industrie gearbeitet hatte, gerade in diesen Jahren in Berlin die Intellektuellen- und Studentenrevolte direkt miterlebte.

In der Nachbemerkung zu seinem dritten Gedichtband »Das Auge des Entdeckers« (1972) konkretisierte er sein literarisches Programm. Worum es ihm nun deutlicher als zuvor ging, war der Gegenentwurf, war die Inanspruchnahme von Phantasie, um so die Realität »erst einmal als die gräßliche Bescherung sichtbar zu machen, die sie tatsächlich ist«. Die neuen Gedichte von Born waren ausgreifender, brauchten mehr Platz, um auf verschiedenen Ebenen, in sich ergänzenden und widersprechenden Redeweisen »mit der Wirklichkeit zu konkurrieren«, wie es in einem Vers heißt. Die letzten Gedichte, die von ihm bekannt wurden, sind von herber Schönheit und aufstachelnder Melancholie. Born faßte diese Texte aus den Jahren 1972 bis 1978 unter dem resignativen Titel »Keiner für sich, alle für niemand« zusammen (sie sind in der Sammlung »Gedichte 1967–1978« erschienen, die einen Überblick über die Gesamtheit seiner Lyrik gibt).

Born gehörte zu den wenigen Autoren, die sich mit Erfolg literarisch auf zwei Gleisen bewegen. Ob er als Lyriker oder Romancier mehr geleistet hat, ist eine müßige Frage. Den Durchbruch hat er jedenfalls letztlich als Prosaautor geschafft, auch wenn er von wirklicher Berühmtheit noch ein Stück entfernt war. Ob er je richtig populär hätte werden können? Dazu sind seine Bücher wohl doch zu grüblerisch – und zu provokant, nicht auf eine reißerische Weise, sondern eine schonungslose: schonungslos auch für den Leser, der sich einläßt.

Der Ich-Erzähler aus dem Roman »Die erdabgewandte Seite der Geschichte« (1976) erfährt angesichts des Todes eines guten Freundes die »durchdringende« Gewißheit, »daß es so bliebe, zeitlebens ohne Leben, bis zum Tode nur Anwartschaft auf Leben, ein hoffnungsloses Herumprobieren, als ob es darum ginge, die richtige Lage zu finden, wie beim Einschlafen, die richtige und damit endgültige Lage«. Selbst Georg Laschen, der Held aus der »Fälschung« (1979), ein Illustriertenreporter vor Ort, erfährt das Leben als eine Angelegenheit, an der er passiv teilnimmt. Vor Ort heißt für ihn immerhin: mitten im Kriegsgeschehen um Beirut. Wer will, kann in diesen Geschichten autobiographischen Stoff vermuten: auf jeden Fall schildern sie das Erleben einer Generation, die Ende der sechziger Jahre schon zu erwachsen war, um ganz auf den Zug der bewegten Jugend aufzuspringen. Born selbst hat sich mit politischen Äußerungen stets zurückgehalten, sofern sie ideologische Fronten betrafen. Zum Hilfswahlkämpfer für eine Partei wäre er wohl kaum geeignet gewesen.

Der öffentliche Auftritt lag ihm nicht. Wenn er allerdings eine Rede halten mußte und eine Gelegenheit hatte, »etwas lauter und zorniger zu denken, als es mir eigentlich zukäme«, so hielt er mit seiner in den letzten Jahren seines Lebens wachsenden Empörung über die Zerstörung von Natur und Umwelt nicht hinter dem Berg. Die Menschheitsgeschichte war für ihn, wie er düster in seinem Dank zur Verleihung des Bremer Literaturpreises 1977 resümierte, »wie der in ihr wirkende Wahnsinn, wie die in ihr wirkende Vernunft«, in ein unwiderrufliches Stadium getreten. »Als Ziel dieser Geschichte erscheint immer deutlicher ihre Vernichtung.«

Born, der neben seinem Wohnsitz in Berlin auch ein Domizil in Dannenberg hatte, nicht weit von Gorleben entfernt, war mit Überzeugung bei der Bürgerinitiative gegen die geplante Atommülldeponie dabei. Der Einsatz von Atomkraft war für ihn Symptom einer Verirrung, Beispiel einer Lebensauffassung von Menschen, denen das Interesse zukünftiger Generationen aus dem Blickfeld geraten, um sich selbst ein warmes Plätzchen zu sichern. »Mit den hochradioaktiven Brennstäben aus den Zentren unserer Kraft und Herrlichkeit werden wir auch unsere Freiheit in die Erde senken«, prophezeite er voll Bitterkeit in Bremen. »Wir selbst werden zu einem untragbaren Sicherheitsrisiko, das bewacht und total reglementiert werden muß.« Ein Band mit den Aufsätzen und Reden Nicolas Borns erschien posthum unter dem Titel »Die Welt der Maschine« (1980).

II. Die Fiktion ist nötig
(Interview, März 1972)

Frage: Unter Ihren ersten Texten gibt es einen »Entwurf für einen Bildungsroman«. Steht »Der kurze Brief zum langen Abschied« in der Nachfolge dieses Textes?
Peter Handke: Ja, genau. Das habe ich vor etwa sieben Jahren geschrieben. Dieser »Entwurf zum Bildungsroman« ist ja noch sehr chaotisch und geht nur in einzelnen widersprüchlichen Sätzen vor sich. Ich dachte, ich müßte mal schreiben, wie sich das Bewußtsein verändert haben würde, Jahre später, wenn ich nicht mehr Student wäre.
Frage: An Ihrer vorigen Erzählung »Die Angst des Tormanns beim Elfmeter« wurde kritisiert, daß ein Monteur und Torwart eine dermaßen subtile und eigenwillige Wahrnehmungsform nicht haben könne. Ist Ihre neue Hauptfigur deswegen jetzt eine Ich-Figur und anscheinend Schriftsteller?

Handke: Das ist sicher auch ein Grund. Obwohl ich mir nicht zumuten würde, darüber zu urteilen, ob jemand, der in eine richtig schlimme Lebenssituation gerät, wie der Tormann, nicht plötzlich anders wahrnimmt. So wie manche Leute im Traum auch ganz subtil wahrnehmen. Andrerseits ist natürlich auch der »Tormann« eine Ich-Geschichte, halt nur in der Er-Form.

Frage: Welche Erfahrungen haben Sie mit der Ich-Perspektive in Ihrer neuen Erzählung gemacht?

Handke: Am Anfang habe ich mich gar nicht distanzieren wollen. Ganz rücksichtslos: Ich bin halt ich. Aber je länger ich geschrieben habe, desto lachhafter ist mir dieses »Ich« vorgekommen. Ich habe mich immer mehr davon entfernt, und dieses »Ich« ist zu einem richtigen Romanhelden geworden. Nicht, daß ich ihn nicht mehr ernstgenommen habe, diesen Helden. Es war nur nicht mehr so persönlich. Dadurch ist der Roman heiterer geworden. Je länger ich geschrieben habe, desto mehr habe ich mich lustig gemacht über dieses Ich. Das war auch eine Befreiung für mich.

Frage: Sie schrieben einmal: »Überhaupt scheint mir der Fortschritt in der Literatur in einem allmählichen Entfernen von unnötigen Fiktionen zu bestehen.« Warum kommt nun das neue Buch in der Form der Erzählung daher – warum nicht als autobiographische Skizze?

Handke: Es hätte mich überhaupt nicht interessiert, eine Autobiographie zu schreiben. Das zwingt dann den, der es liest, sich bei jedem Satz den Autor dazu vorzustellen. Bei einer Fiktion ist, glaube ich, dieser Zwang nicht da.

Frage: Denkt der Leser nicht sowieso bei dem Ich: Das hat Peter Handke geschrieben?

Handke: Schon. Aber weil die Geschichte so abenteuerlich ist (im Grunde ist das ja eine Kolportage-Geschichte, mit Raub und versuchtem Mord), weil das so unwahrscheinlich ist und deswegen so deutlich fiktiv, dadurch sieht man mich selber, glaube ich, nur ganz schwach da drin.

Frage: Nun spielt ja eigentlich die Geschichte gar nicht so die Rolle, sondern mehr die Beobachtungen, die Wahrnehmungen des Ichs. Ist es vielleicht eine Frage der Scham, daß Sie sich hinter Fiktionen verstecken?

Handke: Nein, nein, Scham, wenn man das so nennen will, spielt bei mir keine Rolle mehr. Wenn ich das interessant fände für andere, würde ich das ganz rücksichtslos autobiographisch schreiben. Aber das interessiert mich nicht, und ich weiß, das würde auch andere nicht interessieren.

Frage: Aber die Erfahrungen sind ja nun doch Ihre eigenen.

Handke: Das ist schwierig. Es sind meine eigenen, aber nur insofern als ich etwas von meinen möglichen eigenen Erfahrungen vorweggenommen habe: aus Anzeichen von Erfahrungen habe ich ganze Erfahrungen in der Geschichte gemacht. Aus Andeutungen habe ich zu entnehmen geglaubt, daß ich diese Erfahrungen später einmal voll machen werde.

Frage: Dabei würde ich nun doch etwas zu Ihrer Arbeitstechnik wissen wollen: Diese Erfahrungen sind sehr mit Akribie niedergeschrieben. Machen Sie sich oft Notizen oder entsteht das erst am Schreibtisch?

Handke: Ich mache mir monatelang vorher täglich Notizen. Wenn ich dann arbeite, gehe ich ganz nach den Notizen vor, deswegen wirkt das wahrscheinlich so unmittelbar. Weil die Notizen richtig mitgeschrieben sind mit dem Erlebnis.

Frage: Fast tagebuchartig?

Handke: Ja, das stimmt.

Frage: Dieses Gespräch mit John Ford am Ende des Buches, ist das erfunden?

Handke: Ja, das ist erfunden. Ich habe übrigens auch extra die Orte genommen in Amerika, die ich selbst nicht kenne, außer bei den Anfangsorten.

Frage: Das ist also tatsächlich nicht Ihre Reiseroute durch Amerika?

Handke: Ich wollte das an sich. Aber dann habe ich gemerkt, daß mich das nicht interessiert, die Orte, die ich schon kenne, auch noch zu beschreiben. Ich habe mir die Orte ein bißchen fingiert.

Frage: Wo sind die Kenntnisse her: der Highway biegt da ab, und an der Kreuzung ist eine Tankstelle?

Handke: Da gibt es so einen Atlas »Rand McNally«, wo alles ganz genau eingezeichnet ist, die Highways, wie sie heißen, wo man etwas zahlen muß.

Frage: Wenn in Ihren Geschichten die Personen handeln, haben die dafür immer ein Motiv?

Handke: Nein, das würde, glaube ich, auch falsch sein. Die zwei Personen der Erzählung wollen sich anstrengen, dieses schon im voraus geregelte Ursachenspiel, das ja ein Klischee ist, nicht mitzuspielen. Da könnte man gleich so eine doofe soziologische Abhandlung, wie sie zu Hunderten leichtfertig geschrieben werden,

verfassen. Für mich ist es eine Befreiung, den starren Konnex der Ursachen zu vermeiden. Es gibt amerikanische Geschichten, die so verlaufen, daß überhaupt keine Ursachen vorkommen: der liebt die halt, der schläft mit ihr und macht da einen Raubüberfall. Es wird aber sinnlich klar, weil die Sätze so genau sind. Es wird »physisch« klar, daß das so sein *muß*.
Frage: Was meinen Sie mit »physisch«?
Handke Ja, das Gefühl beim Lesen wird ansteckend, körperlich. Und das ist das Beste, was man, glaube ich, überhaupt mit Literatur erreichen kann, wenn es gleichzeitig dadurch reflektierbar wird.
Frage: Aber in Ihrem Buch gibt es doch ein Motiv, das im Hintergrund steht: die zerrüttete Ehe.
Handke: Ja, aber das ist doch auch ein ironisches Motiv. Als der Held etwa beschreibt, wie sie sich befehdet haben mit ihren komischen Duellen, sagte er am Schluß: »Jetzt weißt du, warum ich in Amerika bin.« Dieses »Warum« ist ein »Spiel-Warum«. Er macht sich lustig darüber, daß *das* der Grund sei.
Frage: Sie haben einmal gesagt, daß gut formulierte Sätze aufhören, privat zu sein. Welches ist die Grenze zwischen privaten Sätzen und quasi öffentlichen Sätzen?
Handke: Ein Satz mit seinem individuellen Überrest darin, ein Satz, der sich als Zitat kenntlich macht, das wäre ein öffentlicher Satz. Ein Satz, der sich ganz unmittelbar gibt, dessen Verfasser so tut, als wäre das der erste Satz zu diesem Thema, den würde ich einen privaten Satz nennen.
Frage: Wird diese Absicht in Ihrem Buch noch klar?
Handke: Ich hoffe nicht. Es hätte mich nicht interessiert, daß diese Absicht klar wird. Für mich ist es so wichtig, daß all die Sätze »körperlich« werden, daß diese Fragen zu zweiten Fragen werden.
Frage: Es ist nur für Sie selbst wichtig?
Handke: Es ist für mich selbst wichtig als Arbeitsprinzip. Aber es soll anderen nicht ins Gesicht geschlagen werden. Ich versuche für mich anzustreben, daß die Sätze so im Gleichgewicht sind, daß es weder bloße Zitate noch bloße Bekenntnisse, private Sätze, werden.
Frage: Man kann keine Sätze erfinden?
Handke: Ich möchte den sehen, der Sätze »erfindet«. Natürlich gibt's das auch: im Expressionismus. Aber das halte ich für eine Sackgasse. Auch die Richtung, die Joyce mit »Finnegans wake« eingeschlagen hat, führt, glaube ich, zu überhaupt nichts. Ich bin der Auffassung, daß diese objektiv tuende Sprache, wie ich sie verwen-

de, die auch Sigmund Freud für seine phsychoanalytischen Beschreibungen verwendet hat, doch noch am weitesten führt.

Frage: Spielt Freud eine Rolle?

Handke: Nein.

Frage: »Der grüne Heinrich« von Keller spielt in Ihrem Buch eine Rolle. Wieweit orentieren Sie sich an diesem Roman?

Handke: »Orientieren« ist vielleicht nicht richtig. Es wird versucht, zu überprüfen und zu vergleichen: eine Geschichte heute und die eines anderen Jahrhunderts, die als Modell verwendet wird, um die Widersprüche zu heute herauszufinden.

Frage: Und die beiden Mottos aus dem »Anton Reiser«?

Handke: Erstmal das Phänomen des Reisens überhaupt – und dann das Phänomen, daß man, wenn man an einem anderen Ort ist, diesen Ort wie im Traum sieht, wo man seine eigenen Geschichten vergißt. Am Schluß, wenn er mit seiner Gemahlin bei John Ford sitzt, spricht der Ich-Erzähler überhaupt nicht mehr. Er hat sich vergessen (während er sich ja am Anfang sehr wichtig nimmt) und hört nur noch zu und schaut. – Das wäre auch für mich ein Idealzustand.

Frage: Kann das eine Funktion von Geschichten überhaupt sein, daß man sich aufgehoben fühlt in einer Struktur und geborgen?

Handke: Ja, so war das eigentlich gemeint. Das heißt nicht gemeint: so hat es sich ergeben, beim Schreiben.

Frage: Dieses Optimistische oder Heitere, Sie sagten mal, Sie wollten die Leute erfreuen, ist das mit dieser Erzählung abgetan?

Handke: Weiß ich nicht. Ich habe jetzt eine Geschichte geschrieben, die heißt »Interesseloser Überdruß« und behandelt den Selbstmord meiner Mutter. Da ist es mir natürlich nicht gelungen, einen heiteren Ausklang zu finden.

Frage: Kann man sagen, daß der »Kurze Brief« so etwas wie einen Wendepunkt in ihrem Schreiben markiert? Hin zur Verwendung herkömmlicher Erzählmuster?

Handke (lacht): Daß ein Schriftsteller mal einen Wendepunkt hat, ist auch, glaube ich, eine Ideologie der bürgerlichen Literaturbeschreibung. Das geht bei mir viel widersprüchlicher vor sich. Jetzt habe ich eine Geschichte geschrieben, die hat nicht mehr diesen utopischen Glanz, einfach, weil es mir dann nicht mehr entsprochen hat. Das geht so hin und her. Ich sehe nicht diese Abschnitte in meinem Leben. Sonst wäre ich ja wirklich so ein Künstler, wie er im Buch steht...

Frage: Haben Sie deswegen ein schlechtes Gewissen, weil Sie doch mal geschrieben haben: »Ich kann in der Literatur keine Geschichten mehr vertragen«?
Handke: Ein schlechtes Gewissen habe ich nicht. Ich weiß nur, daß da ein Widerspruch besteht. Als ich den Roman »Der Hausierer« schrieb, dachte ich: Warum braucht man zum Lesen eine Geschichte? Es genügte doch, Sätze zu abstrahieren, so daß der, der es liest, nicht gezwungen ist, eine Geschichte zu lesen, sondern sich in den Sätzen selber mitlesen kann. Inzwischen hat sich das einfach »körperlich« geändert. Ich bin jetzt der Meinung, daß eine Fiktion nötig ist, eine reflektierte Fiktion, damit die Lesenden sich wirklich identifizieren können. Und Identifikation möchte ich schon erreichen.
Frage: Das ist also mehr Rücksicht auf den Leser als ein neuer Bewußtseinsstand, den Sie in der Reflexion erreicht haben?
Handke: Aber insofern ich mich selber auch als Leser dieser Geschichte betrachte. Weil ich auch selber ein Bedürfnis habe, mich in Fiktionen zu lesen. Ich würde mich nicht mehr dafür interessieren, bloß grammatikalische Ableitungen oder einzelne Sätze zu lesen.
Frage: Kann es vielleicht sein, daß Sie sich damals das Geschichtenerzählen noch nicht so zutrauten?
Handke: Zugetraut habe ich es mir schon. Ich habe es ja auch gemacht, nur völlig übertrieben. In dem Prosastück »Der Einbruch eines Holzfällers in eine friedliche Familie« wird ja unglaublich fabuliert, aber bösartig, so daß das Fabulieren ein Hohn ist. Im »Kurzen Brief zum langen Abschied« habe ich es auf eine beiläufigere Weise gemacht. Wohl besteht die Geschichte auch wieder aus einzelnen Sätzen, aber die Sätze sind diesmal in einem Rhythmus drin. Das heißt nicht, daß die Geschichte, die Fiktion, jetzt das Wichtigste geworden ist. Die Sätze stellen sich eben nicht mehr so selber vor, wie ich das früher immer gemacht habe. Es erscheint mir jetzt zu aufdringlich, immer zu zeigen: So, jetzt schaut euch mal diesen Satz an!
Frage: Geht es jetzt weniger um die Sprache?
Handke: Das ist nicht der Fall. Die Arbeit ist noch immer die gleiche. Ich versuche, an jedem einzelnen Satz zu zeigen, wie die Sätze vorher gemacht wurden, so daß das immer ein wenig Zitatcharakter hat. Schon der erste Satz: »Die Jefferson Street ist eine stille Straße in Providence« ist ja eigentlich ein Zitat; es ist kein unmittelbarer Satz. Aber trotzdem wird nicht versucht, eine pure Zitiermethode

zu verwenden, sondern ich frage: Wie stellt sich dieses Erlebnis im allgemeinen gesellschaftlichen Zitatvorrat dar? Und wie kann man dieses Zitat aufbrechen und ein bißchen Subjektivität hineinbringen?

Frage: Wie wird es weitergehen? Können Sie sich vorstellen, eines Tages einmal Charaktere zu erfinden?

Handke: Das ist nicht unmöglich. Auch in dieser Erzählung gibt es ja zumindest schon Andeutungen von Charakteren. Die Personen, die da auftreten, sind nicht nur Vertreter irgendeiner Rolle, einer soziologischen Rolle, sondern sie haben Eigenheiten, Ticks und private Anwandlungen.

Frage: Literatur war für Sie einmal eine Möglichkeit, die Angst zu überwinden, als Person ein Einzelfall zu sein. Nun machen ja viele politische Gruppen das gleiche: sie geben ihren Migliedern das Gefühl, den Halt, mit ihren Ängsten und ihrem Unterdrücktsein nicht individuell vereinzelt dazustehen, indem sie es auf gesellschaftliche Ursachen zurückführen, Stichwort Entfremdung. Kann man da von Parallelen sprechen? Sehen Sie da eine Ähnlichkeit in der Funktion von Literatur und politischer Arbeit in der Gruppe?

Handke: Das hat wahrscheinlich die gleiche Funktion, aber eine grundsätzlich verschiedene Methode. Literatur ist für mich eine Methode, die freier läßt, die nicht alles aufklärt und die, wenn etwas unklar ist, auch die Notwendigkeit zeigt, daß es bis jetzt noch unklar ist. Während so eine präzise politische Fiktion ja alles aufklärt. Da weiß man halt dann genau, woran man ist. Aber es geht unglaublich viel verloren, und vieles von den Bedürfnissen wird unterdrückt.

Frage: Für Sie selber hat Literatur noch diesen Effekt, von dem Sie damals sprachen?

Handke: Ja.

Frage: Welche Rolle spielt Wittgenstein für Sie?

Handke: Er hat insofern eine Rolle für mich gespielt, als ich beim Schreiben nie versuchte, eine *eigene* Sprache zu finden, originell Sprache »zu schöpfen«, weil ich das für ziemlich zickig halte. Aber Wittgenstein hat mich nicht beeinflußt im Sinne einer Philosophie. Damit kann ich dann nicht soviel anfangen. Er ist eine Grundlage für die Arbeitsmethode.

Frage: Wen lesen Sie denn von unseren zeitgenössischen Autoren am liebsten?

Handke: Ich habe Thomas Bernhard früher gern gelesen. Wegen diesem »Positiven«, was ich erreichen möchte, habe ich das aber in letzter Zeit nicht mehr so gelesen; es ist mir eine zu finstere, zu gleichbleibende Welt geworden.

Frage: Findet man das überhaupt noch bei anderen erstzunehmenden Schriftstellern, dieses Optimistische?

Handke: Sie dürfen das nicht mißverstehen. Nicht, daß man da ein ganzes Buch schreibt, nur optimistisch. Mein Buch ist ja ganz widersprüchlich. Es hört nur so freundlich auf.

Frage: Aber es liest sich durchweg befreiter als der »Tormann«.

Handke: Das war finsterer, da wurde linear so ein Fall vorgeführt. Diese neue Geschichte entspricht einfach mehr meiner Reflexion, meinen Gefühlen, meinem Zustand. Ich war glücklich, als ich sie geschrieben hatte, weil ich das Gefühl hatte, daß es meiner Situation entspricht: daß es so durcheinander geht, daß nicht versucht wurde, eine formale Harmonie zu erreichen, eine Linearität zu behaupten, die ich nicht habe. Ich habe mich zum erstenmal richtig formuliert.

Frage: Lesen Sie eigentlich Kritiken über Ihre Bücher?

Handke: Ein paarmal hat mir das schon Spaß gebracht. Was Baumgart jetzt über »Der kurze Brief zum langen Abschied« geschrieben hat in der »Süddeutschen«, fand ich schön. Das war eines der ersten Male in meinem Leben, daß ich mich wiedererkannt habe. Da ist man irgendwie froh drüber. Wenn woanders geschrieben wird, das sei großartig und toll, macht mich das dagegen ganz unzufrieden.

Frage: Der Erfolg, den Sie haben, macht Ihnen der manchmal Kummer?

Handke: So groß ist der doch nicht. Was nennen Sie Erfolg?

Frage: Ihre unbestrittene Position als einer der bekanntesten Schriftsteller Ihrer Generation. Kommt Ihnen das komisch vor?

Handke: Ja, schon. Das kommt einem schon komisch vor. Aber es gibt ja einen Satz von Pascal: Jeder hat eine Stellung, ist irgendwas – nur nicht in seinem Zimmer, mit sich allein. Wenn man allein ist, hat das keine Bedeutung mehr.

Frage: Ihnen wird heute niemand mehr ein Manuskript ablehnen. Haben Sie manchmal Angst, daß Sie Ihren Namen mit einem schlechten Werk ruinieren?

Handke: Was soll ich dazu sagen? Natürlich ist das möglich. Wissen Sie, ich nehme das Schreiben halt so ernst, für mich ist das so eine ernsthafte Beschäftigung, daß ich nicht aufhören werde, glaube ich, zumindest eine gewisse Sorgfalt anzuwenden.

Frage: Dieter Wellershoff schrieb einmal: »Man kann mit einiger

Berechtigung die Perspektive auch einmal umdrehen und das Schreiben von Büchern als eine Vorbedingung und Vorbereitung für den öffentlichen Auftritt interpretieren.« Wie schmeckt Ihnen dieser öffentliche Auftritt? Ist das Schreiben wichtiger?
Handke: Ich fühle mich viel wohler, wenn ich schreibe.
Frage: Wie ist denn das so mit Lesungen und Interviews? Bringt Ihnen das Spaß?
Handke: Manchmal schon. Manchmal tritt eine Entspannung und Ruhe ein bei solchen Gesprächen, die dann auch zu Erkenntnissen führen kann. Interviews mache ich selten. Ich glaube, die Leute interessieren sich im Grund gar nicht für mich. Das finde ich auch angenehm.
Frage: Sind Sie eigentlich mit Ihrem Beruf zufrieden?
Handke: Ich kann wohl sagen, daß ich mit einem anderen Beruf noch unzufriedener wäre.
Frage: Was haben Sie so für Pläne?
Handke: Mal wieder ein Stück schreiben, wo man nicht so ehrlich sein muß wie bei so einer Geschichte. Außerdem interessieren mich immer mehr die richtig realistischen Schriftsteller, die aber gleichzeitig eine Menschenfreundlichkeit ganz genau beschreiben, wie Theodor Fontane oder eben auch Gottfried Keller. So was zu erreichen: den gesellschaftlichen Umkreis genauer zu beschreiben, als ich es bisher gemacht habe. Bei Amerika wäre es ja schwer, weil es so riesig ist, aber bei einem kleineren Land wie Österreich vielleicht: die politischen Umstände mitzubeschreiben in einer individuellen Geschichte – die individuelle mit einer allgemeinen zusammenzubringen.
Frage: Das hört sich ja fast so an wie Realismus.
Handke: Ja, ja. Doch. Das will ich mal versuchen. Allmählich interessiert mich das.
Frage: Wie sähe das wohl aus, wenn Sie »realistisch« schreiben würden?
Handke: Das weiß ich so nicht. Das muß sich dann von Satz zu Satz entscheiden. Schauen Sie, diese Kolportage im »Kurzen Brief zum langen Abschied« (daß der Held einen elektrischen Schlag kriegt aus einer Batterie) ist ja auch eine eigenartige Kolportage. Das hat mir auch Spaß gebracht, weil es so überdreht ist. Es ist ja ganz etwas anderes als diese ungenierte Kolportage etwa bei Simmel. Ähnlich wird es dann wohl auch in einer realistischen Geschichte sein.
Frage: Sie sagten, »von Satz zu Satz« würden Sie entscheiden. Können

Sie sich denn vorstellen, einen Charakter vorplanend anzulegen, um an ihm etwas zu explizieren?
Handke: Das kann ich mir schon vorstellen. Wie gesagt, bei einem kleineren Staatsgebilde, das noch ein bißchen überschaubarer ist, kann man das schon machen, diese Wechselwirkung zwischen Individuum und Gesellschaft zu beschreiben. Für die Bundesrepublik wäre das sicher schon schwieriger: das müßte sicher ein Roman von fünf Bänden sein.
Frage: Musil hat für Österrech auch schon 1 600 Seiten gebraucht.
Handke: Ja, man braucht wahrscheinlich eher mehr, damit das nicht anekdotisch bleibt.
Frage: Sie hätten keine Scheu, einen dicken Roman zu schreiben?
Handke: Eigentlich nicht. Später, vielleicht in zehn Jahren, vielleicht schaffe ich das dann, vielleicht weiß ich dann soviel.

Postskriptum

Peter Handke, 1942 in Griffen (Kärnten) geboren, hat diesen »dicken Roman« bis heute nicht geschrieben. Immerhin aber faßte er seine letzten Bücher – die Erzählung »Langsame Heimkehr« (1979), den Prosatext »Die Lehre der Sainte-Victoire« (1980), die Erzählung »Kindergeschichte« (1981) und das »Dramatische Gedicht« mit dem Titel »Über die Dörfer« (1981) – zu einer Tetralogie zusammen, während er zuvor stets den Einzelcharakter seiner Bücher und Theaterstücke betont hatte. Im Juni 1966 wurde sein Theaterstück »Publikumsbeschimpfung« mit großem Echo aufgeführt, sein im selben Jahr veröffentlichter experimenteller Roman »Die Hornissen« blieb – wie der folgende Roman »Der Hausierer« (1967) – im wesentlichen ein Erfolg bei der Kritik. Die komplexe Struktur seiner Texte – etwa auch der Erzählungen »Begrüßung des Aufsichtsrats« (1967) – begünstigte, daß Handke schnell zum Inbegriff einer neuen, die experimentellen Formen der sechziger Jahre aufgreifenden Literatur wurde. In seinem Theaterstück »Kaspar« (1968) wurde der sprachreflexive Impuls der früheren Arbeiten des Autors besonders sinnfällig. Die Erzählung »Die Angst des Tormanns beim Elfmeter« (1970) bot erstmals eine Handlung nach herkömmlichen Muster. Der Spaß am ungezwungenen Erzählen wurde in »Der kurze Brief zum langen Abschied« (1972) am deutlichsten. Der Text über den Selbstmord seiner Mutter, von dem im Interview die Rede ist, erschien noch im selben Jahr unter dem endgültigen Titel »Wunschloses Unglück«. Der Band »Als das Wünschen noch geholfen hat« (1974) enthielt neben Fotos und Aufsätzen zwei Langgedichte, in denen das autobiographische Moment bei Handke bisher am deutlichsten hervorgetreten ist, deutlicher selbst als in dem Journal »Das Gewicht der Welt« (1977), in dem die Person des Autors zwar präsent ist, aber nur insofern sie als Medium für unmittelbare Notate aus dem Alltag fungiert. Die Texte »Falsche Bewegung« (1975) und »Die linkshändige Frau« (1976) waren als Vorlagen für Filme nur bedingt als Erzählungen zu werten. Die zaghafte Einbettung von Alltagserfahrungen und von präzise wahrgenommenen Irritationen in eine zusammenhängende Geschichte gelang Handke bisher wohl am besten in seiner Erzählung »Die Stunde der wahren Empfindung« (1975). Das Leben der Hauptfigur wird darin auf die nicht eben optimistische Formel gebracht: »Irgendwie würde die Zeit schon vergehen: das war das Widerwärtigste.« Es gibt aber auch Augenblicke von Hoffnung: »Plötzlich ergriff ihn eine tiefe Freude über die Zeit, die jetzt vor ihm lag. Er brauchte eine Arbeit, deren Ergebnis verbindlich und unverrückbar wäre wie ein Gesetz!« Darin klingt zugleich eine Vorwegnahme jener neueren Bücher Handkes an, die von der schlichten Erzählform wegführend einen Anspruch auf klassische Geltung schon in der Form anmelden – und damit (mit Ausnahme der »Kindergeschichte«) eher befremdend als irritierend wirken.

Hauptsache, du verstehst, was ich meine
Der Erzählton in der Lyrik

> »Jetzt schreiben sie alle
> einen ziemlichen flotten Stil,
> knallhart, anbetungswürdig banal,
> mit ein paar eingestreuten surrealistischen
> Tatsachen, ein paar Kleinigkeiten
> in Lebensgröße und, ohne viel Worte,
> jede Menge Übertreibungen.«
> Wolf Wondratscheck, »Männer und Frauen«

Wer Ende der sechziger Jahre prophezeit hätte, daß der Lyrik eine neue Blüte bevorstehe, der wäre vermutlich ausgelacht worden. Damals hatte man genug damit zu tun, der Literatur insgesamt den Totenschein auszustellen, als daß man ausgerechnet auf den zartesten ihrer Ableger, das Gedicht, irgendetwas gegeben hätte. Was sollten Verse? Flugblätter galt es zu formulieren, Reime für Sprechchöre zu finden. »Holen wir die geschriebenen Träume von den brechenden Bücherborden der Bibliotheken herunter und drücken wir ihnen einen Stein in die Hand«, forderte zum Beispiel Peter Schneider.

Der Zusammenhang von Studentenrevolte und Entwicklung unserer Literatur ist so oft strapaziert worden, daß man ihn mittlerweile für ein Klischee halten könnte. Das wäre indes voreilig. Denn diese Revolte war lautstarker Ausdruck einer umfassenden Erschütterung der westlichen Kultur. Die Lust der Studenten, Solidarität sofort zu praktizieren und nicht erst lange über den Umweg von Literatur herbeizusehnen, hatte im übrigen ganz konkrete Konsequenzen für die Autoren. Peter Schneider: »Solange ich aktiv an der Revolte teilnahm, habe ich außer Flugblättern und Reden nichts Nennenswertes zustande gebracht.« Und er war kein Einzelfall.

Es wäre verfehlt, heute (von welchem Podest auch?) überheblich zurückzublicken. Man darf nicht vergessen, welche Nachrichten und Bilder seinerzeit die Tagesschau eröffneten. Wir Jüngeren zweifelten damals an vielem und recht pauschal auch an der Berechtigung des Schönen (wir waren damit nicht die ersten, gewiß nicht), während weit weg und doch vor aller Augen vietnamesische Dörfer mit einer Bombe belegt wurden, deren geleeartige Substanz sich in die Haut ihrer Opfer fraß und selbst unter Wasser nicht völlig zu löschen war. Und manch Älterer, etwa ein arrivierter Lyriker wie Hans Magnus Enzensberger, hielt inne und tat es kund.

Daß es allerdings ausgerechnet die Literatur so vehement traf, hätte stutzig machen sollen. Steckte hinter all diesen Angriffen nicht enttäuschte Liebe: enttäuscht, aber zum Aufblühen wieder bereit? Liest man jenes »Kursbuch 15« (1968), das angeblich den Tod der Literatur ausrief, heute noch einmal, so stößt man schon dort auf einschränkende Formulierungen, etwa einen Satz von Enzensberger, daß das Geräusch der Säge darüber hinwegtäusche, »wie dick der Ast noch ist, auf dem sie sitzt, die Literatur«.

Und war man denn wirklich so überrascht, als derselbe Enzensberger schon 1971 seine Gedichte in einem Band neu sammelte und im hinteren Fünftel versteckt offenbarte, daß er in den letzten zwei, drei Jahren als Poet weitergearbeitet hatte? Ironisch schottete er seine Verse gegen mögliche Angriffe ab: »Schlafen, Luftholen, Dichten: / das ist fast kein Verbrechen.« Und in einem anderen Gedicht, in dem er die »lieben Kollegen« und die Skrupel vor dem eigenen Metier anspricht, fragt er offensiv: »Warum gebt ihr nicht zu, / was mit euch los ist / und was euch gefällt?«

Das war vielleicht nicht unbedingt ein neuer Ton in Enzensbergers Lyrik, der sich ja immer schon eine gewisse Lässigkeit im Gedicht gestattet hatte, aber diese Sprechweise war doch nicht typisch für jene Gedichte aus seinen früheren Bänden (»verteidigung der wölfe«, 1957; »landessprache«, 1960; »blindenschrift«, 1964), mit denen er einst berühmt geworden war. Der Ton war nicht äußerlich: als Sprachgestus trug er von vornherein Bedeutung mit, war selbst eine Aussage. Sie lautet: Wir wissen um die Fragwürdigkeit unseres Geschäfts, wir wissen auch, daß es manchen Widerspruch zu dem gibt, was wir gestern sagten, doch daß wir solche Widersprüche nun zeigen können, befreit, und diese Befreiung soll sich auch dem Leser mitteilen.

Es war dies genau der Ton, den jüngere Autoren bald aufgriffen. Angeregt und unangestrengt sprach man im Gedicht plötzlich wieder von scheinbar privaten Problemen, alles ein wenig unterkühlt und mit einem Unterton von: Ich spreche jetzt mal bewußt ein wenig von mir, ihr wißt es schon richtig einzuschätzen. Tatsächlich gab es in der Lyrik nun wieder ein Gegenüber: das waren auf jeden Fall die Kollegen, wahrscheinlich ein Teil der Generationsgenossen und vielleicht noch einige darüber hinaus. Mit Lesern wurde gerechnet, auf sie wurde hingeschrieben. Zu lange hatte man sich selbst zurückgenommen, für alle eigenen Probleme eine gesellschaftliche Ursache gewußt und sich gegenseitig mit einem Automatismus der politischen Begriffe geblendet. Nun wollte man keineswegs ins Gegenteil verfallen, aber doch Zweifel und Unbehagen an der zur Schau getragenen Selbstgewißheit artikuliert sehen und selbst aussprechen.

Gleich eine ganze Reihe junger Lyriker stellte sich Anfang der siebziger Jahre vor. Ihre Namen: Jörg Fauser, Ludwig Fels, Karin Kiwus, Klaus Konjetzky, Ursula Krechel, Roman Ritter, Jürgen Theobaldy. Andere, bereits bekannte Autoren aus dieser Generationsgruppe (alle – bis auf Ursula Krechel und Ludwig Fels – noch im Krieg geboren, mit einer Häufung in den Jahren 1943 und 1944) traten ihnen zur Seite, sofern sie nicht sogar Vorreiter waren: F. C. Delius, Rolf Dieter Brinkmann, Peter Handke, Wolf Wondratschek, Peter-Paul Zahl. Ältere Autoren variierten den Ton in einzelnen Gedichten oder auch ganzen Lyrikbänden: neben Enzensberger besonders Jürgen Becker (in seinem Gedichtband »Erzähl mir nichts vom Krieg«, 1977), Nicolas Born, Rolf Haufs, Peter Rühmkorf und Hannelies Taschau – wobei sich zeigte, daß manche nur Nuancen des Bisherigen stärker betonen mußten, um dabei zu sein, ohne sich dem Vorwurf der Anpasserei auszusetzen. Später kamen noch einige Spätdebütanten aus den Reihen der in den dreißiger Jahren Geborenen hinzu: Michael Buselmeier, Rainer Malkowski und Dieter E. Zimmer.

Spätestens um 1975 herum war die Überraschung zur Erkenntnis geworden: Es gab eine neue Lyrik, eine gemeinsame Sprechweise zahlreicher Autoren, die allerdings niemals als Gruppe auftraten. Doch der Zusammenhang der Gedichte, für die schnell ein Stempelwort geschnitzt wurde (»neue Subjektivität«), war offensichtlich. »Was diese Poeten, ungeachtet ihrer individuellen Spielfarben, verwandt erscheinen läßt«, schrieb in jenem Jahr Peter Rühmkorf, »ist die meist recht unzimperlich selbstbewußte Herauskehrung eines Ich von ziemlich gleicher Herkunft (klein- bis mittelbürgerlich), ähnlichem sozialen Status (literarisches Wanderarbeitertum) und vergleichbarem politischen Werdegang (...) Fast bei allen in Frage stehenden Autoren datiert die Geburtsstunde des neuen Ich-Gefühls mit Zerfall der Studentenbewegung.« Was war das neue an dieser Lyrik, und warum wirkte die gemeinsame Sprechweise so überraschend?

Rückblick: auf poetologische Leitsätze von ehemals

An dieser Stelle ist eine kurze Rückbesinnung auf die deutsche Lyrik der fünfziger und sechziger Jahre angebracht. Denn so paradox es klingt: weitgehend ist der Ton der neuen Gedichte eine Antwort auf das lyrische Verständnis von damals.

Tatsächlich wußte man in jenen Jahren sehr genau, wie das moderne Gedicht auszusehen hatte. Viel Papier wurde mit poetologischen Leitsätzen gefüllt, zwei theoretische Arbeiten errangen fast kanonische Geltung. Da war einmal Benns Beitrag »Probleme der Lyrik« aus dem Jahre 1951, zum anderen Hugo Friedrichs Studie zur »Struktur der modernen Lyrik«, die 1956 zuerst erschien (und zehn Jahre später bereits eine Auflage von hunderttausend Exemplaren hatte). Benn verbat unter anderem den Wie-Vergleich (statt »sein Haar war weiß wie Schnee« durfte der Lyriker knapp vom »Schnee des Alters« reden) und definierte das Gedicht generell als »das Unübersetzbare«. Friedrich verkündete kategorisch: »Moderne Lyrik scheidet nicht nur die private Person, sondern auch die normale Menschlichkeit aus.« Er bezog seine Kriterien von der französischen Lyrik, in diesem Fall von Mallarmé. Stichworte lauteten »Phantasie statt Wirklichkeit« und »Faszination durch Dunkelheit und Sprachmagie«.

Diese Überzeugungen hatten ihre Wirkung: Sie galten weitgehend unangefochten im Deutschunterricht und an den Universitäten. Gedichte von Brecht? Die gab es, aber man kannte sie kaum (er war der Erfinder des »epischen Theaters« und sonst gar nichts). Es kam ja die Vorstellung hinzu, daß Literatur sich die Finger nicht schmutzig machen durfte. Über das »Vergangene« wollte man lieber nur in Chiffren sprechen. Wie die westdeutsche Germanistik sich nach dem Krieg in panischer Angst vor allem Ideologischen auf die reine Werkbetrachtung zurückzog, so kaprizierte sich die Lyrik immer mehr auf die Andeutung, die Aussparung, auf Verknappung und Dunkelheit. Böswillig gesprochen, könnte man sagen: Die Autoren lieferten der Wissenschaft genau jene Produkte, über die sie sich mit ihrer immanenten Methodik beugen konnte.

Damit soll die Leistung von Lyrikern wie Ingeborg Bachmann, Paul Celan, Günter Eich oder Karl Krolow ganz und gar nicht geringgeachtet werden. Deren Gedichte waren unter anderem auch ein Protest gegen den vormaligen Entartungs-Vorwurf der Nazis. Und – das darf man nicht vergessen – was dabei herauskam, war vielen Bürgern schon wieder ein Dorn im Auge. Eine Zeitlang konnte sich diese Lyrik nicht nur Beachtung, sondern auch Gegnerschaft sichern, bis hin zu jenem Leserbriefsturm, der noch 1960 über die »Frankfurter Allgemeine« hereinbrach, als man das Gedicht »eia wasser regnet schlaf« von Elisabeth Borchers abdruckte.

Mitte der sechziger Jahre erlahmte das Interesse. In den eigenen Reihen formulierte sich Widerstand. Das kulturkritische Gewitter, das sich ein paar Jahre später in Hörsälen und auf Straßen entlud, kündigte sich an. In einem Aufsatz mit dem fragenden Titel »Am Ende eines Lyrischen Jahrzehnts?« warf Horst Bienek der deutschen Lyrik vor: »Sie steckt tief in einem neuen Akademismus. Sie hat mit unserer Realität (...) nichts mehr zu tun. Sie lebt von Konventionen, von Übereinkünften, von einem festgelegten poetischen Inventarium, einem Kanon, der bei Kennern ganz bestimmte Gedanken auslöst, bei Nichteingeweihten auf Verständnislosigkeit, zumindest auf ein Gefühl der Befremdlichkeit (...) stößt.«

Etwas Neues war allerdings längst da: das politische Gedicht. Noch bevor die Studenten auf die Straße gingen, tauchte »Vietnam« in der Lyrik auf. Das politische Gedicht harrte seiner Entdeckung. Derartiges war nämlich in den Jahren zuvor auch geschrieben worden, als Gesamterscheinung weitgehend unbeachtet: mit der hermetischen Schreibart verquickt von Enzensberger (sein Gedicht »bildzeitung« stammt aus dem Jahre 1955), auf Sprachartistik und Klartext gleichermaßen ausgerichtet von Erich Fried. Jüngere Autoren zogen nun nach (Anfried Astel, Yaak Karsunke, um nur zwei Namen zu nennen). Und noch zur Zeit ihres Aufstiegs wurden die politischen Verse auch bereits verspöttelt: »sie kommen ans Ziel, sie kommen ans Ziel: / zuerst ins Feuilleton und dann in die Anthologie: / Die Napalm-Metapher und ihre Abwandlungen / im Protestgedicht der sechziger Jahre« – so Günter Grass 1966 in einem poetischen Kommentar.

Eine solche Pauschalversammlung war ungerecht, denn einzelne Beispiele der politischen Lyrik bewiesen Scharfsicht und -sinn, Sprachwitz und vor allem Betroffenheit. Aber insgesamt war dieser Gedichttyp nicht als Antwort auf die verschlüsselten Verse zurückliegender Jahre tauglich. Statt wie diese auf das Unsagbare abzuzielen, wurde nun das Naheliegende nur gut formuliert, auf die Pointe gebracht. Hier wie dort war jener Vorwurf angebracht, den dann Rolf Dieter Brinkmann 1969 im Nachwort der Anthologie »ACID« erhob: »Vor lauter Abfassen von Wörtern wird nichts mehr gesehen.«

Gedichte – so einfach wie Songs

Eine neue Natürlichkeit war gefordert. Die amerikanischen Gedichte, die durch Brinkmann und andere übersetzt und bekannt gemacht wurden, fungierten als Vorbild. Amerika – das war auch für jüngere Autoren eine ungestillte Sehnsucht, die das Vietnam-Trauma nicht tilgen konnte. Brinkmanns wichtigster Gedichtband hieß nicht zufällig »Westwärts 1 & 2«. Er erschien 1975 (im selben Jahr wurde der Autor in London Opfer eines Verkehrsunfalls). »Ich hätte gern viele Gedichte so einfach geschrieben wie Songs«, erklärte Brinkmann im Vorwort.

Brinkmanns Gedichte bilden einen Höhepunkt innerhalb der Lyrik dieses Jahrzehnts. So enthemmt und zugleich lakonisch, so vital und zugleich präzise im Blick hat in der Zeit vor und nach ihm kaum einer geschrieben. Er konnte aus einer banalen Situation in einer Snackbar irgendwo, aus dem Blick des Barmanns auf ein Mädchen, das Tee trinkt, ein wirkliches Gedicht machen, ohne mehr zu beschreiben als genau das, was er sah. Eine schwarze Strumpfhose, die zum Trocknen auf einem Draht hängt, wurde ihm zum Gegenstand melancholischer Zeilen, wobei nur der Titel den Gegenstand ein wenig erhob, ohne ihn jedoch zu mystifizieren: »Trauer auf dem Wäschedraht im Januar«. Ein Gedicht über einen Sommeraugenblick in einer westdeutschen Großstadt hört mit einer für diese Lyrik symptomatischen Wendung auf:

Einen jener klassischen

schwarzen Tangos in Köln, Ende des
Monats August, da der Sommer schon

ganz verstaubt ist, kurz nach Laden
Schluß aus der offenen Tür einer

dunklen Wirtschaft, die einem
Griechen gehört, hören, ist beinahe

ein Wunder: für einen Moment eine
Überraschung, für einen Moment

Aufatmen, für einen Moment
eine Pause in dieser Straße,

die niemand liebt und atemlos
macht, beim Hindurchgehen. Ich

schrieb das schnell auf, bevor
der Moment in der verfluchten

dunstigen Abgestorbenheit Kölns
wieder erlosch.

Das Schreiben soll den Eindruck des Nebenbei erwecken. Man schreibt Gedichte, aber macht nicht viel Aufhebens davon (jedenfalls gibt man es vor). Wie selbstverständlich tauchen die Autoren als Dichter in ihren eigenen Versen auf. Sie erleben sich als Teil einer Generation, deren Geschichte sie erzählen. Manche Gedichte lassen sich fast referieren, so wie das von F. C. Delius über die arbeitslose Soziologin im Maklerbüro aus dem Band »Ein Bankier auf der Flucht« (1975): Ihre Diplomarbeit – »Zum Problem des Klassenbegriffs bei Marcuse« – kam »von Suhrkamp abgelehnt« zurück, nun vermittelt sie Wohnungen.

Oft ist auch schon vom Älterwerden die Rede, etwas ironisch noch und generationsspezifisch detailliert. Derselbe Autor beschreibt in seinem Gedicht »Einsamkeit eines alternden Stones-Fans«, wie einer, der über dreißig ist, sich im Plattenladen, der nun »Diskshop« heißt, als Veteran fühlt und zügig die neue Platte seiner alten Gruppe kauft, neben sich »die 10 oder 15 Jahre jüngeren Typen, / die längst was anderes hören«. Oder wie genau fassen zwei Zeilen aus Ursula Krechels Gedichtband »Verwundbar wie in den besten Zeiten« (1979) die veränderte Situation: »In der Schule sprechen schon die Lehrer / von der Solidarität gegen die Schüler.« Das sind nicht die besseren Zeiten, von denen man einmal träumte: damals – ein Damals, das sich selbst nun schon zu den »besten Zeiten« verklärt. Viel Resignation spielt hinein und heiteres Selbstmitleid.

Die Politik? Sie taucht wie ein ferner Klang auf, etwas schlechtes Gewissen spielt dabei eine Rolle, daher die Scham eines linken Lyrikers, wenn ihn vor der Mensa einer »anhaut« (»Genosse, hast du schon unterschrieben?«) – so in einem Gedicht von Michael Buselmeier aus dem Band »Nichts soll sich ändern« (1978). Wo die Politik in den Alltag hineinspielt, wird sie zur Kenntnis genommen: Terrorismus und politische Auswirkungen werden verschiedentlich thematisiert, etwa die Angst vor dem weiteren Abbau bürgerlicher Freiheiten – sie wird subjektiv erfahren: »Was denn würdest du tun / wenn sie jetzt in ihren Ledermänteln eindrängen / mitkommen sagten / deine blöde Frage mit einem Fausthieb in den Magen beantworteten«. So in Dieter E. Zimmers Lyrikbuch »Ich möchte lieber nicht, sagte Bartleby« (1978).

Die Liebe? Eine zerbrechliche Angelegenheit wie stets, und da die Nerven dünner geworden sind, noch eine Spur zerbrechlicher. Der Satz »ich liebe dich« kommt in den Gedichten der hier genannten Autoren nur einmal vor, und in diesem einen Fall wird er vorsichtig wie ein Geschenk übergeben, von dem man nicht glaubt, daß es heil beim Gegenüber ankommt:

Fragile

Wenn ich jetzt sage
ich liebe dich
übergebe ich nur
vorsichtig das Geschenk
zu einem Fest das wir beide
noch nie gefeiert haben

Und wenn du gleich
wieder allein
deinen Geburtstag
vor Augen hast
und dieses Päckchen
ungeduldig an dich reißt
dann nimmst du schon
die scheppernden Scherben darin
gar nicht mehr wahr

Der Autorin dieses Gedichts, Karin Kiwus, sind – in ihren Bänden »Von beiden Seiten der Gegenwart« (1976) und »Angenommen später« (1979) – zahlreiche, aphoristisch knappe und auch weiter ausholende Gedichte gelungen, in denen das veränderte Verhältnis der Geschlechter eingefangen wird. Keineswegs sind das immer zarte Töne, in ihrem Gedicht »Im ersten Licht« erscheint der männliche Partner nicht gerade im besten Licht:

Wenn wir uns gedankenlos getrunken haben
  aus einem langen Sommerabend
    in eine kurze heiße Nacht
wenn die Vögel dann früh
  davonjagen aus gedämpften Färbungen
  in den hellen tönenden frischgespannten Himmel

wenn ich dann über mir in den Lüften
weit und feierlich mich dehne
in den mächtigen Armen meiner Toccata

wenn du dann neben mir im Bett
deinen ausladenden Klangkörper bewegst
dich dumpf aufrichtest und zur Tür gehst

und wenn ich dann im ersten Licht
  deinen fetten Arsch sehe
    deinen Arsch
              verstehst du
  deinen trüben verstimmten ausgeleierten Arsch
dann weiß ich wieder
  daß ich dich nicht liebe
              wirklich
  daß ich dich einfach nicht liebe

»Anfang und Ende wiederholen sich / wie tote Jahreszeiten. / Nach jeder Liebschaft die nächste Erinnerung / und das Vergessen hinterher, / das nie aufhört« – so variiert Wolf Wondratschek das Thema in seinen Gedichten, die zu den erfolgreichsten der letzten Jahre überhaupt zählen. Seine bisweilen ins Liedhafte changierenden Verse kommen auch bei einem Publikum an, das sich für Lyrik sonst nicht interessiert. »Hauptsache, / (...) du verstehst, was ich meine«, heißt es in einem Gedicht, das sich zwar ironisch gegen die eigene Schreibweise wendet (»Jetzt schreiben sie alle / einen ziemlich flotten Stil«), aber sie doch zugleich bestens charakterisiert. Von Wondratschek gibt es in »Das leise Lachen am Ohr eines anderen« (1976) ein Gedicht, das bündig und refrainartig von den unerfüllten Sehnsüchten seiner Generation handelt:

In den Autos

Wir waren ruhig,
hockten in den alten Autos,
drehten am Radio
und suchten die Straße
nach Süden

Einige schrieben uns Postkarten aus der Einsamkeit,
um uns zu endgültigen Entschlüssen aufzufordern.

Einige saßen auf dem Berg,
um die Sonne auch nachts zu sehen.

Einige verliebten sich,
wo doch feststeht, daß ein Leben
keine Privatsache darstellt.

Einige träumten von einem Erwachen,
das radikaler sein sollte als jede Revolution.

Einige saßen da wie tote Filmstars
und warteten auf den richtigen Augenblick,
um zu leben.

Einige starben,
ohne für ihre Sache gestorben zu sein.

Wir waren ruhig,
hockten in den alten Autos,
drehten am Radio
und suchten die Straße
nach Süden.

Wondratscheks Gedichte sind in der Sprache der Zeitgenossen geschrieben: so, wie man sich unterhält. Aber sie verdoppeln die Wirklichkeit nicht, und sie reden der Umgebung nicht nach dem Munde. Die Geste des bloßen Zitierens und Demonstrierens ist diesen Gedichten nicht eigen. Was macht ihren Erfolg aus?

Wondratschek trifft Stimmungslagen. Er arbeitet plakativ, mit einfachen Worten und Wendungen (»Und die Liebesgeschichten, das Leben, der Tod? / Geträumt, verfilmt, vergessen«). Banalität und Pathos, Melancholie und Spott liegen hier so dicht beieinander, daß man es leicht hätte, Wondratscheks Texte als rührselig und kitschig abzutun. Ein Motiv wie Einsamkeit und Lebensüberdruß geistert unverblümt durch seine Gedichte. »Leben ist sinnlos wie Selbstmord / Und genau so leicht«, heißt es in »Chuck's Zimmer« (1974); »Überhaupt, wo anfangen / und warum heute?« lautet die Abwandlung in »Das leise Lachen am Ohr eines anderen« (1976), dem zweiten Gedichtband; und in »Männer und Frauen« (1978) klingt es so: »Jeder sucht nach etwas, das er nicht / finden will. Es soll ihn / töten.«

Mit Tod und Untergang wird gespielt wie in einer Horrorshow. Wondratschek pumpt dermaßen viel Naivität und Schwermut in seine Gedichte, daß sie eigentlich auseinanderplatzen müßten wie ein überdehnter Luftballon. Seine Kunst zeigt sich darin, daß die Verse diese diffusen und sentimentalen Stimmungen aushalten. Hier spricht einer für viele, indem er nichts von dem zurückhält, was an gedanklichen Halbfertigprodukten in den Köpfen herumgeht. Er zieht der gängigen Begrifflichkeit und dem kunstvollen Lyrizismus das triviale Bild vor.

Bevor man die Gedichte Wondratscheks als Ausdruck eines Rückzugs vor den Wirren und Auseinandersetzungen der Politik schilt, sollte man sich zumindest darüber klar sein, daß in ihnen ein verbreiteter Überdruß schonungslos zu Wort kommt: »die einen singen die Revolution / die anderen das Deutschlandlied – / alles so zwangsläufig wie Leben / und Sterben«. So spricht einer aus der Generation, die sich heute fragt: »Was ist aus der Geschichte mit / unserer Zukunft geworden?« Nicht aus Enzensbergers »Titanic«-Poem, sondern aus Wondratscheks »Deutschlandlied« stammen die Zeilen: »Ich fühl mich wie der letzte Dreck, / der letzte Mann an Deck eines Schiffes, / das immerzu untergeht.« Er beschwört eine Lage, in der »Freitod-Festivals stattfinden« (ein Bild, das wenig später von der Wirklichkeit schauerlich präzise eingeholt wurde).

Die Toten und die Stars, entnommen den Bildern des Kinos und den Mythen der Gegenwart, das sind die eigentlichen Helden, gegen die Manager, Politiker oder Terroristen (»High Noon in Lufthansajets«) wie Figuren aus einem anderen Leben wirken, die man ratlos anstarrt. Nah sind »James, Jimi und Janis« (James Dean, Jimi Hendrix und Janis Joplin), Tote allesamt. Aber auch sie taugen nicht zu einer Gegenwelt. Die Gedichte liefern den Sinn nicht nach, der denen abhanden gekommen ist, die »die Welterfolge des Westens langweilen«. Trost ist hier nicht zu finden, es sei denn im Einverständnis der Hoffnungslosigkeit. Nicht ohne Grund nennt Wondratschek seine Schöpfung »Gedichte und Lieder«. Er will lieber zur Gilde der Sänger als zu jener der gelehrten Poeten gehören. Tonfall und Logik seiner Ausdrucksweise begreift man am ehesten, wenn man sie mit angelsächsischen Beattexten vergleicht. Es ist überraschend, wie sich in dem Moment eine ganze neue Lesart der Texte ergibt, wenn man bei der Lektüre gleichzeitig die entsprechende Musik hört: ein neuer Rhythmus schwingt in ihnen mit.

Wondratschek hat das Liedhafte durch einfachen Strophenbau und häufige Kehrreime unterstrichen. Er ist alles andere als ein naiver Schriftsteller. Er arrangiert die Gefühlslage sorgfältig, die aus seinen Gedichten spricht. Doch sie wirken deswegen nicht konstruiert. Sie halten zwischen Kunstprodukt und Authentizität die Balance. Von allen Autoren der offenen, umgangssprachlichen Lyrik stößt er am weitesten an die Grenzen von Rührseligkeit und Banalität vor. Vielleicht ist sein Geheimnis, daß er in triviale Gefühle hineintaucht und doch nicht völlig in ihnen versinkt. Die Sehnsucht danach, irgendeiner Sehnsucht nachzuhängen, spricht aus diesen Gedichten. Auch das gehört zu unserer Wirklichkeit.

Leserfreundlichkeit oder plumpe Vertraulichkeit?

Charakteristisch für die Lyrik der siebziger Jahre ist die Momentaufnahme, die Alltagsnotiz. Nicht umsonst gibt es zahlreiche Orts- und Zeitangaben im Titel: »Ein Augenblick im Juni« (Rolf Haufs), »Am 7. September« (Hannelies Taschau), »Samstag-Gedicht« (Jürgen Theobaldy), »Bahnhof Lüneburg, 30. April 1976« (Nicolas Born). Unsere Umwelt taucht mit ihren banalen und konkreten Zeichen und Gegenständen auf: »die weißen Streifen am Fahrbahnrand«, die »Dosen mit Leberpastete und Trüffelcreme«, Supermarkt und S-Bahn-Station (hier in den Gedichten von Roman Ritter aus »Einen Fremden im Postamt umarmen«, 1975).

Auffällig ist der erzählende, ja bisweilen plaudernde Ton dieser Lyrik. Wie gesagt: man spricht den Leser an. Der monologische Zug, der noch für Benn beim modernen Gedicht außer Zweifel stand, fehlt fast völlig. Lebenssituationen werden über Seiten geschildert (»Leben ohne Poesie« von Peter Handke) und einmal sogar der Versuch einer buchfüllenden, autobiographischen Bilanz unternommen (in Klaus Konjetzkys »Poem vom Grünen Eck«, 1975). Die Wörter bezeichnen in den Gedichten der siebziger Jahre weitgehend und vor allem das, was man auch im Alltagsgespräch unter ihnen versteht. Nicht daß dabei den Versen Doppelbödigkeit vollkommen abginge – aber das einzelne Wort ist aus seiner Bedeutungsschwere entlassen und steht nicht mehr zunächst und vor allem in einem Verweisungszusammenhang. Etwas ganz Äußerliches eint denn auch alle hier genannten Lyriker: Die Regeln des »Dudens« haben wieder Geltung, egal ob es sich um die Groß- und Kleinschreibung oder um die Grammatik handelt. Ja selbst Punkt und Komma stehen fast überall wieder da, wo sie für Deutschlehrer hingehören.

Prognosen sind schwer zu stellen. Es fällt auf, wie deutlich in ihren Umrissen diese Lyrik heute schon vor uns liegt. Ist, was so überschaubar erscheint, nicht auch schon fertig? Unsere rasche Ermüdbarkeit, was Stile und Formen angeht, mag mit unserer Gewöhnung an rasche methodische Wechsel zusammenhängen, es kann bisweilen aber auch damit zu tun haben, daß eine Schreibweise ihre besten Beispiele bereits hinter sich hat. Wenn Jürgen Becker in seinem dritten Gedichtband »In der verbleibenden Zeit« (1979) seine Verse in eine neue Dunkelheit taucht, so könnte das ein Signal sein. Autoren wie Nicolas Born oder Peter Rühmkorf ließen sich ohnehin nie ganz auf die Alltagslyrik ein (und auch von Karin Kiwus gibt es manche hermetische Zeile). Alfred Kolleritsch oder Michael Krüger wären nur mit Mühe in das Schema der hier in Frage stehenden Lyrik zu pressen – von einem Autor wie etwa Ernst Meister ganz zu schweigen.

Und doch: Keine andere literarische Gattung hat sich in den siebziger Jahren so überraschend präsentiert und einheitlich formiert. Weder die gattungsübergreifenden Texte der Experimentellen noch das Drama oder die erzählende Prosa zeigten einen vergleichbaren gemeinsamen Impetus (allenfalls hatten sie einen Motivschwerpunkt: die Krise der Beziehungen). Das gilt jedenfalls für die Bundesrepublik, in der DDR gibt es eine andere Kontinuität, da dort andere Voraussetzungen herrschen. Die Lyrik ist das eigentliche literarische Ereignis des zu Ende gehenden Jahrzehnts – bei allen Einwänden, die gegen sie möglich sind.

An Kritik hat es nicht gefehlt. Ein regelrechter Streit entbrannte, als der westdeutsche PEN 1978 seine Herbsttagung der Lyrik widmete. Mangel an Kunstwillen wurde gerügt, von Selbstgenügsamkeit war die Rede und von erschreckender Beliebigkeit der Produkte. »Lyrischer Journalismus« lautete das Fazit der Gegner der neuen Lyrik. Eine Diskussion, die sich 1977 über einen ganzen Jahrgang der Zeitschrift »Akzente« hinzog, war von Jörg Drews mit folgenden Stichwörtern eröffnet worden: »Melancholie«, »Spannungslosigkeit«, »sanftes Selbstmitleid, »neue Naivität« und »simplizianische Freundlichkeit gegen Alltagsdinge«. Polemisch hatte als einer der ersten Peter Schneider schon einige Jahre vorher gegen die sich abzeichnende Tendenz gewettert: »Die Einzelheiten, die der Leser über Geschwister, Nachbarn, Großmütter und Frauen der Autoren erfährt, werden, da sie bloße Einzelheiten bleiben, zur ungebetenen Mitteilung, zur plumpen Vertraulichkeit. (...) Ist das Realismus? Das sind Realien. Die Wirklichkeit in Anführungszeichen zu setzen heißt nicht, sie zu beschreiben.« Die Befürworter hielten zugute: »Mitteilung aber statt Monolog, Erlebnis statt Idee, Wörter statt des Worts, Umgangssprache statt Chiffre« (Jürgen Theobaldy).

Man muß unterscheiden zwischen Schulmeisterei, der das Leichte und leicht Wirkende gleichermaßen verdächtig sind, und einem Anspruch, wie ihn etwa Ezra Pound mit Recht an einen Schriftsteller stellte: »Glaube nicht, daß sich ein kluger Mensch hinters Licht führen läßt, wenn du dich um die Schwierigkeiten der unsagbar schweren Kunst guter Prosa drückst, indem du deine Arbeit in regelmäßige Zeilen hackst!« Außer Frage steht, daß die junge Lyrikgeneration es verstanden hat, das Gedicht zu eine Zeit attraktiv zu machen, als man ihm am wenigsten Chancen geben wollte. Und bei einer Lyrik, die keine Geheimnisse will und Verklausulierungen nicht kennt, sind Mängel weitaus offenkundiger als bei der hermetischen Variante. Das Einfache ist vom Banalen nur durch einen kleinen Schritt getrennt. Das Mystische indes ist vom faulen Zauber auch nicht viel weiter entfernt.

Der gemeinsame Ton vieler Gedichte, die in den siebziger Jahren erschienen sind, hat bei Brecht und Tucholsky Ursprung und Vorbild; selbst bei Benn finden sich Zeilen, die eng dem Alltagsleben verhaftet bleiben: »Der Herr drüben bestellt sich noch ein Bier, / das ist mir angenehm, dann brauche ich mir keinen Vorwurf zu machen / daß ich auch gelegentlich einen zische.« Von Brecht hat die neue Lyrikgeneration vor allem diese Warnung verstanden: »Einige Lyriker, besonders Anfänger, scheinen, wenn sie sich in Stimmung fühlen, Furcht zu haben, aus dem Verstand Kommendes könne die Stimmung verscheuchen.« Die Lyrik der hier vertretenen Autoren geht mit Vorliebe durch den Kopf. Wenn es Ich heißt, so handelt es sich zunächst um ein autobiographisches Ich, ein Ich jedoch, das die Brille, die die eigene Lebensgeschichte ihm vor die Augen gesetzt hat, wahrhaben und wahrnehmen will. Es ist kein »lyrisches Ich« von gesichts- und geschichtsloser Allgemeinheit.

(1979)

Das Ende der Beziehungen
Über den Zustand der Liebe in neueren Romanen und Erzählungen

I.

> »Die Liebe ist in der Literatur ausreichend dargestellt worden, ihren Schilderungen kann nichts Neues hinzugefügt werden... Weil das so ist, d.h. weil die Literatur das Thema erschöpfend behandelt hat, warten wir heute nicht mehr mit geradezu atemloser Spannung darauf, zu erfahren, ob der Hans die Grete kriegt.«
> Alfred Andersch, »Winterspelt« (1974)

> »Über Liebe als Beziehung zwischen den Geschlechtern gebe es nichts Neues mehr zu berichten, das habe die Literatur dargestellt in allen Varianten ein für allemal, das sei für die Literatur, sofern sie diesen Namen verdient, kein Thema mehr – solche Verlautbarungen sind zu lesen; sie verkennen, daß das Verhältnis zwischen den Geschlechtern sich ändert, daß andere Liebesgeschichten stattfinden werden.«
> Max Frisch, »Montauk« (1975)

Die Frau ist dreißig Jahre alt. Eines Tages sagt sie ihrem Mann, der von einer mehrwöchigen Geschäftsreise zurück ist, ihr sei eine seltsame Idee gekommen, von der sie lieber nicht reden möchte. Als er darauf besteht, erklärt sie, in Zukunft lieber allein leben zu wollen. »Für immer?« fragt ihr Mann. Sie antwortet: »Ich weiß es nicht. Nur weggehen wirst du und mich alleinlassen.« Tatsächlich verläßt der Mann sie und das gemeinsame Kind.

»Die linkshändige Frau« und ihr Partner aus der Erzählung (1976) von Peter Handke stehen mit ihrer Trennung nicht allein. In der neueren Literatur fallen die Paare auseinander, als sei es ganz unrealistisch zusammenzuleben. Wie sich zwei Menschen begegnen, ist dort kein Thema mehr: wie sie sich verlieren, davon gibt es zahllose Varianten. Nicht immer geht es so slapstickhaft hurtig zu wie bei Handke. In Nicolas Borns Roman »Die erdabgewandte Seite der Geschichte« (1976) trennt sich ein Paar das ganze Buch hindurch. Am Schluß heißt es: »Es tat überhaupt nicht weh. Es war wie der Traum, tot zu sein«. Hannelies Taschau schildert in ihrem Roman »Landfriede« (1978) ausführlich, wie sich eine junge Frau allmählich von ihrem Freund löst. Andere Romane – Jurek Beckers »Schlaflose Tage« (1978), Wilhelm Genazinos »Die Vernichtung der Sorgen« (1978), Gerhard Roths »Winterreise« (1978) – demonstrieren die Unfähigkeit des Mannes, eine Partnerschaft zu erhalten und Krisen zu bewältigen. In Christoph Meckels Erzählung »Licht« (1978) wird die Trennung am Ende durch den Tod der Frau bewirkt, die sich aber im Grunde schon lange vorher abgewendet hat. Es sieht ganz so aus, als werde die Liebe heute erst von ihrem Ende her interessant.

Botho Strauß konzentriert sich in der Erzählung »Die Widmung« (1977) auf den Zustand nach der Trennung. »Keine Nachricht mehr von Hannah. Sie ist zurück zu den Fremden«, notiert Richard Schroubek aus Strauß' Erzählung in das Tagebuch einer Trennungs-Nachgeschichte, der verlorenen Geliebten zugedacht. Der Verlassene erkennt mit klarem Kopf: »Leidenschaft, Briefwechsel eventuell, Wahnsinnstaten gehören heute dem Ende allein, der Krise der Trennung, dem Gehen.« Denn heute, so notiert Schroubek, bereite es weniger Verlegenheit, das erste Mal mit einer Frau zu schlafen, als sie nach ihrem Nachnamen zu fragen. »Und wieviel Wahnsinnstaten, wieviel Briefwechsel, wieviel Kosenamen und wieviel Gesetz sind einmal aufgewendet worden, um dieser Willkommensgeste biographische Bedeutung zu verleihen!« Das Abenteuerhafte, das Romantische der ersten Begegnung – es muß lange her sein.

In kaum einer dieser Erzählungen oder einem dieser Romane erfährt man Näheres darüber, wieso gerade diese Frau und dieser Mann zusammenleben. Bei Botho Strauß hat sich der Held von Anfang an in seine Wohnung verkrochen, aus der die Freundin bereits verschwunden ist. Der größte Teil der Erzählung besteht aus Beobachtungen seines Zustandes, von dem es heißt: »Keine andere Form gewöhnlichen Scheiterns, weder Krankheit noch Ruin oder Versagen im Beruf, findet einen solch tiefen, grausamen Widerhall im Unbewußten wie die Trennung. Sie rührt unmittelbar an den Ursprung aller Angst und weckt ihn auf.«

Das Leiden am anderen kann in dem Moment, wo es am stärksten ist, im Augenblick der Trennung, auch in einen seltsamen Glückszustand umschlagen: Nun endlich dürfen die Gefühle deutlich werden; denn jetzt sind sie ohne Konsequenzen und nicht mehr einzufordern. Mit sich selbst allein genießt der Verlassene die vermeintliche Eindeutigkeit und Intensität der eigenen Liebesfähigkeit. Wenn er nur dürfte, könnte er schon zeigen, wie sehr man auf ihn bauen kann. Die vormalige Bindungsangst kippt in eine absolute Auslieferungslust über. Eine solche Entdeckung der eigenen Gefühlsmächtigkeit zu ermöglichen – das ist das Letzte und nicht Geringste, was der mit wilder Kraft zurückersehnte Partner bewirkt. Dazu braucht er nicht mehr zu tun als fortzubleiben. Denn erst durch die Abwesenheit ist seine Idealisierung und die Verklärung der jäh unterbrochenen Beziehung denkbar, einer Partnerschaft, für die nachträglich auch das Wort Liebe nicht zu groß ist. Alle Zeichen von Romantisierung, die längst obsolet waren, erglänzen neu, damit der Verlassene selbst im trübheimeligen Licht der Trauer erscheinen kann. Die Ideale, die sich das Bürgertum für die Beziehungen unter den Menschen geschaffen hat, Liebe, Disziplin, Rücksichtnahme, sie erscheinen in dem Moment greifbar, wo sie dem rauhen Wind der Einlösbarkeit entzogen sind. Im tristen Winkel, in dem es sich der Einsame behaglich gemacht hat, ist der Glaube an das vollendete Glück wieder wirksam, bunt wie in den Träumen der Kindheit, kitschig wie in den Texten der Schlager.

Diese Trauer allerdings ist ein kurzlebiger Wahn. Der Alleingelassene bei Botho Strauß schreibt in seine »Widmung«: »Irgendwann vielleicht löst sie sich sanft in nichts auf, und von einem Tag zum anderen, plötzlich, stehe ich trauerlos da. Was dann? Fürchterliche Erlösung.« Mit aller Nüchternheit und Selbstironie läßt Strauß seinen Leidenden einige Zeit später erkennen: »Merke wohl, wie meine kühne und festliche Trauer zu Ende geht und eine kleinbürgerliche Schrumpfmelancholie übrigbleibt. Vielleicht sollte ich zugeben, daß ich meine Leidensfähigkeit überschätzt habe«.

Bei Christoph Meckel steht die Trennung noch bevor. Seine Erzählung »Licht« beginnt mit einem Liebesbrief, den der Ich-Erzähler findet. Die Frau, mit der er zusammenlebt, hat ihn an einen anderen gerichtet. Ohne sich mit ihr auszusprechen, tastet der Mann von nun an an jede Geste seiner Lebensgefährtin auf seinen Verdacht hin ab. »Liebe, Hoffnung, Vertrauen – das waren Wörter, mit denen wir spielten, sofern wir sie überhaupt für uns in Anspruch nahmen. Es waren keine notwendigen Wörter für uns. Wir waren uns einig ohne Wörter, und was die Liebe war, das wußten wir selbst. Aber ich habe den Wert der Wörter erfahren, seit die gemeinsame Sache in Gefahr ist.« In diesem einen Fall spielt ein Außenstehender aktiv in die Beziehung hinein. Sonst hat die Untreue als Trennungsgrund an Bedeutung verloren. Ehegeschichten und Scheidungsfälle sind das in der Mehrzahl nicht mehr. Die Frauen, hier in der Regel zwischen Anfang zwanzig und Mitte dreißig, leben ohne Formalitäten mit ihren Männern zusammen. In Meckels Erzählung haben sie und er, beide berufstätig, sogar getrennte Wohnungen. Der Eheroman hat vorläufig ausgespielt.

So auch in Hannelies Taschaus »Landfriede«. Ein junges Paar zieht aufs Land. Sie sind unverheiratet, ohne Kinder, dafür haben beide einen Beruf. Viele aus der jüngeren Generation leben heute so zusammen. Und die Provinz ist für manche kein Schrecken mehr. Anne ist Anfang, Schrager Ende zwanzig. Er will als Lehrer in einem Zehntausend-Seelen-Ort im Kernmünsterland einiges verändern. Er hat Ideen, überlegt sich zum Beispiel, was nachmittags mit dem leeren Schulhof geschehen könnte. Schließlich gehört er einer veränderungswilligen Generation an, hat einst gegen Fahrpreiserhöhungen demonstriert – allerdings schon damals streng darauf geachtet, daß er dabei in der »richtigen Gesellschaft« blieb.

Anne glaubt, daß eine Partnerschaft mit diesem Mann möglich sein müßte. Darum zieht sie – ohne rechte Begeisterung – mit ihm in den Ort, der von der nächsten Großstadt sechzig Kilometer entfernt ist. Warum gibt sie ihre feste Anstellung als Journalistin auf, um als freie Mitarbeiterin auf weitere Aufträge zu hoffen? Ganz einfach: wenn ein Paar sich nicht trennen will, muß bisweilen der eine dem anderen folgen. Obgleich bei zwei Berufstätigen nichts mehr dafür spricht, ist es oft noch die Frau, die dem Mann folgt.

Wie kann es weitergehen, wenn ein Paar glaubt, mit guten Vorsätzen allein gegen eine erdrückend festgefahrene Rollenverteilung zwischen den Geschlechtern anrennen zu können? Früher war ja alles sehr einfach: Wohin es auch den Mann verschlug, die Hausfrau und Mutter konnte ihre Aufgaben an einem anderen Ort genauso erfüllen. Was beide voneinander erwarteten, war ohnehin klar. Viele Probleme tauchten gar nicht erst auf. Heute ist alles eine Sache gegenseitiger Absprache. Kinder? Keine Selbstverständlichkeit mehr. Man kennt die Konsequenzen: einer von beiden müßte seine berufliche Karriere zurückstellen. Andere Probleme: Wer besorgt den Haushalt? Wer darf bei wem den Schutt des beruflichen Alltags abladen?

Schrager, Hannelies Taschaus männlicher Held ohne Vornamen, ist für diese Fragen durchaus nicht unempfänglich. Er weiß, was er seiner Freundin schuldig ist. Er sagt zu Anne: »Vorerst verdien' ich unser Leben, und nicht du. Und du machst alles, was dir Spaß macht und mir nicht schadet. Es kann sich auch alles ändern, und wir leben eines Tages von dem, was du verdienst. Ich gebe meinen Beruf auf, wir ziehen hier weg. Ich helfe dir bei der Arbeit. Ich sammle Material, kümmere mich um deine Haftpflicht und deine Steuern, vereinbare die Termine für dich, bin dein Chauffeur und dein Hausmann und lerne endlich ein Instrument.« Natürlich wird es niemals so kommen. Schragers Worte sind Beschwichtigungsversuche. Kaum gegen sein Wissen und seinen Willen rutscht er nämlich immer tiefer in einen Anpassungsprozeß, in den er auch Anne mehr und mehr hineinziehen und als sein Prestigeobjekt einbauen will. Er macht sich lieb Kind beim Direktor der Schule und wird dessen Stellvertreter. Die Schulhöfe bleiben am Nachmittag weiterhin unbenutzt. Eine Frage der Praxis, wie Schrager jetzt findet. Überhaupt stellt sich für ihn vieles Hergebrachte plötzlich als praktisch heraus. Warum soll man eigentlich nicht heiraten? Schrager möchte auch gern ein Schlafzimmer, wie es die Eltern hatten, damit man nicht jeden Tag die Betten wegräumen muß. Anne lehnt ab. Sie erkennt, daß etwas falsch läuft, ohne daraus gleich Konsequenzen zu ziehen. Sie versinkt in Lethargie. Sie kommt mit ihrer Arbeit um so weniger voran, je selbstgewisser Schrager Morgen für Morgen aus dem Hause geht.

Wenn Anne schweigt, redet Schrager einfach etwas mehr. Haben sie im Auto Streit, legt er ihr beschwichtigend die Hand aufs Knie; Schweigen hält er nicht lange aus. »Sie weiß nichts, aber sie versteht alles«, sagt er in Gegenwart anderer und hält das für Schwärmerei. Als Anne endlich einen großen Auftrag von einer Illustrierten erhält, warnt er sie (und es entlarvt ihn vollends): »Schnapp nicht über, das hat nicht viel zu bedeuten, das ist ein Glücksfall, da stimmen mal Angebot und Nachfrage überein, außerdem ist Sauregurkenzeit.« Weil sie weniger zu tun hat als er, wird es üblich, daß Anne den Tisch abräumt, abwäscht, seine Barthaare aus dem Waschbecken entfernt. Er bemerkt die Veränderung nicht einmal mehr.

Mit Schrager hat Hannelies Taschau einen zeitgemäßen Typ von Mann getroffen, dem die gute Absicht aus allen Poren quillt, der aber insgeheim der eigenen Bequemlichkeit und Selbstzufriedenheit um so sicherer den Weg bahnt. Was diesem Mann aus seiner Studentenzeit geblieben ist, von der Erfahrung nämlich, daß es mitunter wichtig sein kann, Scheinfrieden zu entlarven, sind allenfalls rhetorische Rituale – nunmehr zur eigenen Selbstbestärkung benutzt. Der Roman »Landfriede« zielt nicht ohne Spott, aber auch mit Wehmut auf eine Generation, die, so heftig sie einst rebellierte, längst ihren Frieden mit der Gesellschaft macht und sich eilig an deren Polen Eigennutz und Satuiertheit orientiert. »Einer wie Schrager«, heißt es bitter, »erklärt die Gegenwart historisch und bewältigt sie mit geschultem Gehirn in kühlen Hirnschalen, er bleibt er selber, eine gesunde, ziemlich zweifelsfreie, beständige Person.« Der Vorgang einer vorbehaltlosen, aber weitgehend uneingestandenen Anpassung (Schragers an seinen Beruf) und zugleich einer Entzweiung (zwischen Anne und Schrager) ist von der Autorin geschickt vor die Kulisse des Lebens auf dem Land gerückt worden. Der Konformitätsdruck, der hier bis in die Privatsphäre hinein lastet, verdeutlicht die Erwartungen, die zwei, die glauben miteinander auskommen zu können, tatsächlich an sich und ihre Zukunft haben.

Ist die Literatur der Wirklichkeit dicht auf den Fersen? Dann sähe es bitter aus für die Männer. Denn durchweg sind es die Frauen, die aus den Beziehungen ausbrechen, und nur selten, um sich einem anderen Mann zuzuwenden. Schon bald erkennt Anne, daß sie nur eine Funktion in Schragers Lebensgleichung ist. »Das meiste, was Anne erzählt, interessiert Schrager nicht (...), deine Schlüsse sind oft voreilig, sagt er, und seine Gedanken sind woanders.« Ihre wachsende Unruhe kann sie anfangs mit Psychopharmaka dämpfen, dann nicht mehr. Schließlich geht sie ihre Wege.

Manche der vom Verlassenwerden bedrohten Männer sehen ihrem Schicksal so tatenlos entgegen, als beträfe sie es nicht. Abschaffel etwa, der Büroangestellte aus Wilhelm Genazinos Roman »Die Vernichtung der Sorgen«, vermag die Glücksmomente der Partnerschaft mit Margot nicht in sein Leben aufzunehmen. Er scheint völlig interesselos zu sein, kann sich weder für noch gegen die Frau entscheiden. Nur auf Umwegen und durch Zufall erfährt Abschaffel eines Tages, daß Margot in eine andere Stadt ziehen wird. Hier wie auch in Gerhard Roths Roman »Winterreise« liegt das Motiv für die Trennung deutlich in der Unfähigkeit des Mannes, sich zu Gefühlen zu bekennen oder sich ihrer überhaupt zu versichern. Anna, die für den Lehrer Nagl aus Roths Roman kaum mehr als eine Geliebte ist, erklärt ihm auf einer gemeinsamen Reise nach Italien, wie schwer es für sie sei, sich von ihm zu lösen. Alles, was sie getan habe, auch ihre Versuche mit anderen Männern, habe sie unternommen, um von ihm loszukommen. Seine Reaktion darauf:

»Er schwieg. Es war wahr, was sie sagte. Er hatte sich keine weiteren Gedanken um sie gemacht. Manchmal war er froh gewesen, wenn er allein gewesen war. Er hatte auch daran gedacht, mit ihr Schluß zu machen, aber dann hatten sie miteinander geschlafen, und er war nicht losgekommen von ihr. (...) Er war schwerfälliger, empfindlicher und eitler als sie.«

Nagl kreist nur noch um sich, die extreme Bedeutung des Sexuellen ist für ihn das letzte Band zu Anna als einem fremd-vertrauten Menschen und zur Welt um ihn her überhaupt. Drohender Verlust und Zerwürfnisse sind für Nagl eine Art Aphrodisiakum. »Er fürchtet sich vor dem Schmerz, betrogen zu werden«, heißt es, »und doch hatte er nie eine solche Erregung gespürt wie gerade dann«. Und: »Immer stellte sich bei ihm, wenn er mit Anna gestritten hatte oder sich gekränkt fühlte, ein Bedürfnis nach Zärtlichkeit ein«. Auf dies alles kann Nagl eigentlich nicht verzichten, aber mit seinem Verhalten fordert er doch die Abreise Annas heraus. Er selbst löst ein Flugticket nach Fairbanks, Alaska. Dort wartet auf ihn das ewige Eis, die endgültige Erstarrung.

Ganz so abenteuerlich sind das Auseinandergehen und der Weg in die Isolation nicht überall geschildert. Die Rückkehr zu sich selbst hängt vielfach mit der Sehnsucht gerade des Mannes zusammen, im fortgeschrittenen Leben die Uhr noch einmal anzuhalten und eine Neubestimmung zu erzwingen. Man kennt das inzwischen unter dem Etikett »midlife crisis«. »Jetzt, wo das Leben nicht mehr vor mir liegt«, sagt sich Nagl, »jetzt ist auf einmal nichts anderes da als sinnlose Gedanken. (...) Ich war ehrgeizig, daß alles, was ich gemacht habe, ausgeschaut hat, als ob ich es will. In Wirklichkeit ist es so gegangen«.

Nicht viel anders klingt das in der DDR: »Alle Entscheidungen von Belang, die ich selbst zu treffen hatte, sind längst getroffen. Meine Ehe ist beschlossen, mein Beruf steht fest«, heißt es in Jurek Beckers Roman »Schlaflose Tage«. Auch hier ein Lehrer, der seinen Beruf an den Nagel hängen will. Zunächst aber verläßt er seine Frau, weil ihm das noch am einfachsten erscheint. Denn wenn im Leben umgeräumt werden soll, wollen die Helden dabei ungestört sein. Der größte Vorwurf, den Karl Simrock seiner Frau glaubt machen zu können, lautet denn paradoxerweise auch, daß er *sich* nicht mehr leiden könne. »Obwohl ich es mir nie eingestanden habe«, sagt Simrock, »ist mein bisheriges Leben verlaufen, als käme das Wichtigste erst noch. Ich habe darauf gewartet, daß die Tür geöffnet wird, hinter der Handlung stattfindet. Wer das sein soll, dessen Hand die Türklinke heruntergedrückt, habe ich mich nie gefragt. (...) Ich könnte nicht einmal antworten, wenn jemand mich fragte, was denn meine Hoffnungen sind.«

Die Einsicht, daß die eigene Existenz weit von dem entfernt ist, was man sich früher einmal als das eigentliche Leben ausgemalt hat, macht den Betroffenen ungeduldig mit sich selbst. Denn wenn es darum geht, etwas umzuwälzen, trauen sich die Helden aus Ost und West allenfalls noch zu, sich selbst zu ändern. Dabei gehen sie aber nicht etwa einen Schritt über das mißglückte Zusammenleben zu zweit hinaus, sondern zurück: in die Isolation. Der Weg in die Unverbindlichkeit, weg vom Festgelegten, erscheint einfacher als die Strapazen der Zweisamkeit. Während die Beziehung mit seiner Freundin Maria noch andauert, vermag der Ich-Erzähler in Nicolas Borns Roman keine Kraft mehr für sie zu mobilisieren, wobei er seine verschwommenen Wünsche genauso nüchtern betrachtet wie Simrock die seinen: »Ohne wirklich Gefühle zu haben jetzt, warf ich mir vor, erbärmlich zu sein, zu geizen mit diesen Gefühlen, sie zu horten für eine unendlich lange, günstige Gelegenheit, wo alles stimmen würde.« Alles soll noch vor einem liegen, man möchte sich noch einmal aus dem Leben eines Erwachsenen stehlen können – und muß wohl schon ahnen, daß daraus nichts werden kann.

Maria und ihr Freund haben jeweils eine eigene Wohnung. Ihre Beziehung besteht bereits vor der endgültigen Auflösung aus tausend kleinen Trennungen. Es ist eine Beziehung, die aus Angst vor dem Ende wie ein Stehaufmännchen funktioniert. Ist der andere für einen Augenblick nicht da, beginnt schon dessen Verklärung. Eines Tages begrüßt Maria ihren Freund mit den Worten: »Bleib doch weg, dann kann ich wenigstens auf dich warten; wenn du da bist, war das Warten immer umsonst.« Beide sind sie – beieinander hockend – zu keiner Bewegung mehr fähig. Die Automatik ihres Zusammenseins legt sich wie ein Netz über die guten Absichten, die sie miteinander haben. Die Gangart ist schon lange nicht mehr zu wählen, die Mühle dreht sich, bis alles zermahlen sein wird. »Es fing wieder an, der alte Anspruch war wieder da, neu gefaßt, von neuen Kräften getragen. Der Spaß daran, uns einfach wiederzusehen, das Lachen, war heruntergewürgt«.

Da kann man natürlich fragen: was hält so ein Paar überhaupt noch zusammen? Kinder sind es jedenfalls nicht, denn es gibt keine gemeinsamen (nur in den Ehegeschichten von Becker und Handke spielt jeweils ein Kind eine Rolle). Finanzielle Abhängigkeit auf seiten der Frau gibt es auch nicht mehr. Und über den Zustand der spontanen Begeisterung füreinander sind diese Beziehungen augenscheinlich weit hinaus. Wozu also diese Mühen, diese Kämpfe, diese Quälerei? Das fragt sich auch Borns Ich-Erzähler, und seine Antwort, gerade weil sie so ungenau ist, ist wohl die treffendste. »Es wäre ganz einfach gewesen, jetzt wegzugehen. Warum gingen wir nicht beide voneinander weg? Wir hatten uns nicht mehr zu berühren brauchen. Oder sie blieb einfach hier, und ich wäre ganz woanders. Wo war denn ihr freier Wille, wo war meiner. Wir waren aber Süchtige, ohne Genaueres zu wissen. Und die Sucht konnten wir ohne ein Gegengewicht, ein anderes Gefühl, nicht aushalten«. Daß so etwas wie Gefühl zwischen den Menschen, und sei es paradigmatisch zwischen zwei Menschen, zu herrschen habe, ist eine Übereinkunft, in die wir hineingeboren werden. Noch in der Negierung, bei Gefühlskälte und Menschenverachtung, lassen sich Spuren dieser Fixierung feststellen. Die Liebe und was einmal davon übrigbleiben wird, garantiert in all ihren Stufen die Wahrnehmung eigener Gefühlsbereitschaft: im Überschwang, in der Zerstörung und schließlich nach ihrem Verlust.

Die bisher genannten Bücher sind mit einer Ausnahme von Männern verfaßt, von Autoren zumal, die zwischen Mitte dreißig und Anfang vierzig sind. Die ersten Versuche jüngerer Autorinnen und Autoren, die Erfahrungen der neuen Frauenbewegung und ihre Auswirkungen auf die Partnerschaft darstellen, sind bisher weitgehend im Vorfeld der Literatur geblieben. Bei den soweit zitierten Autoren herrscht eine resignative Grundstimmung vor: Nach den weitgehend ernüchternd verlaufenen Versuchen mit kollektiven Wohnformen führen nun alle Trennungen unweigerlich, wenn sie nicht doch in einen neuen Versuch zu zweit münden sollten, in das Alleinleben. Die Frauen sind in diesen Romanen und Erzählungen mit wenigen Ausnahmen Wesen ohne Konturen, oder sie tauchen gar – wie bei Botho Strauß – nur statistenhaft auf. Bisweilen scheinen sie nur vorhanden zu sein, um den Männern einen Vorwand zu liefern, die eigene Gefühlswelt ausleuchten zu dürfen. Am besten erfüllen sie ihre Aufgabe in Abwesenheit, denn dann stören sie nicht beim Ausleben jener Empfindsamkeit, für die sie der Anlaß gewesen sind.

II.

> »Aber die Frauen waren allein
> und die Männer waren einsam.
> Manchmal klappte es.
> Manchmal klappte es sogar ohne Alkohol.
> Manchmal lachten einige und liebten einander
> einige Zeit, eine Nacht oder ein Jahr.
> (...)
> Nach jeder Liebschaft die nächste Erinnerung
> und das Vergessen hinterher,
> das nie aufhört.«
> Wolf Wondratschek, »Männer und Frauen«

Im Jahre 1975 erschien ein kleines schmales Buch, das bald zu einem heimlichen Bestseller und zu einem der wichtigsten literarischen Identifikationstexte des westdeutschen Feminismus werden sollte: die autobiographische Erzählung »Häutungen« von Verena Stefan. In bis dahin ungekannter Schärfe und Konsequenz beschreibt die Autorin das Ende einer Beziehung, die grundsätzliche Abwendung einer Frau von einem Mann, ja vom Mann überhaupt. Als die Ich-Erzählerin der Geschichte mit ihrem Freund Samuel noch eine gemeinsame Wohnung hat, notiert sie über das Zusammenleben und die Funktion heterosexueller Aktivität:

»blind taub und stumm, lallend suchen wir einen ausweg aus dem labyrinth, hängen uns an des anderen lippen, saugen, das ist vertraut. der penis tappt blind in die vagina. bis zu dieser einen halben stunde um mitternacht sind wir voneinander getrennt, gibt es kaum etwas gemeinsames in unserem leben. das macht den gemeinsamen orgasmus so dringend. er muß uns das gefühl geben, daß wir zueinander gehören, daß vieles uns verbindet.«

Nachdem die Frau in eine Frauenwohngemeinschaft umgezogen ist, trifft der Verlust den Partner mit voller Wucht. Sie dagegen erlebt zunächst die Geborgenheit der neuen Gemeinschaft als schirmendes Dach: »umgeben von den frauen der gruppe, den neuen einfällen und aussichten, tauchen die abnabelungsschmerzen von Samuel erst später auf. wenn ich mich jetzt in einer ecke des bettes zum schlafen einrolle, denke ich, daß ich nicht viel mehr zum leben brauche als so eine ungestörte ecke. die einsiedelei ist wohltuend.« Für den Mann, überrumpelt von der Selbständigkeit seiner vormaligen Lebensgefährtin, sieht das ganz anders aus. Verena Stefan demonstriert seine Reaktion als typisch:

»Samuel hat keine gruppe. er ist einsam, ohne die einsamkeit leben zu wollen und zu können. er hat angst davor, allein alt zu werden. (...) die männer klagen, wenn wir sie verlassen haben. sie wollen nicht auf andere männer, auch nicht auf solche, auf die einige von uns bereits abgefärbt haben, angewiesen sein. sie wollen das echte, ursprüngliche, die quelle. Samuel muß sich selber in die hand nehmen. ich gleiche sein gelerntes, männliches verhalten nicht mehr aus. solange er nicht allein sein kann und versucht, mit einem andern mann menschlichkeit anzubahnen, wird er immer mehr von mir wollen, als ich von ihm, und sein wollen wird auf gefühle und sexualität festgelegt sein. ich beherberge keinen mann mehr.«

Das ist Anklage und Absage zugleich, ein ätzendes Gemisch. Der Ton des Vortrags mag selbstgewiß klingen, er hat doch etwas vom Pfeifen im dunklen Wald. So einfach ist es natürlich auch für die Frau nicht, sich aus der Zweisamkeit zu katapultieren. Die Autorin verschweigt das keineswegs. Gerade hierin bestehen die symbolischen Häutungen, von denen der Titel spricht:

»meine abnabelung dauerte lange. das paargerüst erwies sich als ungeheuer, als stabiles, widerstandsfähiges ungetüm. ich wollte die sucht, teil eines paares zu sein, ausmerzen, das hieß über den eigenen schatten springen, in eine andere haut schlüpfen, sich erst von der alten haut trennen, von allein löste sie sich nicht, die prägung scheint unverwischbar. den kampf dagegen aufzunehmen bedeutet, die gehirnwäsche rückgängig zu machen. einen entzug auf sich nehmen.«

Die intensive, oft weitgehend ausschließliche Beziehung zu einem anderen Menschen verglichen mit einer Droge, deren Absetzen schlimmste Entzugserscheinungen mit sich bringt: Dieses Bild taucht gerade in den Texten der jüngeren Autoren, zum Teil noch unter dreißig Jahre alt, öfter auf. Karin Petersen, Jahrgang 1950 und Redakteurin einer feministischen Zeitschrift, schildert in ihrem ersten Roman »Das fette Jahr« (1978), ebenso wie Verena Stefan, in Ich-Form die Trennung von einem Mann, mit dem sie Jahre zusammengelebt hat. Dabei wird sich die Ich-Erzählerin auch darüber klar, in welchem Maß der Partner von ihr nur zur Beschwichtigung eigener Ängste benutzt worden ist.

Von männlicher Seite klingt das übrigens gar nicht so anders. »Mein gesamtes Selbstwertgefühl hatte ich fast völlig von meiner Freundin abhängig gemacht«, gibt einer zu Protokoll in einem Sammelband mit »Männerbildern« (1976). In diesem Buch sind Geschichten und Berichte von Männern vereint, die mit der Aufforderung der Feministen Ernst gemacht haben, Solidarität und Geborgenheit auch untereinander zu suchen. Viele dieser Texte handeln schon von Reaktionen auf den Rückzug der Frauen. Einen literarischen Anspruch erheben diese Texte durchweg nicht. Eher schon Siegfried Wollseiffen mit seiner Erzählung »Starrer Ablauf« (1979), die sich fast als ein Gegenstück zu Verena Stefans »Häutungen« lesen läßt. Auch hier wird ein Verlassener geschildert, mitsamt der Kränkung, die er, der sich verstoßen fühlt, erfahren hat. Der Verlust der Freundin löst in dem Mann eine hektische Selbstbefragung aus. »Je mehr sie sich von mir zu lösen beginnt, desto stärker werde ich mir meiner Abhängigkeit von ihr bewußt. Es verletzt mein männliches Selbstbild, daß der Impuls diesmal von ihr ausgeht. (...) Es geht nur noch um Anerkennung. Um die Angst, den anderen zu verlieren. Ich werde hemmungslos, fange an, um Liebe zu betteln, sie zu erzwingen.«

Wie eine Fortsetzung liest sich Uve Schmidts Bericht vom »Ende einer Ehe«, vom Ende seiner Ehe. Es sind autobiographische Aufzeichnungen. Der Versuch zu einer Literarisierung wird abgelehnt. Es geht um den Originalton Schmerz. Die Frau verläßt den Mann nach fünfzehn Jahren Ehe mit beiden Kindern. Sie hat einen anderen kennengelernt. Es ist verblüffend festzustellen, wie sich die rasenden Verlustängste der Männer angesichts der tollkühnen Entschlossenheit der Frauen bis in Einzelheiten ähneln. Das dokumentarische Verfahren ist dabei dem literarischen an Eindringlichkeit allerdings keineswegs übrlegen. Bemerkenswert ist indes, wie vielfältig sich das Thema in der Literatur mitsamt ihren Nebenformen niederschlägt. Ob autobiographisches Protokoll, autobiographisch gefärbte Erzählung oder mit Distanz geschriebener Roman: Selten zuvor gab es eine solche breite – fast ist man geneigt zu sagen: kollektive – Behandlung eines Motivs.

Auch die literarischen Debütanten sind davon nicht ausgenommen. Der erste Roman von Brigitte Schwaiger, geboren 1949, mit dem Titel »Wie kommt das Salz ins Meer« (1977) ist das weibliche Pendant zu Schmidts »Ende einer Ehe«. Eine junge Frau hat sich in die Ehe treiben lassen, weil ihr die Mühe, nach Abschluß der Schule einen eigenen Weg einzuschlagen und dem Drängen der Eltern zu widerstehen, zu groß erschien. Jetzt stellt sie fest, wie sehr der Partner, eher beliebig ausgewählt als geliebt, nur Halt und Rahmen für das eigene Leben ist, nicht anders als bei der Mutter und der Großmutter. Die Ich-Erzählerin wird zur Nora, ein fast klassischer Ausbruch aus der Ehe bahnt sich an.

»Rolf ist erschöpft. Ich habe ihn ausgelaugt in dieser Ehe. Er legt sich auf die Betthälfte, auf die er sich immer legt, weil das seine Betthälfte ist. Er liegt links und hat nie gefragt, ob wir nicht einmal tauschen wollen. Er sieht keinen Anlaß, außer, ich liege vielleicht schlecht. Nein, nur so. Laß mich auf deiner Hälfte liegen. Warum? Ich will es probieren. Wozu? Er versteht es nicht, nimmt die Fachzeitung und hat unsere Zukunft aufgeblättert vor sich, wenn ich nur vernünftig bin und mich besinne. Ist es nicht Wahnsinn, dieses Paradies zu verlassen, nur weil der Mann hier mich langweilt?«

Die Frage kann so absurd nicht sein, denn wie schon die Erzählung von Verena Stefan hat auch dieser Roman schnell zahlreiche Auflagen erlebt. Das Intreresse an diesen Problemen muß wohl weit verbreitet sein.

Ein anderer Erstlingsroman, »Der Schleiftrog« (1977) von Hermann Kinder, beschreibt in einem Kapitel eine ganz andere Form von Ehekrise: Der Mann hat mit seiner Doktorarbeit den Kopf voll, während die arbeitende Frau sich mehr und mehr in die betriebliche Gewerkschaftsarbeit einspannen läßt. In diesem Fall ist es die Frau, die das Geld verdient und sich sozial engagiert. Manche Funktionen, die auch von jüngeren Männern anscheinend heute noch automatisch von Frauen erwartet werden, kann sie so nicht mehr erfüllen. Prompt entzündet sich an Banalitäten der Streit: Wer soll den Haushalt versorgen? Wer hat mehr Zeit? Alles muß nun eigens verhandelt werden. Und der Mann ertappt sich dabei, wie er in seiner Verzweiflung über den schleppenden Fortschritt seiner Dissertation stöhnt: »Ich will eine Frau, die mir alle Schwierigkeiten wegorganisiert und meine Bibliographien erstellt«. Zu Handlangerdiensten aber ist seine Partnerin nicht bereit. Sie verläßt ihn.

Während die Ehe, deren Ende in Kinders Roman dargestellt wird, noch mit den herkömmlichen Erwartungen eingegangen worden ist, zeigt die Beziehung in Otto Marchis Roman »Rückfälle« (1978), ebenfalls einem ersten Buch, daß auch die Abgeklärtheit und Illusionslosigkeit der Jüngeren vor Verlusten nicht bewahrt. »Weißt du, im Grunde ist ja alles so einfach«, sagt das Mädchen am Anfang zum Ich-Erzähler. »Du mußt nur nichts wollen. Das ist alles. (...) Nur dann hast du überhaupt eine Chance, aus einer Beziehung etwas zu machen«. Keine Forderung, keine Enttäuschung. Doch so einfach ist es nicht, wie die Geschichte lehrt. Seine Freundin verläßt den Ich-Erzähler schon bald. Da es keine Ansprüche aneinander gab, gibt es auch keine Begründungen für diese Trennung. Wenn man keine Erwartungen äußert, kann man auch ihre Erfüllung nicht einfordern. Die Frau kommt noch einmal zurück. Die Beziehung wird neu definiert als eine offene Partnerschaft: »Wir halten zusammen, was auch passiert. Wir sind gewachsen aneinander. Wir stützen uns gegenseitig, wir halten uns fest, wir lassen nicht mehr voneinander, wir brauchen uns, wir können uns brauchen«. Es hilft trotzdem nichts. Die Frau verläßt den Mann endgültig. Scheinbar unbewegt und lakonisch notiert der Ich-Erzähler ihr Weggehen:

»Sie sagt nichts dazu, daß ich mich mit D. eingelassen habe. Sie hat sich mit meinen Seitensprüngen abgefunden. Sie weiß, daß meine Abenteuer unser Verhältnis nicht gefährden können. Sie verläßt mich nicht wegen D., sondern weil sie endlich allein sein möchte.«

Endlich allein sein: Das klingt wie ein letzter Wunsch nach Ruhe. Es ist der Rückzug aus den Verletzungen der Partnerschaft, der Beziehung, der Liebe; Verletzungen, die spürbarer geworden sind, seit Familie, Ehe und Zweisamkeit die soziale Sicherheit der Frau nicht mehr in erster Linie bestimmen, seit diese Formen des Zusammenlebens wählbar und also abwählbar geworden sind. Endlich allein sein: Das birgt andere Wunden, die man nicht zeigen muß, das ist die Alternative zu der Verstrickung, die man nicht mehr ertragen will, geboren aus der Furcht vor der Abschnürung durch den anderen, wie sie Nicolas Born in seinem Roman beschrieben hat: »So schlimm konnte eine Liebe sein, wenn einer darin die Kraft verlor, wieder herauszufinden«.

III.

>>Schön
geduldig
miteinander
langsam alt
und verrückt werden

andrerseits

allein
geht es natürlich
viel schneller«
Karin Kiwus, »So oder so«

Eine Zusammenfassung? Ein Resümee? Ein Ausblick? Wer kann schon von sich sagen, daß er über diesen Dingen steht. Der nötige

Abstand will sich nur schwer einstellen. Natürlich läßt sich einiges verallgemeinern. Die Probleme, die hier dargestellt werden, sind vorerst nur die einer kleinen Gruppe. Die Berufe der Romanfiguren sprechen für sich: Lehrer sind darunter, Journalisten, Studenten, Schriftsteller, ein Buchhändler. Und so trifft es gewiß zu, wenn Peter Schneider 1974 in einem »Kursbuch«-Aufsatz schrieb, daß das »Bedürfnis nach Infragestellung der Ehe und Kleinfamilie« bei denen zuerst durchschlage, »die ihm die geringsten ökonomischen und moralischen Widerstände entgegenzusetzen haben«.

Möglicherweise betreffen diese Fragen aber doch mehr als nur eine Minderheit. Wer der Literatur noch seismographische Fähigkeiten zutraut, kann vermuten, daß manche Probleme, auf die die Gesellschaft keine Antwort weiß, in diesem neuralgischen Punkt zusammenlaufen. In der gesellschaftlichen Realität ist die Gleichstellung der Frau nach wie vor nicht mehr als eine Forderung, allem Gerede von Chancengleichheit zum Trotz. Mir will es so erscheinen, als sei der Schauplatz der Kämpfe nun zunächst an den häuslichen Herd verlegt worden. Hier treten die zum Teil widersprüchlichen Wünsche der Frauen (auch davon handeln viele Prosastücke) kraß und unnachsichtig zutage. Die Beziehung wird als Zufluchtsort vor den äußeren Querelen (im Beruf) und als Austragungsstätte ihrer Fortführung doppelt belastet. Man trat die Gemeinschaft mit nüchterner Partnerschaftsattitüde an, unterschätzte dabei aber die Kräfte unterhalb der rational bestimmten Oberfläche. Man glaubte, die Sexualität ohne Geheimnisse praktizieren zu können und im Griff zu haben, ahnte aber nicht, daß ihre tabulose Praxis auch zu einem Zwang werden konnte. Man hoffte, mit Diskussionen gegenseitige Einsicht herstellen zu können, unterschätzte aber offenbar die Widerstände von Gefühlen, sich auf den Begriff bringen zu lassen.

Die Folge davon ist, daß nicht *mehr* Klarheit herrscht, sondern *weniger*. Wenn sich heute ein Paar findet, so heißt das zunächst einmal noch gar nichts. Die Grundlage des Zusammenlebens muß vielmehr erst ausgehandelt werden. Wenn Kinder nicht mehr selbstverständlich sind, ist es bald auch die Ehe nicht mehr, ja das paarweise Zusammenleben überhaupt. Wer folgt zum Beispiel dem anderen noch bei beruflicher Veränderung, wenn beide Partner jeweils eine gute berufliche Position haben? Eine Beziehung ohne Kinder ist im allgemeinen auch leichter wieder zu lösen. Überdies werden sich zwei Menschen eher um die Stimmungen und Launen des anderen kümmern, wenn sie nicht durch gemeinsame Erziehungsarbeit von sich und von einander abgelenkt werden. In einer Warengesellschaft, die Wahlfreiheit zwischen besseren und schlechteren Möglichkeiten in allen Lebensbereichen suggeriert, darf es nicht wundern, wenn auch der Mensch, den man sich »ausgesucht« hat, ständig auf dem Prüfstand steht. Man möchte heute aus dem eigenen Leben, nicht aus dem eines anderen das Beste machen. Dazu probiert man aus: Menschen, Partner, Lebensformen. Eine feste Bindung erscheint nicht mehr als Naturnotwendigkeit.

Die Neigung zur Trennung, die Lust an der Trauer, die Unfähigkeit, einen Partner anzunehmen und zu halten, der narzißhafte Genuß an der eigenen Empfindsamkeit – das sind scheinbar private Erschütterungen, deren Häufung eine tiefergehende Krise signalisiert. »Die Kraft, die eine Liebesbeziehung bewegt hat, kommt erst im Bruch zur größten Wirkung«, heißt es treffend bei Botho Strauß. Die Literatur macht die Anzeichen einer großen Verstörung öffentlich, jeder mag nun sein eigenes Dilemma daran messen.
(1978)

Abschiede, Absagen und die Einsamkeit der Männer
Fünf Nachträge

1. Ein Marsch durch die Einöde: Werner Herzog (1979)

Einer marschiert mutterseelenallein quer durch eine winterliche Landschaft. Mitten in unserer Zeit. Wie lange braucht man zu Fuß von München nach Paris? Vier Tage, drei Wochen, zwei Monate? Wer wüßte es auf Anhieb zu sagen? Werner Herzogs erster Prosaband »Vom Gehen im Eis« ist das Diarium seines Fußmarsches zwischen diesen beiden Städten und zugleich ein Abenteuerbuch. Der Held, der uns noch trösten kann, durchstreift keine unbekannten Gefilde. Was er uns zu zeigen hat: daß einer von uns so leben kann, ganz auf sich gestellt.

Ein rührender Anachronismus: vergleichbar dem Verhalten des Forschers Alexander von Humboldt, der sich vom Anblick des Pazifischen Ozeans noch so begeistern ließ, daß er den Berg zu vermessen vergaß, auf dem er stand. Heute kennt man alle Höhen, alle

Tiefen auf den Zentimeter, und alle Panoramen der Erde existieren auf Farbbildern. So kann sich eine moderne Abenteuergeschichte ganz unscheinbar in nächster Nachbarschaft entfalten. Nicht mehr die Ferne, die erreichbar scheint, sondern die Mühe, die verlorenging, ist das Exotische.

Herzogs Tagebuch öffnet einem die Augen: etwa darüber, wie wir mit den Apparaten, derer wie uns statt unseres Körpers bedienen, die Maßstäbe für die menschliche Leistungsfähigkeit verloren haben. Das Gefühl für Zeit: die Möglichkeit, einen anderen Ort schnell zu erreichen, wird zum Zwang. Goethe noch beklagte die »entsetzliche Schnelle«, mit der er in einer Postkutsche über den Brennerpaß gefahren wurde (»Die Postillons fuhren, daß einem Sehen und Hören verging«, heißt es in der »Italienischen Reise«). Herzogs Bericht demonstriert ganz nebenbei, »wie sehr wir die Autos selbst geworden sind, in denen wir sitzen«. Dem Tagebuch folgend, werden wir aus dem Rhythmus und Zeitgefühl des Alltags gestoßen. »Wenn ich in dem lautlosen Flugzeug ganz über mir säße, wären es eineinhalb Stunden bis Paris«, schreibt Herzog am Anfang seiner Wanderung. So sind es drei Wochen.

Der Fußmarsch wird wie ein Kult zelebriert. Herzog liebt diese mystische Dimension, die Herausforderung durch extreme Anstrengungen (schon bei den Dreharbeiten zu »Aguirre, der Zorn Gottes«, die im peruanischen Tropenwald stattfanden, hat er das unter Beweis gestellt). Ende November 1974 war der Filmregisseur von einem Freund aus Paris angerufen worden, der ihm mitteilte, Lotte Eisner sei schwer krank (die Filmtheoretikerin hatte in Herzogs Film »Fata Morgana« den Begleittext gesprochen). In der Vorbemerkung des Buches heißt es: »Ich nahm eine Jacke, einen Kompaß und einen Matchsack mit dem Nötigsten. Meine Stiefel waren so fest und neu, daß ich Vertrauen in sie hatte. Ich ging auf dem geradesten Weg nach Paris, in dem sicheren Glauben, sie werde am Leben bleiben, wenn ich zu Fuß käme.« Gleichzeitig ist dieser Weg für Herzog der Versuch, zu sich selbst zu kommen: »Außerdem wollte ich allein mit mir sein«, heißt es im nächsten Satz.

So wandert Herzog über Felder, an Autostraßen entlang, in Regen und Kälte, übernachtet im Stroh, in fremden Sommerhäusern, gelegentlich auch in Gasthöfen fernab der Zentren. Die körperliche Bewegung, in unserer Angestelltenkultur den meisten nur noch in der Kümmerform gelegentlichen Sports geläufig, bestimmt hier als Fortbewegung den Blick auf die Umgebung und Menschen. »Hügeliges

Land, viel Wald jetzt, so unbekannt ist mir alles.« Feinheiten lassen sich registrieren: »Schwarzwaldbauernhöfe fangen ganz ohne Warnung an, ganz ohne Warnung auch ein anderer Dialekt.« Es ist wie ein millimetergenaues Abtasten einer Landkarte, die wir nur noch zu überfliegen gewohnt sind.

Und doch würde uns dieser Wanderer, der seine schmerzenden Füße abends mit Franzbranntwein einreibt und mit Einsamkeit zu kämpfen hat (»Gefühl der vollkommenen Sinnlosigkeit« auf der Mitte des Weges), würde uns seine Wanderung wohl nicht weiter berühren, wenn da nicht eine unaufdringliche poetische Kraft wäre. Herzog versteht es, seinen Marsch mit großer Unmittelbarkeit zu veranschaulichen. Überdies bietet er eine reizvolle Mischung von Beobachtung, Traum und Phantasie. Das alles mit kaum merklichen Übergängen. Die Eintönigkeit des Wanderns öffnet zugleich den Weg in Herzogs Innenleben: »Beim Gehen kommt einem so vieles durch den Kopf, das Hirn, das wütet.« Die pathetischen, bisweilen ekstatischen Ausbrüche – man kennt sie aus Herzogs Filmen – läßt man als authentisch gelten, da glaubhaft ist, daß diese Notizen einer Winterreise weitgehend mit jenem Tagebuch übereinstimmen, das Herzog während der Wanderung geführt hat.

So lassen sich auch Bezüge zur literarischen Tradition herstellen, die, wären sie kalkuliert, Herzog dem Verdacht der Koketterie aussetzen müßten. Einer, der seine Gedichte beim Wandern entwarf, war Hölderlin. Fußmärsche von fünfzig Kilometern am Tag waren für ihn keine Besonderheit (wie jetzt Pierre Bertaux in einer Biographie behauptet). Sie müssen auf ihn befreiend gewirkt haben, was etwa aus einem Brief an die Schwester aus Jena (1795) hervorgeht: »Diesen Winter über hab' ich mich ziemlich müde gesessen, ich glaubte, es wäre nötig, meine Kräfte wieder ein wenig anzufrischen und es ist mir gelungen durch eine kleine Fußreise, die ich nach Halle, Dessau und Leipzig machte. Man kann sich mit etlichen Thalern und ein paar gesunden Füßen unmöglich mehr verschaffen, als ich auf dieser Reise fand.«

Herzogs Tagebuch setzt unsere Umwelt und unsere Lebensgewohnheiten dem fremden Blick aus. Mit einer archaischen Zeitlupe, dem Rhythmus des Gehens, wird erfahrbar, was unserer Wahrnehmung entglitten ist. Es ist eine Form literarischer Reportage: ein Autor erkundet Bereiche des Alltags, Wahrnehmungsformen, die im Abseits unseres Tagesdenkens und -redens liegen. Darüber hinaus bleibt ein unauflösbarer Rest, der den Zauber der ganzen Geschichte ausmacht: Der sich da selbst beschreibt auf seinem Weg durch Eis und Schnee, wird im Buch mehr und mehr zu einer literarischen Figur. Diese Wanderung, so authentisch sie sein mag, wird zu einem eindrucksvollen Bild einer Seelenlandschaft.

Reise- und Abenteuerbuch, literarische Reportage – und auch ein heutiges Märchen. Am Ende steht Werner Herzog im Krankenzimmer vor Lotte Eisner. Sie lebt und hat ihn bereits erwartet. Wenn wir gerührt sind, so auch kraft jenes aus Kindertagen herübergeretteten (wenn auch uneingestandenen) Glaubens, daß der Tapfere siegen, die Mühe belohnt werden und zum Schluß alles gut enden muß.

2. *Probe zur Entmannung: Christa Reinig (1976)*

Was, um Himmels willen, will dieses Buch? Unterhalten, das Fürchten lehren, agitieren? Der zweite Roman von Christa Reinig heißt drohend »Entmannung«. Nicht jedermanns Geschmack wahrscheinlich. Aber das Thema scheint aktuell zu sein. Man muß nicht gerade aus Marco Ferreris Film »Die letzte Frau« kommen, um das einzusehen. Da liegt etwas in der Luft, spätestens seit vor ein paar Jahren eine Hyperfeministin sich mit der Schußwaffe auf Andy Warthol stürzte (der das allerdings überlebte).

Wo besser als im zunächst folgenlosen Freiraum der Kunst kann man etwas durchprobieren, was in der Wirklichkeit zu unwiderruflichen Resultaten führen müßte? Doch bevor man das neue Buch von Christa Reinig zur Hand nimmt, sollte man sich fragen: Ist unversöhnlicher Männerhaß wirklich eine Errungenschaft der Frauenbewegung, oder wird er ihr nicht vielmehr nur von ihren Gegnern untergejubelt? Danach nämlich entscheidet sich, jenseits seines literarischen Rangs, welche Rolle der Roman in der feministischen Diskussion spielen könnte – und was Nichtfeministen (also etwa: Männer), skeptische wie sympathisierende, mit ihm anzufangen hätten. Ist das Buch nur Klamauk auf einer Modewelle oder ein ernsthafter Beitrag?

Nach der Lektüre sieht man in dieser Frage nicht unbedingt klarer, zunächst jedenfalls. Immerhin: statt Entmannung erst einmal Entwarnung. Die Frauen sind es gar nicht zuvorderst, die hier ihr Mütchen kühlen wollen. Wenn schon Entmannung, dann ohne sie: Wie in Ferreris Film (dort erfolgreich mit der Brotschneidemaschine) meint auch Christa Reinigs männliche Hauptperson, zumeist Kyra, manchmal schlicht Otto genannt, es sei wohl besser, am eigenen Körper mit dem Überdruß an der maskulinen Rolle Ernst zu machen. Otto legt sich in die Badewanne und will ihr nicht eher entsteigen, als bis er mit Berechtigung Frauenkleider tragen dürfte. Allerdings: er verläßt sie unverrichteterdinge.

Derweil sitzen die vier weiblichen Helden zusammen und lassen sich etwas anderes einfallen. Xenia ist eine junge Arbeiterin, Menni (der ihr eigentlicher Name, Klytemnestra, zu monströs vorkommt) Hausfrau und Mutter, Thea ein Callgirl, und Doris schließlich arbeitet als Ärztin. Als solche fachlich prädestiniert, führt Doris das Wort: »Liebe Schwestern! Erste Frage: Muß es Männer geben? Antwort: Nein. Man kann heutzutage mit Viren bauen, wie man mit Lego-Steinen bauen kann. Man kann Viren gegen Männer konstruieren.« Entmannung: das soll also auch eine Welt ganz ohne Männer bedeuten – eine Lösung, die zumindest die Eigenschaft für sich hat, radikal zu sein.

Doch dazu kommt es nicht, nicht in diesem Buch. Xenia nimmt sich nach einer Vergewaltigung das Leben, Menni steckt man – sie hat ihren Mann leicht verletzt – wegen Totschlags ins Gefängnis, Doris landet in einer Nervenheilanstalt, Thea stirbt an Unterleibskrebs. Los der Frau in drastischer Verzerrung und Zusammenballung – bedeutet das in diesem Fall auch: Verdeutlichung?

Christa Reinig – sie wurde in diesem Jahr fünfzig – dürfte es ernst sein mit der Sache der Frauen, so klamaukhaft und sarkastisch ihr Roman sich auch gebärdet. Nur: was die Sache der Frauen eigentlich ist, wird aus diesem Buch bei weitem nicht so deutlich wie etwa in der Erzählung »Häutungen« von Verena Stefan, den Protokollen von Alice Schwarzer oder selbst der neuen Erzählung von Peter Handke. Als Handbuch des Feminismus ist dieser Roman nicht brauchbar. Das sagt freilich noch nichts über seinen literarischen Rang und über den Unterhaltungswert. Wie steht es damit?

Wer Christa Reinigs ersten Roman »Die himmlische und die irdische Geometrie« (1975) kennt, ist erstaunt über die gefällige Erzählweise. Figuren tauchen auf, Dialoge werden gesprochen, Handlung: man geht zum Arzt, man feiert Silvester, eine Frau verliert ihre Arbeit. Doch schnell zeigt sich: Die Handlung ist nur ein Vorwand, die Personen besitzen außer ihren (zumeist eigenwilligen) Namen kaum etwas Charakteristisches. Ob in Anführungszeichen oder nicht: es spricht stets Christa Reinig, nicht Kyra, nicht Doris, nicht Menni (allenfalls Xenia hält auf ein paar Seiten einen eigenen Ton durch). Eigentlich gibt es diese Figuren gar nicht, die Autorin will sie in

Wirklichkeit nicht, ja, sie braucht sie auch überhaupt nicht. Ebenso wie in ihrem ersten Roman stellt sich heraus, daß Langstreckenprosa die Domäne der Christa Reinig absolut nicht ist.

Wer beim Lesen den Atem nicht verlieren und der Autorin als Leser nicht verlorengehen will, dem sei dringend empfohlen, das Buch irgendwie, auf keinen Fall jedoch von vorn nach hinten zu lesen. Nur wer wahllos ein paar Seiten aufschlägt und einzelne Episoden goutiert, erhält sich die Lust an Christa Reinigs Begabung für skurrile, boshafte und oft genug erheiternde Feinheiten. Daß festumrissene Figuren fehlen, ist allein noch kein Einwand. Derlei Heldendestruktion ist seit langem die Sache eines großen Teils der modernen Prosa. Psychologisch exakt fundierte, sozusagen »erklärte« Personen: damit kann heute mehr die Trivialliteratur dienen. Dort kann der Leser seiner (wahrscheinlich unstillbaren) Lust an durchschaubaren Charakteren am ehesten nachgeben. Im Trivialen gelten Autorenskrupel nicht viel.

Doch läßt sich das Argument nicht einfach umdrehen: Nicht alles, was auf Psychologisierung verzichtet, muß das Gütesiegel großer Kunst tragen. Die viele Romanwerke dieses Jahrhunderts bestimmende Absage an das Individuum, einzig und unterscheidbar zu sein, sollte entschieden vorgetragen werden. Erst die monologische Vehemenz der Figuren eines Beckett etwa läßt die Frage verstummen, was den Autor berechtigt, diese Figuren dermaßen verstümmelt erscheinen zu lassen.

Es muß nicht gleich Beckett sein, gewiß. Aber wie Christa Reinig ihre Figuren entwirft, wie sie mit ihnen umgeht, läßt sowohl Zärtlichkeit als Ekel, sowohl Verständnis als Wut, ja auch nur Trauer vermissen – und zwar egal, ob bei den Frauen oder den Männern. Täuscht es, wenn man hinter der vorgeschobenen Männerfeindlichkeit eine latente Menschenverachtung auf der Lauer sieht? Auch hier gilt einzuschränken, daß der misanthropische Blick literarisch durchaus fruchtbar zu machen ist, daß sein Spiegel Dinge zeigen kann, die sonst einer allgemeinen Versöhnlichkeit anheimfallen.

Indes lehrt die »Entmannung« von Christa Reinig das Fürchten nicht; nicht vor uns selber (als Männern), noch vor den Frauen, noch so recht vor der Welt, in der wir leben. Der literarische Amoklauf verliert sich in tausend funkelnden Splittern, die – so brillant sie einzeln sein mögen – weder zusammen erstrahlen noch den Leser zu blenden vermögen. Sie ergeben zusammen nicht einmal jene scharfgeschliffene Scherbe, mit der ... Aber lassen wir das.

3. Noch ein Versuch mit der Liebe: Peter Schalmey (1979)

Nach all den scheiternden Paarbeziehungen und Trennungsgeschichten in der deutschsprachigen Prosa der letzten Jahre noch eine »Versuchte Liebe«: Peter Schalmey, Jahrgang 1949, steuert mit seinem zweiten Roman eine ganz und gar eigene Variante zu einem Thema bei, das nach dem Aufleben des Feminismus in autobiographischen und poetischen Texten ein breites Echo gefunden hat – von Verena Stefan über Peter Handke und Gerhard Roth bis zu Botho Strauß und Hannelies Taschau. Gemeint ist der Ausbruch der Frau aus der Partnerschaft: Nora im letzten Viertel des zwanzigsten Jahrhunderts.

Zunächst scheint es so, als habe der Ich-Erzähler in Schalmeys Roman, ein arbeitsloser Psychologe Anfang Dreißig, alles andere vor, als sich über die Liebe auszulassen. Er will ein Buch über seinen kürzlich verstorbenen Vater schreiben. Doch die Gegenwart des Schreibens, die Begegnungen mit näheren und ferneren Verwandten und Bekannten, das Problem der eigenen Existenz schieben sich immer wieder vor das eigentliche Vorhaben und überlagern es.

Da ist zum Beispiel die Mutter mit ihren ständigen Telefonanrufen und besorgten Nachfragen, warum er keiner vernünftigen Arbeit nachgehe. Selten ist in der neueren Literatur eine neurotische Mutter-Sohn-Bindung so zurückhaltend und doch eindringlich dargestellt worden. Kurz und bündig werden die Gespräche mitsamt ihren Fallstricken referiert. Einmal behauptet die Mutter am Telefon, auf Kur und mit netten Leuten zusammen zu sein. Als der Sohn sich darüber freut, folgt prompt das Dementi: Sie habe sich alles nur ausgedacht, um die Reaktion zu prüfen. Das könnte ihm so passen, daß sie sich ohne ihn wohl fühle. In Wahrheit sitze sie einsam zu Hause.

Obgleich der tote Vater schon bald nicht mehr im Mittelpunkt der Schreibbemühungen steht, bleibt er von allen dargestellten Personen am gegenwärtigsten. Was der Sohn als Kritik gegen seine Mutter wendet, die jene Briefmarken weitersammelt, die sie zu Lebzeiten des Vaters am liebsten in den Papierkorb geworfen hätte, das gilt letzten Endes auch für ihn selbst und sein Schreiben – »es ist der letzte Versuch, eine Liebe auszudrücken, die uns noch einmal schmerzhaft ins Bewußtsein gerückt wird, wenn die Hindernisse, die uns die wirkliche Person durch ihre Gestalt in den Weg gelegt hat, mit ihrem Tod endgültig zusammengebrochen sind«.

Die Beziehung zwischen Vater und Sohn wird in knappen Erinnerungsfetzen verdeutlicht, aber gerade diese erzählerische Behutsamkeit ist es, die eine innige Bindung zwischen beiden im Leser evoziert, eine Bindung, deren Gefährdung keineswegs nachträglich vertuscht wird: »In Wirklichkeit schämte ich mich natürlich für den Versuch, ein Gespräch mit ihm zu führen, das die Grenzen verwischt, die zwischen Männern bestehen sollen.«

Mehr und mehr kreist das Protokoll des Ich-Erzählers (ohne sich völlig darin zu verlieren) um seine Partnerin Lisa, mit der er zusammenlebt und die ihm das Schreiben ermöglicht. Beide haben eine Trennung auf Zeit bereits hinter sich: Er war für mehrere Monate allein in Amerika. Am Anfang des Romans wird die Wiederbegegnung geschildert. Schon in den ersten Seiten bewährt sich die unaufdringliche Präzision Schalmeys. Es ist lange nur von der »Frau« die Rede, dann einmal von der »Frau, die ich Lisa nenne«, und erst ganz allmählich weicht mit der Angst, ob es sich tatsächlich noch um denselben Menschen handelt, den man einst verlassen hat, auch die Scheu davor, die Partnerin mit ihrem Namen zu nennen, einfach: Lisa. »Ich halte Lisas Hände fest und habe doch das Gefühl, daß das Mißverständnis immer noch möglich wäre.«

Eine erzählerische Eigenheit Schalmeys ist der naive Augenaufschlag: Hin und wieder schildert der Held seine Beobachtungen, als sei er ganz fremd in dieser Welt. Zum Beispiel über Sexualität: »Ich hörte Lisa unter mir vor Vergnügen schreien. Sie nahm dazu Pillen ein, die sie nicht vertrug, denn sie fürchtete sich davor, ein Kind zu haben.« Solche Sätze, die nicht zur Regel und damit nicht zur stilistischen Marotte werden, lassen den Leser aufmerken und das Gewohnte neu sehen. Lisa nimmt eben nicht »die« Pille, wie es der Sprachgebrauch verharmlosend nahelegt, sondern tatsächlich Pillen, Tag für Tag.

Einfach hat es der Leser bei der Lektüre nicht. Äußerste Aufmerksamkeit wird gefordert. Feinheiten im Umgang der Figuren entgehen einem nur dann nicht, wenn man Aussparungen, Sprünge und Andeutungen genau registriert. Das war schon in Schalmeys erstem Roman »Meine Schwester und ich« von 1977 so, einem mordgetränkten Modellfall familiärer Neurosen. War in diesem Buch die Schreiblust noch ungebremst, mit einer Tendenz zur stilistischen Monotonie, so kommen die erzählerischen Möglichkeiten dieses Autors in der Bündigkeit seines neuen Romans weitaus besser zum Ausdruck.

Die »Versuchte Liebe« endet mit einer regelrechten Volte – im besten Sinne der romantischen Fiktionsironie. Lisa, die sich mehrfach geweigert hat, die schriftstellerischen Ergebenisse ihres Lebensgefährten zur Kenntnis zu nehmen, ist plötzlich verschwunden. Auf dem Küchentisch liegt ein Zettel: »Ich habe in Deinem Buch gelesen. Wenn Du unsere Beziehung so siehst, wie Du sie beschreibst, halte ich es für besser, daß ich ausziehe.«

Bei einem Treffen hält sie dem Mann Sätze aus seinem Buch entgegen (die auch in Schalmeys Roman vorkommen). Er versucht, sich herauszureden: Literatur folge ihren eigenen Gesetzen; selbst wenn sie partiell mit der Wirklichkeit übereinstimme, könne man daraus keine Schlüsse ziehen. Sie antwortet: »Was mich aufregt, ist doch, daß ich nie erfahre, was du wirklich denkst.«

Und sie fragt ihn, wie er seinen Roman enden lassen wolle. Mit einer Trennung? Ja, sagt der Romanheld. Aber in Schalmeys Roman kommt es anders. Allen Krisen der Beziehung zum Trotz bleiben Lisa und ihr Freund zusammen. Schalmey läßt durchblicken, daß das ein romanhaftes Ende ist: der Traum, durch die rücksichtslose Offenbarung zu einer wirklichen Vertrautheit mit dem Partner zu kommen; der Traum, daß aus dem Schreiben Leben werden könnte, der Wunsch des Schreibenden, daß Literatur zum anderen hinführt und nicht in die Isolation der Schreibstube.

Genauso gut läßt sich der ironische Schlenker in diesem Roman aber auch anders deuten: An der verhinderten Trennung (im übrigen bleibt der Ausgang offen, es handelt sich nicht etwa um ein Happy-End) hat das Manuskript, über das geredet wird, nur mittelbar Anteil. In Wirklichkeit wirkt es wie ein Katalysator: Erst in der Diskussion darüber entsteht jene Nähe, die den Bruch verhindert. Nicht das, was geschrieben wurde, schafft Klarheit, sondern die Auseinandersetzung über die Vieldeutigkeit des Geschriebenen. Schalmey, könnte man folgern, mißtraut der Brauchbarkeit von Literatur für die Lösung allfälliger Lebensprobleme.

Was diesen Roman so gelungen erscheinen läßt und was ihn dem Vorwurf des Erfahrungsverlustes und der Selbstbespiegelung entzieht – wie er sich gegen manche Produkte der zeitgenössischen Literatur erheben läßt –, ist die ironisch-distanzierte Erzählhaltung. Sie bewirkt einen Schwebezustand, der daran erinnert, daß Kunst auch mit Spiel zu tun hat. Schalmey vertraut auf die Möglichkeiten, die die Literatur dem Bekenntnisprotokoll und dem Lebensdokument voraushat: daß sie das Bedrückende des Alltags zum Tanzen bringt, ohne es damit von sich zu schieben.

4. Auf der Flucht: Uwe Timm (1980)

Die Abschiede nehmen kein Ende. In Uwe Timms Roman heißt die Frau, die ihren Freund verläßt, Karin. Allerdings zieht sie nicht mehr rigoros davon wie viele ihrer Schwestern aus der vergangenen Zeit, von feministischer Mission getrieben und zu radikalem Bruch entschlossen. Sie hat vielmehr einen ganz altmodischen Grund für ihre Abreise: Es gibt einen anderen. Und welchem von beiden Männern sie den Vorzug geben soll, weiß sie noch nicht. Kerbel, mit dem sie bisher in München zusammengewohnt hat, ist Ende zwanzig, ein Germanistikstudent, der seine Abschlußarbeit nicht fertiggestellt hat und seinen Lebensunterhalt mit Taxifahren verdient. Der andere lebt in Berlin und ist so ziemlich das Gegenteil: ein erfolgreicher Architekt, von der gesellschaftlichen Bedeutung seiner Arbeit überzeugt, kein bloßer Auftragsempfänger, sondern ein bewußter Planer und Schöpfer.

Uwe Timm, der mittlerweile vierzigjährige Schriftsteller, liebt solche Gegensätze. Er schätzt klare Konturen, fest umrissene Charaktere. Sein Schreiben folgt traditionellen Mustern, seine Texte sind leserfreundlich und überschaubar. Exzentrik und künstlerische Kühnheit sind seine Sache nicht. Wer das weiß und bei seiner Erwartung berücksichtigt, kann sich mit diesem Autor durchaus anfreunden. Timm ist ein verläßlicher Chronist und solider Beobachter.

Auch in »Kerbels Flucht«, seinem dritten Roman, bleibt er den Erfahrungen seiner Generation auf der Spur. Zentrales Erlebnis für alles weitere ist die Revolte der Jahre 67/68. »Heißer Sommer« hieß sein erster Roman, 1975 erschienen, ein Erinnerungsbuch, in dem die Stationen von Aufstieg und Niedergang der Studentenbewegung mit Akkuratesse festgehalten werden. »Morenga« (1978), der folgende Roman, eine breit angelegte Darstellung der Aufstände im ehemaligen Deutsch-Südwestafrika am Anfang des Jahrhunderts, lag nur scheinbar ab von dieser thematischen Linie. Denn das historische Interesse an dem erbarmungslosen Ausrottungskampf der deutschen Kolonialtruppen ist mit den zeitgenössischen Erfahrungen des Vietnamkriegs eng verknüpft. Wie die Diskussion darüber in Amerika erst den Blick für vergangene Kämpfe schärfte, in diesem Fall für jene gegen die Indianer, so versuchte Timm, den Deutschen ein eigenes, längst verdrängtes Kapitel ihrer Geschichte vor Augen zu halten. Und Parallelen boten sich an: was in Vietnam der chemisch entlaubte Dschungel gewesen ist, das waren im heutigen Namibia die vernichteten Rinderherden; der einheimischen Bevölkerung wurde die Lebensgrundlage systematisch entzogen.

Die Hauptfiguren in Timms Romanen sind Demonstrationsfiguren. Alle ähneln sich ein wenig: Ullrich aus dem »Heißen Sommer«, ein Germanistikstudent, der nicht recht vorankommt mit seinem Studium, Johannes Gottschalk, Tierarzt in der Kolonialtruppe, ein für seine Zeit bemerkenswert aufgeklärter Registrator der Umwelt, der mit einem Fontane-Roman in der Tasche nach Afrika zieht, und schließlich Kerbel, der Verlassene. Die Väter dieser drei übrigens sind allesamt wenig erfolgreiche Geschäftsbesitzer: ein Möbelhändler im ersten Fall, im zweiten, wie es sich gehört, ein Kolonialwarenhändler, und im letzten Fall ein Elektrohändler.

Kerbel, das sieht man sehr schnell, ist ein gestrandeter Mitläufer der Studentenrevolte – und als solcher ist er für Timm vor allem von Interesse. Kerbel beginnt ein Tagebuch zu schreiben, nachdem er seine Freundin Karin zum Flugzeug nach Berlin gebracht hat. Doch der mögliche Verlust der Lebenspartnerin ist nicht sein eigentliches Problem, diese Bedrohung macht sein Dilemma nur deutlicher. Kerbel kennt die Richtung nicht, in der er sich bewegen will. Politische Arbeit, was auch immer darunter zu verstehen ist, stellt für ihn keine Alternative mehr dar. An einem Kommilitonen aus der Wohngemeinschaft kann Kerbel studieren, wie einer sich im Kreis dreht, der sich weiter von Termin zu Termin hetzen läßt. Nur einmal, als ein afrikanischer Widerstandskämpfer zu einem Vortrag anreist, taucht eine sentimentale Erinnerung an den Schwung der vergangenen Jahre auf. Als Kerbel den Mann in seinem Taxi vom Flughafen abholt und der ihn freudig mit »Genosse« anspricht, erfährt Timms Held allerdings im Innersten zugleich den unüberbrückbaren Abstand.

Kerbel steigert sich auf dem Papier in den Wahn des Zurückgelassenen. »Sie hat mir meine Austauschbarkeit bewiesen«, notiert er, »das verzeihe ich ihr nicht und kann es mir nicht verzeihen.« Größere Entdeckungen allerdings als die, daß ihm die Vorstellung unerträglich sei, daß die ihm so vertrauten Reaktionen der Frau auch ein anderer auslösen könnte, ringt Kerbel sich nicht ab. Das Tagebuch als literarische Form ist ein zweischneidiges Kunstmittel: Mangelnder Tiefgang in der psychischen Auslotung läßt sich leicht mit den beschränkten Möglichkeiten des fiktiven Tagebuchschreibers entschuldigen. Eine andere literarische Figur, Richard Schroubek aus der Erzählung »Die Widmung« von Botho Strauß, war da im Rausch des Verlassenseins bohrender und unerbittlicher.

Timms Roman, kaum umfangreicher als die Strauß-Erzählung, weist manche äußerliche Ähnlichkeit mit ihr auf. Auch Kerbel weiß mit seiner Karin kaum etwas anzufangen, als er sie endlich wiedertrifft. Was bei Strauß in einer Berliner Kneipe vor sich geht, spielt sich bei Timm in einem Café am Kurfürstendamm ab. Karin zu bitten, auf den anderen zu verzichten, scheint Kerbel plötzlich wie ein Gedanke aus einer vergangenen Epoche. Was ihm im Vergleich zur Strauß-Figur an monologischer Eloquenz abgeht, das macht Kerbel durch mancherlei Kontaktaufnahme wieder wett. Trotz seines desolaten Zustands geht er auf die Menschen zu. Spannend ist etwa die Begegnung mit seinem Widersacher zu verfolgen: Der andere überhäuft ihn vor lauter Verlegenheit mit Einzelheiten von seiner Arbeit als Architekt, nachdem Kerbel aus purer Hilflosigkeit ein paar höfliche Fragen gestellt hat. Bei einem Besuch im Osten der Stadt ergibt sich eine kurze Episode mit einer jungen Frau, die ihre FDJ-blaue Bluse im Studentenheim eilig ablegt und im übrigen ihre Zukunft ähnlich illusionslos sieht wie der Besucher aus dem Westen.

Nach einem selbstverschuldeten Totalschaden am Taxi, nach einem auf komische Weise mißglückten Versuch, in einem Verlag zu arbeiten, nach der Trennung von Karin, die ihn wegen einer tätlichen Auseinandersetzung endgültig verläßt, nach einem ergebnislosen Besuch bei einer ehemaligen Landkommune, in der heute die Rauschgift-Dealer das Sagen haben, endet Kerbels Flucht vor sich selbst schließlich mit einem Knalleffekt: Bei einer Polizeikontrolle ignoriert er die Stopsignale und fährt drauflos – eine durchaus realistische Möglichkeit zum Selbstmord, wie man aus der Wirklichkeit weiß. Kugeln aus schußbereiten Maschinenpistolen setzen Kerbels Leben ein Ende.

Uwe Timm hat mit seiner Figur einen Verlorenen und Verlierer gezeichnet, einen jener Unangepaßten, die das doppelte Pech haben, ins Bestehende sich nicht eingliedern zu wollen, aber an eine Alternative nicht mehr glauben zu können. Wie bei vielen Prosatexten der letzten Zeit steht die dokumentarische Qualität des Romans im Vordergrund. Was hier zählt, sind nüchterne Fakten. Das mag in Einzelfällen wie diesem seine Berechtigung haben, ein literarisches Zukunftsprogramm ist es nicht.

5. Vogel sucht Käfig: Gabriele Wohmann (1980)

»Weiter, weiter«, lauten die letzten Worte dieses Vierhundert-Seiten-Romans. So gehetzt, nach Atem ringend klingt das ganze Buch. Die Sätze stolpern übereinander, kommen nirgendwo zur Ruhe, obgleich doch gar nicht viel in ihnen geschieht. Eine Pause im Leben der Hauptfigur Marlene Ziegler wird von Gabriele Wohmann unter Hochdruck erzählt, als könne jeden Augenblick etwas Ungeheuerliches eintreten. Dabei variiert die Geschichte nur ein altes Thema, das die Romanheldin selbst auf den Nenner bringt: »Keiner hat, was er will. Jemand Vogelfreies möchte lieber angebunden sein, und der im Käfig, der will raus.«

Von einer Geschichte zu reden, ist fast schon zuviel. »Marlene war mit 36 Jahren eine wirklich noch junge Therapeutin«, so werden wir informiert. Marlene verläßt ihren Mann, der kein Ehemann ist, sondern ein Lebensgefährte. Sie fährt nach Engstringen, nahe bei Zürich, um dort für längere Zeit einen Kollegen in dessen Praxis zu vertreten. Eine Vortragsreise in den Vereinigten Staaten schließt sich – im letzten Fünftel des Romans – den ereignislosen Schweizer Tagen an.

Der Ortswechsel gibt der Romanheldin Gelegenheit, sich manches durch den Kopf gehen zu lassen. Bald erfahren wir, daß Marlene an eine endgültige Trennung von dem in der Heimat wartenden Herbert, einem Hochschullehrer für Altgermanistik, nicht denkt. Aufregend ist diese Beziehung zwar nicht mehr, »denn hier mischte die Langjährigkeit ihre verdickende Gabe zwischen alle vitalisierenden Reize«, und Marlene fühlt sich auch eher wie jemand, »dem alles Ungebundene und Übergangszeitliche doch am meisten« liegt, aber immerhin bietet ihr Herbert etwas, das auch sie anscheinend braucht: Vertrauen, Verläßlichkeit, Dauer.

Die Beziehung zu Herbert wird mit lässiger Ironie dargestellt. Marlene rekapituliert: »Ach ja, sie beide hatten selbstverständlich diese Sache mit der absoluten Freiheit eines jeden von ihnen ausgemacht, eine Spur zu gewissenhaft vielleicht, zweierbeziehungsmäßig auf dem Laufenden wie diese ganzen, aber meist doch jüngeren und daher nervlich stabileren Leute. Und nun war eben Realität. War Alltag, grauer Alltag.« Sie fragt sich, ob sie nicht vielleicht nur »als Reaktion auf Liebe« liebt.

»Warum heiratete man nicht?« Das ist eine Frage, die sich Marlene nun sogar häufig stellt. Warum ihr »das administrative letzte Siegel«

plötzlich fehlt, wird allerdings nicht ganz klar. Immerhin war sie es, die Jahre zuvor den Heiratswunsch ihres Partners abgeschlagen hat. Zu einem Entschluß kommt sie selbst in der helvetischen Zurückgezogenheit nicht: »Ihr Freiheitsbedürfnis war ganz genauso groß wie der Trieb sich unterzubringen.« Sie denkt sich: »Vielleicht sollten wir statt zu heiraten uns irgendwie gegenseitig adoptieren.«

Wer ist diese Marlene? Eine am eigenen Fortkommen orientierte Psychotherapeutin? Eine Frau in den besten Jahren, die den Boden unter den Füßen verliert? Nein, keinen Modellfall führt uns Gabriele Wohmann vor, keine Entwicklung. Zunächst und vor allem ist Marlene Ziegler ein Medium, durch das die Autorin in die Welt schaut. Doch das, was sie erblickt, ist größtenteils beliebig und belanglos. Und weil die Beobachtungen so wenig über die Beobachtende, über Marlene, aussagen, wird auch die Hauptfigur mit ihren Problemen nicht recht glaubwürdig.

Das hat Folgen. Obgleich der Roman nicht in der Ich-Form verfaßt ist, bleibt die Perspektive eng am Blickwinkel der Romanheldin. Da sie als Temperament nicht recht faßlich wird, zerfließen auch die Konturen ihres jeweiligen Gegenübers. Über ihre Patienten der Schweizer Praxis erfährt man wenig. So sicher Gabriele Wohmann der Versuchung entgangen ist, den Roman zu einer Ansammlung psychopathologischer Fallstudien werden zu lassen, so unentbehrlich wäre doch gelegentlich der Umriß eines Psychogramms, das mehr ist als der von dieser Autorin so gern praktizierte satirische Seitenhieb.

Besser wird es dort, wo sich Marlene in Abwehr steigert und Gabriele Wohmann in Wut schreibt. Dann ist plötzlich die Atmosphäre da, die ich sonst im ganzen Roman vermisse. Meistens sind das Szenen, in denen Männer recht erbärmlich agieren. Da schafft es etwa einer von Marlenes Patienten, sie in ein liebloses Hotelzimmergerangel zu verstricken. Während sie alles im Sinne einer außerplanmäßigen Patientenpflege über sich ergehen läßt, denkt sie: »Er wirkte in den Umarmungssituationen wie auf einem Lehrgang... Er übte eine Art Hobby aus. Es war nicht sein eigenes. Doch von diesem Hobby hatte sich herumgesprochen, daß es erstklassig war.« Und tatsächlich ist der Mann – Hohn auf alles, was Marlene empfunden hat – am Ende mit sich zufrieden.

Ja, die Männer. Am liebsten hält Marlene sie auf Distanz. Als kurze Zeit nach dieser glänzend beschriebenen Beischlafparodie ein verheirateter Kollege die Annäherung probt, ist ihre Reaktion: »Nicht schon wieder! dachte Marlene und: Schluß mit den Kontakten: Mit den mitteleuropäischen Unterjochungen einer Frau, die sich anstrengt, beliebt zu sein.« Kühl ruht der Blick der Therapeutin auf dem Zurückgestoßenen: »Er erinnerte Marlene an ein Kind, das auf keinen Fall zu zeigen vorhat, wie sehr jemand Erwachsenes es gekränkt hat. Für heute war Schluß mit dem Herumspielen.« Die Abscheu der Marlene vor jener Selbstsicherheit eines Mannes, »die ihm dieses ersehnte Strammstehen eines Körperteils zuspielte«, setzt dem Roman immer wieder Glanzlichter auf. Überhaupt gewinnt er dort, wo Gabriele Wohmann ihre Heldin mit anderen Personen zusammenführt.

Doch soweit kommt es nur selten. Die Kontakte, die Marlene pflegt, sind – nicht allein in einem körperlichen Sinne – äußerst zurückhaltend. Viele Figuren tauchen überhaupt nur in ihrem Kopf auf, sind stumme Gesprächspartner ihrer Monologe: ihr umhergetriebener Bruder, eine anhängliche Patientin oder das Ehepaar, in deren Wohnung sie sich aufhält. Nur verdichten sich ihre Überlegungen weder zu einer Erinnerungsarbeit noch überhaupt zu einer Selbstanalyse. »Wie rätselhaft ist doch dem erfahrenen Profi immer wieder die eigene Seele«, stellt die tüchtige Psychologin fest, von deren Berufsansichten wir nicht viel mehr erfahren, als daß sie ganz gegen Gruppentherapie eingestellt ist. Dafür werden wir allerdings rührend von der Autorin aufgeklärt: »Marlene meinte es ernst mit jedem ihrer Patienten. Mit jedem auf seine Weise.«

Wirklich? Immerhin neidet Marlene zumindest manch weiblichem Patienten das »Gewohnheitsrecht« psychischer Erkrankung. Wäre sie selbst gern die Behandelte? »Mein eigenes zersplittertes Leiden an der Welt, dachte Marlene, das ist eine viel zu fahrige, viel zu weitverzweigte Sache, vollkommen unübersichtlich.« So stilisiert Gabriele Wohmann die Undurchdringlichkeit ihrer Romanheldin zu einer ätherischen Sonderrolle, jenseits des dumpfen psychischen Leids der Umwelt. Und als Marlene am Ende des Buches während ihres Amerika-Aufenthalts doch noch in einen seelischen Ausnahmezustand gerät, weiß man nicht recht, wieweit das eine freiwillige und vorübergehende Entmündigung ist.

In einem Überseetelefongespräch schlägt sie Herbert die Heirat vor, der genauso sachlich-freundlich darauf reagiert wie zuvor auf ihre Abreise. »Wenn wir zu diesem Termin heiraten, sparen wir so viel, daß wir jetzt mal richtig telefonieren können«, sagt er – ein Mann, der so gutwillig ist, daß selbst eine Feministin ihm vertrauen müßte. Doch gerade diese wunschlose Bereitschaft ist es wohl, die Marlene sofort im Innersten »Schade drum« sagen läßt. Schade um was? Um ihre Freiheit?

Nicht daß so vieles offenbleibt, ist der Fehler dieses Romans. Sondern daß die Fragen, zu denen es keine Antworten gibt, nicht genauer gefaßt werden. Die stilistische Hektik bei gleichzeitigem Stillstand der Handlung läßt dem Leser keine Möglichkeit, sich in Person und Geschichte einzuleben. Die vorzügliche erste Seite des Buches macht neugierig und enthält doch eigentlich als Keimzelle bereits alles Wesentliche der vielen folgenden, für mich zum Teil zermürbend leerlaufenden Seiten. Die Kraft zur Prägnanz, den Mut zum Straffen, die Lust an der pointierenden Komposition läßt Gabriele Wohmann in diesem Roman schmerzlich vermissen.

Ein Kapitel für sich
Walter Kempowskis deutsche Familienchronik

1. Eine Art Gedächtnistraining
(Interview, Januar 1972)

Frage: Vor Ihrem Roman »Tadellöser & Wolff« steht, sozusagen als Motto: »Alles frei erfunden!« Warum?

Walter Kempowski: Das ist natürlich ein Witz. Das Motto war aber auch als Schutz gedacht. Es könnten sich Leute wiedererkennen, obgleich ich die Personen alle ein bißchen »gemixt« habe. Und eine Frau hat mir tatsächlich geschrieben, ich wüßte ja gar nicht, was ich ihr antäte, daß ich sie darin erwähne – dabei wollte ich ihr was Gutes tun...

Frage: Würden Sie protestieren, wenn man Ihr Buch eine Autobiographie nennt?

Kempowski: Nein. Autobiographie ist ja nichts Schlechtes. Man ist jetzt vierzig, hat genügend Erfahrungen, und diese Erfahrungen bilden den Boden für dieses Buch.

Frage: Marcel Proust sagte einmal in einer Kontroverse mit Gide, man könne alles über sich schreiben, unter der einen Bedingung, daß man nie »Ich« sage. Halten Sie das für übertrieben?

Kempowski: Ja. Aber zum Beispiel gewisse sexuelle Dinge – ich würde nicht mögen, wenn das andere lesen. Das ist eine Frage der Scham. Ich habe »mich« eigentlich konsequent ausgelassen. Ich bin Zuschauer der Szenerie.

Frage: »Autobiographien versäumen es, die Ähnlichkeit zu treffen, indem sie der Wahrheit nachjagen«, sagte Frank Swinnerton, ein Freund von H. G. Wells.

Kempowski: Ja, das stimmt. Die Wahrheit ist das dem Blick Verstellte. Sie lebt nur unter der Decke der Erscheinungen, wie Schiller in bezug auf »Natur« sagt. »Das ist gar nicht dein Vater«, sagen mir Bekannte. Er ist also nicht »ähnlich« geworden. Und doch ist er das, was er in Wirklichkeit war: ein Mensch, mit dem man Mitleid haben muß.

Frage: Beim Lesen des »Tadellösers« ist man immer wieder überrascht durch die Genauigkeit der Einzelheiten. Wo haben Sie diese Erinnerungskraft her?

Kempowski: Ich brauchte im Zuchthaus nicht zu arbeiten. Als ich in der Zelle saß, dachte ich über die Nazizeit nach, über das Elternhaus. Tausend Bilder. Ich habe mir anfangs diese Vergangenheit zurecht gemacht wie einen kitschigen Farbfilm. Nachdem ich lange genug geschwindelt hatte, fragte ich weiter und immer spezieller, um endlich durchzustoßen zu dem, was »dahinterlag«, unter der Oberfläche also. Ich hab auf meiner Pritsche gelegen, mir Augen und Ohren zugeklemmt und mir zum Beispiel vorgestellt: Was hast du am 1. April 1938 gemacht? Es ist natürlich ausgeschlossen, das völlig zu rekonstruieren, aber man kann einkreisen, sich Gebiete erschließen, an die man zuvor nicht dachte, wie lebten damals die Eltern, welche Freunde hatte man usw. Oder die Wohnungseinrichtung bis auf den Tapeziernagel genau. Im Zuchthaus habe ich viel Zeit damit verbracht, mein Gedächtnis aufzufrischen.

Frage: Eine Art Gedächtnistraining.

Kempowski: So kann man sagen.

Frage: Sie haben aber auch Material verwendet?

Kempowski: Als ich wieder frei war und hier in der Bundesrepublik nicht als politischer Häftling anerkannt wurde – man sagte, das hast du selbst verschuldet, du wolltest »das Vaterland retten«, sieh zu, wie du da wieder rauskommst –, in dieser Situation habe ich mich dann wieder in die Erinnerung geflüchtet und den Kreis erweitert. Ich habe meine Mutter vors Tonbandgerät geholt und sie alles erzählen lassen, später auch andere Verwandte, und so meine Erinnerungen ergänzt. Dazu kamen Hunderte von Fotos, die ich mit der Lupe nach Erinnerungspartikeln absuchte. Das war die zweite Auffrischung des Gedächtnisses. Die dritte ereignete sich dann erst während des Schreibvorgangs. Weil ich nun gezielt suchen konnte, habe ich auch auf Bücher zurückgegriffen, auf alte Adreßbücher und Zeitungen.

Frage: Wie lange haben Sie an »Tadellöser« geschrieben?

Kempowski: Das ist schwer zu sagen. Geschrieben von Herbst 1968 bis Herbst 1970, zwei Jahre. Das ist für so ein dickes Buch nicht viel. Das jetzt entstandene »Missing Link« habe ich noch schneller geschrieben. Ich habe angefangen im Januar 1971 und wurde im März 1972 fertig. Wenn man aber das Materialsammeln dazu rechnet (und das muß man wohl), dann kommt man auf zehn Jahre oder mehr.

Frage: Wie sind Sie zu Ihrem Stil gekommen?

Kempowski: Im Knast verfaßte ich auf Schiefertafeln oder Topfböden Gedichte wie Rilke, die Gott sei Dank alle abhanden gekommen sind, dann schrieb ich wie Kafka, einen kleinen Roman von 70 Seiten, an dem ich heute noch hänge, obgleich er nie einen Verleger gefunden hat. Alle Personen darin fingen mit »K« an, um zu zeigen: ich bin mir der Kafka-Nachfolge bewußt. Nach einigem Rumfummeln habe ich mir gesagt: Du solltest im »Familienton« schreiben, in dem dir eigenen Ton. Leicht gesagt! Aber allmählich bin ich auf diesem Wege zu einem eigenen Stil gekommen. Ich lese wenig, schon aus Zeitmangel; ich suche mir nur das Beste heraus. Johnsons »Jahrestage« habe ich von der ersten bis zur letzten Seite gelesen, weil ich das Gefühl hatte, hier hat jemand etwas ganz Ähnliches beschrieben, aber doch so anders, daß ich nicht »eifersüchtig« zu sein brauchte. Ein großes Vorbild ist Céline, der Franzose, von ihm ist das in Trümmer fallende Reich großartig geschildert worden. Auch Gottfried Keller ist anregend gewesen, der wohl nicht so »en vogue« ist, jedenfalls ernte ich seinetwegen immer ein mitleidiges Lächeln. Ich glaube, man sieht nicht seinen grotesken Humor; ich habe bei ihm viel gelernt. Und Christian Morgenstern. Italo Svevo. Arno Schmidt. Kafka erwähnte ich ja schon, den großen.

Frage: Und Thomas Mann? Er hat ebenfalls den Roman einer Familie geschrieben, die auseinanderfällt. Was ist der Unterschied, was ist gemeinsam?

Kempowski: Auch Thomas Mann. Von den »Buddenbrooks« sind ja gewisse Parallelen zum »Tadellöser« zu ziehen. Ich kenne den Roman natürlich sehr gut, ich habe ihn bestimmt vier- oder fünfmal gelesen. Der große Unterschied ist, daß Thomas Mann sehr viel kommentiert und ich überhaupt nicht. Bei mir wird auch nicht der

Verfall einer Familie beschrieben, wohl im »Tadellöser«, aber das Projekt spannt sich ja weiter, es geht später wieder »aufwärts«. Und ich sehe in diesem »Wiederaufwärts« eigentlich etwas viel Schlimmeres als im Verfall: etwas, das sich auflöst, geht ein in ein anderes, aber etwas, das sich wieder etabliert, das heißt, alle Fehler zementieren.

Frage: Sie haben ja eine recht eigenwillige Arbeitstechnik entwickelt. Könnten Sie kurz erklären, wie Ihre Schreibtischarbeit aussieht?

Kempowski (zögernd): Muß das sein? Man hat jetzt schon soviel über diese Zettelarbeit gesprochen, es widerstrebt mir eigentlich, das nochmal auszuwalzen. Es kommt darauf an, sich selbst zu überlisten, immer auf dem Sprung zu sein. Man hat oft Einfälle, die sofort wieder weg sind, also: Zettel bei sich haben und alles, prinzipiell alles notieren! Gerade das, was man nicht aufschreiben will, weil man glaubt, das ist ja läppisch, gerade das ist wichtig. Und diese Zettel dann in ein System bringen und wie ein Weinbauer warten, bis sich die Sache »gesetzt« hat. Man muß viel Geduld haben; und erfahrungsgemäß ist die Hälfte der Zettel nicht brauchbar. Dann muß aufeinander abgestimmt, geglättet werden. Und irgendwann entsteht aus diesen ausgewählten Zetteln ein Buch, auch wenn man das anfangs nicht für möglich hält.

Frage: Das ist ja eine Art Lebensform, dieser Zwang, dauernd Zettel bei sich zu haben. Stört Sie das nicht manchmal?

Kempowski: Nö. Nur die Umgebung ist eingeschüchtert und verstummt. Ich mache das gern. Ein Angler ist ja auch nicht wütend, wenn er was fängt.

Frage: Was die Menschen reden, zeigt wie sie denken. Sollen die Personen Ihres Romans durch ihre Sprache entlarvt werden? Kreiden Sie ihnen die Sprache an?

Kempowski: Nein. Das Wort »entlarven« würde ich nicht benutzen. Die Personen meines Romans sind ja keine Spitzbuben. Sie sollen gekennzeichnet werden: was ist mit denen eigentlich los? Wenn man auf die Sprache achtet, dann sieht man auch dahinter, auf das Leid, auf das Erbärmliche des Individuums. Ich will mich in dem Buch ja nicht über die Menschheit lustig machen. Wenn man das wollte – das könnte man sehr leicht haben. Im Gegenteil: zwar soll das Groteske gezeigt werden, dahinter aber das erbarmungswürdige Menschliche, das uns allen gemeinsam ist. Ich will nicht das Gelächter, sondern mehr Verständnis. Nicht entlarven, sondern die Larven zeigen.

Frage: Lassen Sie uns noch etwas bei Ihrem letzten Roman bleiben. Sie enthalten sich im »Tadellöser« der Wertung. Ist das nicht gefährlich?

Kempowski: Nein. Ich halte den Leser für intelligent genug, seine Schlüsse selber zu ziehen. Die Auswahl übrigens, die ich treffe, ist tendenziös. Tendenziös aber nicht im Sinne einer Richtung, in die ich den Leser drängen will, denn ich weiß nicht, wo es hingehen soll, diese Verantwortung kann ich nicht auf mich nehmen: ich präsentiere keine Rezepte, das muß jeder selber machen – und doch richte ich an.

Frage: Besteht nicht die Gefahr, daß ein gewisser Typ von Vater seinem Sohn das Buch mit der Bemerkung überreicht: »Schau nur, so harmlos war das damals alles!«

Kempowski: Dazu wird das Buch ungeeignet sein. Denn im »Tadellöser« steht viel Schlimmes. – Wie wollen Sie heute einen Menschen der älteren Generation noch dahin bringen, daß er freiwillig ein Buch über die Nazizeit liest? Der größte Teil meiner Leser wird in dieser älteren Generation zu finden sein. Wie kommt das? Sie lesen es, obwohl es sich mit der Nazizeit beschäftigt und auch bittere Wahrheit drinsteckt: Das macht, daß sie gut verpackt ist, wie bittere Medizin unter süßer Couverture. Der von Ihnen zitierte Mann wird tatsächlich noch einmal ein Buch über die Nazizeit lesen, weil ihm die Perspektive gefällt, und vieles von dem, was er verdrängt hat (wenn er etwas verdrängt hat, es gibt ja auch kritische Leute aus der älteren Generation), wird plötzlich wieder dastehen. Und es besteht dadurch die Chance, daß er sich auch an all das Schlimme erinnert. Daß das Buch von der älteren Generation auch als Witzbuch mißbraucht werden kann, ist möglich. Man kann auch die Bibel als Zigarettenpapier benutzen. Vor Mißbrauch ist nichts geschützt. Was die jüngeren Leute betrifft, so können sie in dem Buch Strukturen erkennen, die denen ihrer Gegenwart ähneln. Die bürgerlichen Strukturen sind ja fast die gleichen geblieben. Und wenn der Vater das Buch seinem Sohn gibt, kann ich nur wünschen, daß er es wirklich liest, um zu prüfen, ob sein Vater recht hat. Die »Harmlosigkeit« – ich finde, diese Harmlosigkeit neben dem Grauenhaften ist ja viel schlimmer, als wenn ich jetzt nur Grauenhaftes beschreibe. Gerade die Idylle bringt den Leser ja dazu, nach dem Grauenhaften zu fragen. Wenn in einem Roman das Grauenhafte überwiegt, so könnte es doch sein, daß der Leser sagte: »Ich will das alles nicht, weg damit! Das hängt mir zum Halse raus!«

Ganz abgesehen davon, daß ein solches Buch nicht »stimmte«, denn in der Nazizeit hat es auch Windschatten gegeben.

Frage: Glauben Sie, daß auch jemand, der nicht dabei war, all diese Redensarten, Tageswitze aus dem Kriegsalltag versteht?

Kempowski: Doch, das hoffe ich. Man kann ja auch Fremdsprachen lernen.

Frage: Sind Sie eigentlich sicher, daß Ihr Leben so exemplarisch war? Zum Beispiel: Sie kämpften als Junge um Ihre langen Haare gegen die Überfälle der HJ und die Bitten der Mutter, ähnlich wie auch heute junge Leute mit ihren Eltern im Kampf liegen. Diese Einstellung zur Autorität – war sie damals unter den Jugendlichen wirklich verbreitet? Oder konnte der junge Walter Kempowski sich das vielleicht nur deswegen leisten, weil sein Vater Offizier war?

Kempowski: Nein, das hatte nichts damit zu tun. Das hätte einen nicht geschützt. Geschützt hat einen vielleicht, daß man in die Bürgerschicht gehörte, daß man auf der höheren Schule war und daß die Familien in dieser kleinen Stadt sich untereinander kannten: »Pimpfen« passierte eigentlich nichts. Ich selbst habe keinen Fall erlebt, wo die Eltern dafür verantwortlich gemacht wurden, daß die Kinder Jazzmusik hörten. Hätte *ich* allerdings erzählt: »Meine Eltern hören jeden Tag BBC«, so wäre das natürlich ins Auge gegangen. Das war ein strafbarer Tatbestand. Jazzmusik nicht, langes Haar auch nicht – 50 Mark hat meine Mutter mal bezahlen müssen.

Frage: Eine kleine Frage am Rande: Im Buch erscheinen die Namen Handke und Michael Krüger. Ist das Zufall oder eine Anspielung auf Persönlichkeiten der Literaturszene – so eine Art Branchenwitz?

Kempowski: Es gibt da so kleine Geheimnisse...

Frage: Wenn Sie heute auf »Tadellöser & Wolff« zurücksehen: Was hätten Sie gern anders gemacht? Was werden Sie bei den folgenden Arbeiten beachten?

Kempowski: Jedes Buch ist ein Kompromiß: ein Annäherungswert an das, was man will. Irgendwann muß man es abschließen. Zu der Anlage des Buches stehe ich auch heute noch. Daß ich mich über manche Stelle, die stehengeblieben ist, ärgere, ist eine andere Frage.

Frage: Bevor wir auf Ihren neuen Roman zu sprechen kommen, sollten Sie vielleicht kurz Ihre Planung erläutern. »Tadellöser« behandelt die Zeit von 1939 bis 1945. Das Buch, das Sie gerade fertigstellen, mit dem Arbeitstitel »Missing Link«, also das fehlende Glied zwischen diesem Buch und dem bereits vorher erschienenen Haftbericht »Im Block«, schließt sich zeitlich an. Wie geht es weiter, in welchen Etappen, und wann werden die Teile erscheinen?

Kempowski: Im Band 1 (»Tadellöser & Wolff«) breite ich die Landschaft aus: das Plateau mit all den Figuren, die sich darauf befinden. Im Band 2 »Uns geht's ja noch gold« (Arbeitstitel »Missing Link«) gerät die Geschichte ins Rutschen, als wenn ein Tisch umkippt. Im Band 3 (»Im Block«) wird gezeigt, wie sich der Bürger der »heruntergerutscht« ist, in einer solchen Ausnahmesituation verhält: Die Ausnahmesituation zeigt in einer ungewöhnlichen Verdichtung das »Menschliche«. Der Bürger verhält sich im Zuchthaus nicht anders als »draußen«; man besucht sich, man ist höflich zueinander, Konventionen werden aufrechterhalten. Geschäfte werden getätigt, selbst »Standesunterschiede« werden respektiert. Band 4 wird in ähnlicher Weise wie Band 1 und 2, auch stilistisch, zeigen, wie diese Familie sich hochrappelt; und vor lauter Wiederaufbaugedanken das Wesentliche, was sie eigentlich aus der Katastrophe lernen müßte, vergißt. Insofern ist auch das eine exemplarische Entwicklung: wie tausend andere Familien kommt die Familie Kempowski vor lauter Arbeit nicht zum Nachdenken. Und Band 5 schließlich praktisch die gleiche Situation wie in Band 1 – die Figuren des Plateaus stehen wieder.

Frage: Ist das schon chronologisch aufgeteilt?

Kempowski: Band 1 also bis 1945. Band 2 bis 48. Band 3 bis 56. Band 4 bis 60. Und der letzte Band endet mit dem Auftreten der ersten Hippies. Das ist dann sozusagen nicht mehr mein Thema; ich wollte zeigen, wie die bürgerliche Gesellschaft sich restauriert. Sicher kann man kommen und sagen: »Das ist doch banal!« – aber gerade dieses Banale ist ja das Grauenhafte, gegen das wir nicht ankommen; wir sitzen ja alle mit drin. Sie lernt nichts, diese Gesellschaft, und wird also, so kann man vermuten, irgendwann wieder so eine Talfahrt antreten müssen. Das Auftreten der Hippies, damals um 1963, erscheint mir als neuer Aspekt: die Wohnkommunen, die angebliche oder auch wirkliche Friedfertigkeit, die Verachtung alles Bürgerlichen, der Kleidung, des Berufes – was von mir als wünschenswerte Reaktion auf die Etablierung bejaht wird. Aber ich selbst bin ja kein Hippie. Leider! muß ich sagen. Ich kann mich nicht mehr lösen, ich bin dazu zu alt. Das muß ein anderer schildern, der selbst dabei war, der in Amsterdam unter dem Nationaldenkmal gelegen hat. So einer wie Hubert Fichte kann das. Ich nicht.

Frage: Das war die »inhaltliche Zeit«. Wann werden die Bücher erscheinen?

Kempowski: »Uns geht's ja noch gold« in diesem Herbst. »Buch 4« wird hoffentlich 1975 erscheinen, und 1978/1979 müßte alles ausgestanden sein (wenn nicht vorher die in der Tendenz angedeutete »Panne« das Bürgertum trifft).

Frage: Haben Sie in dem neuen Buch Ihren Stil beibehalten?

Kempowski: Weniger Konjunktiv, mehr direkte Rede. Ich finde, der Konjunktiv im »Tadellöser« hat etwas in die Vergangenheit Weisendes, das auch die Erstarrung ausdrückt. Während die Konfrontation mit Hunger, Elend und Trümmern in »Uns geht's ja noch gold« mehr zur direkten Rede zwingt. Auch die Auseinandersetzung mit den politischen Gegebenheiten ist stärker, es wird mehr diskutiert als in der Nazizeit, nach meiner Erfahrung – ich weiß nicht, ob das stimmt.

Frage: Der formale Aufbau Ihrer Romane, den man vielleicht beschreiben könnte als mosaikartige, pointiert-zugespitzte, dabei doch chronologische Ablaufform – wie ist das entstanden?

Kempowski: Er hat sich aus der Kurzgeschichte entwickelt. Meine Romane sind Großformen, in die eine Ballung von Kleinformen aufgeht (wie ich hoffe, zu ihrem Vorteil). Die einzelnen Textblöckchen, die Zellen, sind recht bewußt konstruiert. Und die Leerzeile hat natürlich nicht den Sinn, wie einmal ein Kritiker meinte, mehr Seiten herauszuschinden (ich bekomme ja nicht nach Seiten bezahlt), sondern sie soll das Lesen erleichtern. Ich habe die Goutierbarkeit immer im Auge. Ich finde, man sollte so schreiben, daß auch die sogenannten einfachen Leute das lesen können.

Frage: Ihre Schreibform ergibt auch, daß Sie selbst als Schreibender – als schreibendes Ich – draußen bleiben. Damit stehen Sie im Gegensatz zu einer Reihe von Kollegen, deren Schreiben nicht zuletzt von Schreibproblematiken bestimmt ist.

Kempowski: So wie Walser im »Einhorn«?

Frage: Da ist es sehr deutlich. Ich denke auch an Autoren wie Jürgen Becker. Warum fehlt diese integrierte Reflexion der eigenen Bedingungen bei Ihnen?

Kempowski: Weil ich das Schreiben selbst nicht so wichtig nehme. Wenn ich so etwas bei anderen lese, dann langweilt mich das, ehrlich gesagt.

Frage: Nun rückt die Zeit, in der Ihre Romane spielen, immer näher an die Gegenwart. Glauben Sie, daß Sie die Gegenwart mit den gleichen Mitteln bewältigen können wie die Vergangenheit, die doch überschaubarer ist?

Kempowski: Die Zeit bis 1963 technisch mit den gleichen Mitteln: ja. Unter »technisch« verstehe ich das Stoffsammeln; und ich habe schon genug Stoff beisammen, so daß mir von dieser Seite um die Bewältigung nicht bange ist. Die stilistischen Mittel werden sich sicher ändern; die ändern sich von Buch zu Buch, von Thema zu Thema. Natürlich habe ich nach jedem Buch mehr Schreiberfahrung, ich habe mehr gelernt, auch durch die Kritik, die sehr hilfreich sein kann (ich stehe der Kritik nicht so ablehnend gegenüber wie viele Autoren, ab und zu nehme ich mir Dinge zu Herzen). Man weiß jetzt: wie deutlich muß ich eigentlich werden, damit man mich versteht. Möglicherweise werde ich, je weiter ich fortschreite, faktenärmer werden, dafür fiktionsreicher, weil ich mehr Zutrauen zu meiner eigenen Erfindungsgabe bekomme.

Frage: Glauben Sie, daß Sie sich selbst, je näher Ihnen die eigene Geschichte »auf die Pelle« rückt, mit gleichbleibendem Abstand und Verzicht auf Wertung darstellen können?

Kempowski: Ich bin nicht Mittelpunkt der Romane, aber ich komme darin vor. Ich sehe mich selbst sehr unklar.

Frage: Haben Sie neben Ihrem großen Projekt noch weitere Arbeiten laufen?

Kempowski: Ja: Sachen, die mehr am Rande liegen. Ein Buch über Hitler, das vielleicht im nächsten Jahr erscheint. Dann haben wir Filme vor, was mir viel Spaß macht, weil ich hauptsächlich optisch arbeite. Hörspiele sind nicht so sehr mein Fall; ich fühle mich da etwas unglücklich, mein Optimum liegt da nicht.

Frage: Warum leben Sie hier auf dem Land?

Kempowski: Man wohnt hier besser. Ich habe meine Ruhe in jeder Hinsicht. Und ich habe hier auch die Möglichkeit, meine Freunde bei mir wohnen zu lassen; die kommen dann für mehrere Tage und man kann in Ruhe diskutieren, wirklich ausdiskutieren – nicht bloß eine Nacht reden, und am nächsten Tag weiß keiner mehr, was er gesagt hat. Man muß doch einen Menschen aus seiner ganzen Person heraus verstehen; das kann man nur, wenn man mehrere Tage mit ihm zusammen ist. Wir haben hier alle Vorteile der Stadt, ohne ihre Nachteile zu haben. Wir wohnen an der Autobahn. Sie haben ja gesehen, wie schnell man hier ist aus Hamburg. Freunde haben wir genug hier, auch »Künstler«. Ich verkehre gern mit Malern, die haben ein deutlicheres Formverständnis als Schriftsteller. Die Schriftsteller fangen immer gleich an zu philosophieren; das interessiert mich nicht. Mich interessiert die Form, das Stilistische. Gut und schlecht finde ich übrigens, daß ich Lehrer bin. Gut ist es, weil ich den Kontakt zur Gegenwart nicht verliere: man muß sich immer wieder stellen. Schlecht, weil ich doch manchmal daran denken muß, wenn ich morgens vor der Klasse stehe: diese Zeit könntest du jetzt besser verwenden. Das ist aber ein Gedanke, den man unbedingt bekämpfen muß. Man muß sich einfach klarmachen, daß in der Klasse 30 Kinder sitzen, das heißt 30 Menschen, denen keiner ganz gerecht werden kann. Deswegen ist es einfach ein Denkfehler, wenn mir manchmal durch den Kopf schießt: hier bist du unterbeschäftigt!

Frage: Abschlußfrage: Wie fühlen Sie sich eigentlich so als Schriftsteller, Herr Kempowski?

Kempowski: Wie andere Leute als Kind Lokomotivführer werden wollten, so wollte ich Schriftsteller werden. Ich bin es sehr gern und fühle mich erfüllt. Ich hasse es, mich ins Schreiben hineinzusteigern und dann Stunde um Stunde in einem Rausch zu sein. Wenn ich das bemerke, mache ich Schluß und gehe spazieren. Ich kann überall schreiben: im Zug, im Auto (wenn meine Frau chauffiert) – morgens, mittags oder nachts, ganz egal. Unbeschreiblich dann der Augenblick, wo man das fertige Buch in der Hand hält.

Postskriptum

Walter Kempowski, 1929 in Rostock geboren, wurde 1948 wegen angeblicher Spionage und illegalem Grenzübertritt zu 25 Jahren Haft verurteilt. 1956 vorzeitig entlassen, kam er aus der DDR in die Bundesrepublik.

In dem Roman »Tadellöser & Wolff« (1971) schildert Kempowski seine Jugend in der Zeit vom Ende der dreißiger Jahre bis zum Ende des Krieges: eine weitgehend intakte gutbürgerliche Familiensituation in finsterer Zeit, eine Idylle unter der Diktaturglocke des Faschismus. Der folgende Band »Uns geht's ja noch gold« (1972) führt das nicht mehr ganz so gemütliche Leben im von den Sowjets eingenommenen Rostock der Nachkriegsjahre vor, 1948 jäh abbrechend mit der Verhaftung des gerade 18 Jahre alten Walter. Die sich anschließende acht Jahre währende Haftzeit zeigt der Autor in »Ein Kapitel für sich« (1975). Dieser Roman ist eine um die Perspektiven der anderen Familienmitglieder erweiterte Fassung von Kempowskis ersten veröffentlichten Roman »Im Block« (1969), der in mosaikartig zusammengefügten kleinen Erzählblöcken ein eindringliches Bild der Lebensbedingungen in der Haft gibt.

Statt seinen Romanzyklus – wie ursprünglich geplant – mit zwei Folgebänden abzuschließen, die die Jahre bis 1963 schildern sollten (»Ein Kapitel für sich« endet Mitte der fünfziger Jahre in der Bundesrepublik), greift Kempowski mit seinem Roman »Aus großer Zeit« (1978) noch weiter in die Geschichte zurück: bis in die Zeit nach der Jahrhundertwende. Die Lücke zwischen diesem Band und »Tadellöser & Wolff« wird mit dem Roman »Schöne Aussicht« (1981) geschlossen, der die Jahre nach 1918, die Kindheit des Autors und die erste Zeit der Naziherrschaft umfaßt. Damit hat der Zyklus einen vorläufigen Abschluß gefunden. Ergänzt wird er durch die von Kempowski so genannten »Befragungsbücher«, von denen bisher drei erschienen sind (ein viertes ist geplant). Es handelt sich bei den Bänden »Haben Sie Hitler gesehen?« (1973), »Immer so durchgemogelt (1974) und »Haben Sie davon gewußt?« (1979) um das Ergebnis einer privaten, nicht auf repräsentative Erhebungen zielenden Frageaktion, in der einige hundert Zeitgenossen mit knappen Antworten zu Wort kommen.

2. »Aus großer Zeit« (1978)

Kaiserreich, Weimarer Republik, Faschismus, zweimal Kriegs- und Nachkriegszeiten: die deutsche Geschichte dieses Jahrhunderts zerfällt unter der Hand in lauter Einzelstücke, die sich zwar in ihrer Aufeinanderfolge begreifen lassen, aber in unserem Bewußtsein doch jeweils merkwürdig für sich stehen. Die einzelnen Epochen führen in unserer Anschauung ein Eigenleben. Als Kontinuum lassen sie sich nur schwer denken. Daß die Zeit nach der Jahrhundertwende gerade ein Lebensalter von uns entfernt ist, daß unter uns viele leben, in deren persönlicher Biographie diese Epochen alle enthalten sind – man muß es sich mitunter mühsam klarmachen. Wir Jüngeren, die wir nur die Bundesrepublik aus eigenem Augenschein kennen, haben bisweilen eine verwirrende Erfahrung machen müssen. Die Abscheu, die sich uns in Verbindung mit Teilen dieser deutschen Geschichte aufdrängt, wird von denen nicht immer geteilt, die die betreffende Zeit miterlebt haben. Die Diskrepanz der Betrachtungsweisen läßt sich wahrscheinlich daraus erklären, daß Geschichte hauptsächlich als Privatgeschichte erfahrbar ist und sich so auch in der Erinnerung hält. Kann aber die eigene Jugend als angenehm erinnert werden (und das Gedächtnis neigt ohnehin dazu, Widriges zu unterschlagen), so scheint es nur schwer möglich, davon die gesamte Epoche auszunehmen und sie – selbst bei ehrlichem Bemühen – in ausreichendem Maße kritisch zu sehen.

Walter Kempowski arbeitet seit Jahren daran, ein Kontinuum deutscher Geschichte wiederherzustellen – zwingenderweise als Privatgeschichte. Er läßt die Zeiten aus einer Perspektive abspulen, die der eines durchschnittlichen Zeugen entspricht. Das dürfte den Erfolg seiner Romane zum großen Teil ausmachen. Er bietet das Modell einer deutschen Familiengeschichte. Als einer für alle streift er durch die Vergangenheit des Alltagslebens und zieht einen roten Faden durch die Epochen. Er rekonstruiert sorgsam jene Folie, die als Grundlage der Erinnerung so vieler fungiert – einer geschwächten Erinnerung mittlerweile, denn die Details sind abhanden gekommen. Bei Kempowski sind diese Details wieder da. Mit einer fast wissenschaftlichen Methode der Recherche und kraft des Vermögens, die Funde und Mosaiksteinchen literarisch zusammenzusetzen, ist es ihm gelungen, manchen Leser in die Vergangenheit zurückzuführen und die Interieurs leuchten zu lassen, als hätte sich nie historischer Staub darauf abgesetzt.

Kempowski rekonstruiert im wesentlichen die Geschichte der eigenen Familie. In drei vorhergehenden Bänden (»Tadellöser & Wolff«, »Uns geht's ja noch gold« und »Ein Kapitel für sich«) hat er die Zeitspanne zwischen dem Ende der dreißiger und die Mitte der fünfziger Jahre bereits durchschritten. Mit »Aus großer Zeit« wird jetzt das Ausmaß des Unternehmens deutlich. Dieser vierte Roman wird – wohl endgültig – der erste Pfeiler des Romanzyklus sein. Der Autor ist damit bei seinen Großeltern und dem Beginn unseres Jahrhunderts angekommen.

Der Kempowski-Zweig in Rostock: Robert William und seine Frau Anna lieben den großen Stil. Von den Nachbarn werden sie mißtrauisch beäugt. Die Frau hat einen Freund am Theater, und anders als bei Thomas Mann, der den Leser im unklaren läßt, wie weit das Verhältnis der Gerda Buddenbrook zu ihrem musikalischen Leutnant nun eigentlich geht, besteht hier über die Art der Beziehung kein Zweifel. Der Ehemann entschädigt sich entsprechend. Ganz anders die Vorfahren mütterlicherseits: Wilhelm und Martha de Bonsac (altes Hugenottengeschlecht) wohnen in Wandsbek, das damals noch nicht zu Hamburg gehört. Man hat ein Importgeschäft, man weiß den Anstand zu wahren, auch untereinander. Daß die Nachbarn sich womöglich nackt in ihrem uneinsichtigen Garten tummeln, findet man empörend – so hat man schließlich nicht einmal die eigene Frau gesehen! Grethe, eines der vier Kinder der de Bonsacs, lernt Karl Kempowski, den Sohn (und späteren Vater von Walter Kempowski), kurz vor dem Ersten Weltkrieg an der Ostsee kennen. Besonders beeindruckt ist sie nicht. Doch als später ein schneidiger Flieger mangels Interesse als Bräutigam ausfällt, erinnert sie sich doch ganz gern an ihn.

Der Bericht »Aus großer Zeit« bricht in jenem November 1918 ab, in dem deutscher Omnipotenzwahn und der Traum von der Vormachtstellung unter den Völkern ausgelöscht sind (vorerst jedenfalls), er endet vor dem bald anstehenden Streit der politischen Kräfte, wie Deutschland ein neues Gesicht zu geben sei, er klingt düster und ein wenig sentimental aus: »Nicht daß sie tot sind, all die Kameraden, ist der Schmerz, sondern, daß man sie vergessen wird. Trotz aller Monumente.«

Kempowski ist immer wieder vorgeworfen worden, er helfe, die Vergangenheit zu verklären, er zeige nur ihre harmlose Seite. Verführt er tatsächlich dazu, die angenehmen Erinnerungen zu erneuern und die häßlichen zu verdrängen? Vermeidet er, alles das an Kenntnissen einfließen zu lassen, was wir heute über die Zeit wissen? So einfach ist es nicht. Wer genau liest, findet auch die Schatten, neben denen bürgerliche Behaglichkeit unbekümmert blüht und die sie manchmal selbst wirft. Freilich sind diese dunklen Stellen nicht besonders aufgeputzt und herausgestellt, eher nebenbei werden sie mitgeteilt. Da sitzt etwa der Autor im Prolog des neuen Romans vor einem alten Stich der Stadt Rostock von 1620 und füllt das Bild, das er wie mit der Lupe absucht, mit Leben (übrigens ein vorzüglicher Einstieg in den Roman). Er übersieht dabei auch die Ränder des bunten Treibens nicht – und ein solcher Anfang eines Buches verheißt nicht nur Gutes: »Gleich neben dem Galgen, auf hoher Stange, ein Rad. Entspanntes Gebein hängt über dem Rand, mit elf Schlägen hat man es gebrochen und durch die Speichen des Rades gezwängt. Die Knochen spießen durch das Fleisch. Das blütig-schweißige Gesicht des Übeltäters ist erloschen. Lange hat er um Wasser und um seinen Tod gefleht. Die schweigenden Bürger haben dabeigestanden und haben die Stundenschläge gezählt: Wie lange es wohl diesmal dauert?«

So lakonisch und unaufgeregt – ist es tatsächlich unbeteiligt? nicht doch: mit verstohlener Bitterkeit? – erzählt Kempowski später auch von den Grabenkämpfen im ersten Weltkrieg dieses Jahrhunderts, in den sein Vater dem Roman zufolge als Siebzehnjähriger gezogen ist. Dabei zeigen sich allerdings Grenzen: Wohl kann der Autor genauestens die übermütigen Szenen auf der Fahrt mit der Bahn an die Front vergegenwärtigen (das ist oft berichtet, nie so gezeigt worden: die Atmosphäre eines vermeintlichen Sonntagsausflugs der zum Teil noch Halbwüchsigen), doch das Grauen, das an der Front folgt, die Einzelheiten der oft sinnlosen gegenseitigen Sturmangriffe (und ihre Einordnung in ein größeres Geschehen) übersteigen die Möglichkeiten von Kempowskis Darstellungsweise. Hier gerät das Buch zudem in direkte Konkurrenz zu Antikriegsromanen der zwanziger und dreißiger Jahre, Romanen, deren überwältigenden Eindruck es nicht erreicht.

Das wird sofort wieder besser, wenn der Autor auf die Landschaft hinter der Front überblendet. Das Gemütliche ist eben seine Domäne, auch und gerade vor der Kulisse eines Alptraums (in »Tadellöser & Wolff« schon demonstriert: Familienleben unter der Diktaturglocke des Faschismus). Wie etwa die erbärmliche Versorgungslage an der Front mit den üppigen Festen im Hause Kempowski – noch während der letzten Kriegsmonate – kontrastiert wird, das ist schon höchst eindrucksvoll und dabei unaufdringlich arrangiert. Kempowski zeigt abwechselnd Front- und Familienrealität, führt vor, wie die Reederei der Kempowskis mit Kriegsgeschäften besser denn je und ohne jedes Risiko floriert: Drei Villen kauft der alte Kempowski noch zu der eigenen hinzu, je eine für die beiden Kinder und eine für »alle Fälle«. Soll man sich etwa seines Glücks schämen? Im Gegenteil, man möchte beinah hoffen, »daß der Krieg noch nicht so bald zu Ende ist, wenn das nicht 'ne Versündigung wär, so zu sprechen«.

So zu sprechen: das erfordert auch in diesem Kempowski-Roman keinen Kommentar. Der Autor ist Chronist, er sammelt die Selbstdarstellungen einer mittelständischen, aufsteigenden Bürgerfamilie, und er schaltet sich nur höchst ungern mit dem Zeigefinger dazwischen. Der Horizont seines Erzählens deckt sich mit dem seiner Figuren. Mehr, als sie über sich und die Zeit wissen, wird er ihnen nicht in den Mund legen. Das macht Faszination und Gefährdung dieser literarischen Methode gleichermaßen aus.

Kempowski liebäugelt mit den »Buddenbrooks« von Thomas Mann, ohne sie jedoch jemals stilistisch oder inhaltlich nachzuahmen. Diesen Vergleich will er nicht herausfordern. Ohnehin lassen sich die beiden

Familien nicht gut auf eine Linie bringen, sieht man einmal davon ab, daß auch der alte Kempowski Schiffe besitzt. Die Romanfigur Thomas Buddenbrook ist als Kopf einer traditionsreichen Kaufmannsfamilie in die politischen Geschäfte seiner Heimatstadt Lübeck involviert; Robert William Kempowski, den es in die Stadt Rostock verschlagen hat, ist an derlei nicht interessiert. »Haben wir das nötig?«

Folgerichtig bleibt die Politik ausgespart. Die deutschen Kolonien, »in denen den dummen Negern vom Heiland erzählt wird«, sind nur deswegen ein Thema, weil von dort bunte Briefmarken kommen. In der Schule wird vom Herero-Aufstand 1904 (»Der Heldenritt des Hauptmann Stahnke«) erzählt, überlegt wird, ob die Engländer »etwa uns« fragen würden, wenn sie ihre Flotte bauen, »und Lebensraum gibt's nur im Osten«, heißt es. Über dem Klavier daheim hängt das Bild »The Germans to the front«! Daß dieses Gemälde, 1900 von Carl Röchling gemalt, deutsche Marinesoldaten im Boxerkrieg darstellt und damals ähnlich verbreitet war wie heute der »Röhrende Hirsch«, erklärt Kempowski schon nicht mehr. Manchmal ist er in den Bürgerstuben von ehemals einfach zu gut zu Hause.

Von den Zeitereignissen also allenfalls Reflexe: ganz so, wie sie in den Alltag hineinspielen. Diese Aussparungstechnik gehört zum Konzept des Romanwerks. Es wäre zwar denkbar gewesen, daß Kempowski – ohne seine Methode zu sprengen – seinen Figuren etwas mehr Zeitungslektüre gegönnt hätte; aber auch hier hat er wohl lieber der Wahrheit die Ehre gegeben, als hintenherum seinen Roman aufzufüllen. Andere Kenntnisse – etwa philosophischer oder literarischer Natur – wird man bei den Bürgern, wie Kempowski sie schildert, ohnehin nicht erwarten. Das Ergebnis dieser Beschränkung auf eine soziale Schicht und deren Perspektive ist ein Breitwandgemälde jener Jahre, das oben und unten beschnitten wirkt. Oder anders gesagt: ein umfassender Epochen- und Gesellschaftsroman wird der Romanzyklus »Die Kempowskis: Bilder einer deutschen Familie« (oder wie immer das später einmal heißen soll) mit Sicherheit nicht werden.

Was »unten« an diesem Bild »Aus großer Zeit« fehlt, nämlich die Darstellung der ärmeren Bevölkerungsgruppe, die gerade während des Krieges zu leiden hatte, hat Kempowski allerdings mit der ausführlichen Aufnahme von Zitaten durch ihn befragter (vielleicht zum Teil sogar fingierter?) Augenzeugen teilweise wiedergutgemacht: Da liest man höchst aufregende Schilderungen der Hausangestellten bei Kempowskis, von Schulfreunden und Kriegskameraden.

Dies aber ist dann schon wieder Originalbürgerton: »Pöbel? Da hilft doch nur: dazwischenhauen, rücksichtslos dazwischenhauen!« Es gibt zugleich eine Ahnung kommender Entwicklungen. Denn bis »Tadellöser & Wolff« sind es noch einige wesentliche deutsche Jahre hin.

3. »Haben Sie davon gewußt?« (1979)

Ganz selten ist die totale Ignoranz, die sich unbeschwert bis in unsere Tage fortsetzt: »Kann ich mir auch gar nicht vorstellen, daß ein Mensch wie Hitler, der doch wirklich kinderlieb war, der sich so mit der Jugend abgegeben hat, daß das so gewesen sein soll, kann ich mir einfach nicht vorstellen, das ist ein Ding der Unmöglichkeit.« So eine Hausfrau, Jahrgang 1905.

Selten aber ist auch das Gegenteil. »Ich hab' es ganz genau gewußt«, sagt ein Intellektueller, Jahrgang 1910. Er war 1942 beim Zollgrenzschutz in Polen und erfuhr durch zwei Jüdinnen, wie es in einem Vernichtungslager aussah. Als er, zurück in Berlin, davon Gegnern der Machthaber erzählte: »Das mit den Gaskammern konnten sie nicht begreifen. Das hatte es noch nie gegeben. Deshalb glaubten sie das nicht. Man hatte immer im Rechtsstaat gelebt, und historisch gab es keine Parallele. Ohne Urteil Leute zu erschießen...«

Typisch ist eher solche Antwort: Er habe nichts mitbekommen, beteuert ein Hotelier, Jahrgang 1904, um dann gleich hinterher Beispiele wie dieses zu erzählen: »Und dann auf der Moorweide. Ich sag' zu meiner Frau: ›Du, die ganzen Juden kommen weg.‹ Meine Frau sagt: ›Das kann doch nicht sein?‹ – Die ganze Moorweide war voll, prima angezogen, Leute aus der Ehestraße, alle mit'm Judenstern, jeder mit einer Tasche. Die wurden dann abtransportiert.«

»Haben Sie davon gewußt?« So einfach und für viele Antworten offen hat Walter Kempowski seit einigen Jahren ältere Zeitgenossen befragt. Das Resultat kommt zur rechten Zeit: Es ist ein Nachtrag zur »Holocaust«-Serie, eine Ergänzung und Erweiterung. Solche Befragungen hat der Romancier des Bürgertums schon zweimal unternommen. Ein Pendant zu dem neuen Buch ist das erste aus dieser Serie: »Haben Sie Hitler gesehen?« (1973). Schon damals kam es nicht darauf an, ein Ja oder Nein abzufragen, sondern die Untertöne der Antworten auf diese nur scheinbar unverfängliche Frage zu registrieren.

Diesmal also hat Kempowski eine »Schlüsselfrage« gestellt, wie er selbst sagt. Ihr kann der Befragte kaum entkommen, es sei denn, er verweigert sich. Das muß nur selten vorgekommen sein (Genaueres erfährt man nicht), denn Kempowski spricht in einem Vorwort davon, daß ihn die Freimütigkeit der Antwortenden überrascht habe. Dabei machte er folgende Beobachtung: Zunächst verneinten viele der Angesprochenen schlicht die Frage. »Nach diesem ersten schroffen Nein gab man dann aber freimütig das preis, was man sich in einer immer wieder notwendig vollbrachten Denkarbeit zum Abruf zurechtgelegt hatte.«

Tatsächlich: zum Abruf. Denn die Erinnerungen kommen nicht fragmentarisch, sondern wie Anekdoten, wie Fertigstücke. Nur ein einziges Mal heißt es: »das hab' ich noch niemandem erzählt«. Sind damit die Antworten nicht wertlos, zu Geschichten stilisierte, nur noch bedingt authentische Gedächtnisfragmente? Keineswegs, denn selbst dort, wo Antworten unvollständig und nicht korrekt sind (es gibt Fehler in der Datierung mancher Erinnerung), haften ihnen verräterische Spuren an, Spuren, die sowohl in die Vergangenheit weisen wie Zeugnis unserer Gegenwart sind. Denn wie hier, in diesen rund dreihundert Antworten (Kempowski hat nur einen Teil seines Materials veröffentlicht) zu dem größten Verbrechen der deutschen Geschichte Stellung genommen wird, das sagt immer auch etwas über die Bereitschaft des Deutschen, sich mit ihrer Vergangenheit ernsthaft auseinanderzusetzen.

»Man hat das als Einzelaktionen genommen, als Übergriffe. Das Gesamte hat man erst nach dem Krieg erfahren.« So heißt es oft – »man wußte, da ist was nicht in Ordnung«. Freilich, daß es Konzentrationslager gab, das konnte man wissen. Es stand in der Zeitung; daran erinnert sich einer. Ein anderer weiß von einer »Aufklärungsschrift über das KZ Oranienburg«. Daran, daß mit dem Lager gedroht wurde, erinnern sich viele. Der Volksmund hatte bereits den Reim ersonnen: »Lieber Gott, mach mich stumm, / daß ich nicht nach Dachau kumm.« Die Befragte, die das berichtet, setzt hinzu: »Also von da her – eine Ahnung schon, nicht?« Aber was genau war das, ein Konzentrationslager? »KZ, das war eben mehr als Zuchthaus, das wußte man.« Mehrfach taucht der Audruck »Konzertlager« auf, der, wie man aus anderen Veröffentlichungen weiß, schon in den dreißiger Jahren kursierte. Man habe damit die Vorstellung von »Prügel und Schreien« verbunden, erinnert sich einer. »Man nahm an, daß da Asoziale hinkommen, die dort zur Arbeit angetrieben werden.«

Doch als potentiell Betroffene, vielleicht der Verfolgung und dem

Leid selbst Ausgelieferte haben sich anscheinend nur wenige gefühlt. Ein einziger hat Kempowski gesagt: »Das war doch 'ne schreckliche Zeit. Wenn es klingelte – man wußte ja nie, wer es war.« Nein, die Betroffenen, das waren immer die anderen, mit denen man nichts zu tun hatte. Typisch und in beklemmender Weise entlarvend dafür die Antwort einer heutigen Hausfrau: »Ich bin in der glücklichen Lage, nie damit konfrontiert worden zu sein.« Und weiter: »Die einzige Jüdin in unserer Klasse, als die verschwand, da haben wir uns natürlich unsere Gedanken gemacht.«

Mehrfach wissen die Befragten von Menschen zu berichten, die in den ersten Jahren des Faschismus inhaftiert und nach einiger Zeit wieder entlassen worden waren. »Der hatte anscheinend Redeverbot, infolgedessen erfuhr man nichts. Das war ein Mann, der sich politisch betätigt hatte, sehr links stehend.« Ein anderer Zurückgekehrter habe gesagt: »Fragt mich bloß nichts...« Und immer wieder scheint bei solchen Antworten die Distanz durch, der Abstand zu denen, die »verlegt« worden waren. Man hat ihnen, wo man konnte (bei Arbeitseinsätzen, gemeinsamer Tätigkeit in einer Fabrikhalle) Brot zugeschoben, man hat sie bedauert, aber es waren die Fremden. Noch nach der Befreiung aus dem Lager bei Kriegsende müssen die ehemaligen Häftlinge das gespürt haben, wenn folgende Antwort nicht völlig untypisch ist: »Sie sahen furchtbar elend aus, hatten es aber eben nun überlebt, waren vielleicht ja auch keine Juden, sondern Kriminelle, unter Umständen sogar Politische.«

Hier offenbart sich bis in die Sprache hinein noch der Rest eines fatalen Rechtfertigungszusammenhangs: so ganz unschuldig waren die möglicherweise doch nicht, denen damals dieses Leid geschah. Bei manchen dieser Antworten wird einem plötzlich plausibel, was man gern für unmöglich hält: daß nämlich noch heute einer, der von sich sagt, er sei in einem KZ inhaftiert gewesen, auf Befremden und Distanzierungsgesten stoßen kann. Ein einziger der von Kempowski Befragten nur macht sich über solche Zusammenhänge Gedanken: »Scheren Sie einem Menschen den Kopf, kleiden Sie ihn in Anstaltskleidung, der normale Mensch zieht dann den Schluß: Mit dem ist was nicht in Ordnung.«

Das ist zugleich eine der wenigen Ausnahmen, wo die Frage »Haben Sie davon gewußt?« nicht nur als Wegweiser in eine weit zurückliegende Epoche verstanden wird. Die Gegenwärtigkeit dieser Vergangenheit: sie vermißt man in den Antworten. »Die Personen, die in den SA-Wagen mit Karabinern bewaffnet saßen, leben zum Teil heute noch in unserem Dorf und tun so, als wären sie die treuesten Demokraten gewesen«, solche in diesem Buch fast ketzerisch anmutenden Worte hört man selten. Ebenso rar ist der Versuch, die Bedrohung, die damals anderen galt, für sich selbst zu übersetzen, um einmal den Schatten einer Ahnung davon zu erhaschen, was denn in den Köpfen der Opfer vorgegangen sein könnte – bevor sie geholt, gefoltert und ermordet wurden. »Wenn ich heute so in meinem schönen Haus sitze, warm und mit all meinen Sammlungen«, überlegt sich ein Antiquitätenhändler, »dann kann ich mir vorstellen, wie den Juden damals zumute gewesen sein muß, als an die Tür geklopft wurde, alles raus! Und sie sahen es dann nie wieder.« Das ist immerhin ein erster Schritt dahin, sich mit den Leidenden, nicht mit den Aggressoren zu identifizieren – was kaum einer der Befragten offen tut, aber in dem Wunsch, selbst verschont zu bleiben, als Neigung verrät.

Kempowski hat seine »Deutschen Antworten« subtil gebündelt: zunächst, soweit sich die Erinnerungen datieren ließen, chronologisch und weiter nach Motiven. Es ist eine Skala zunehmender Entdeckungen, immer ungeheuerlicherer Schrecksekunden. Mancher wurde durch die November-Pogrome, von der Propaganda als Kristallnacht verharmlost, aus seiner Ruhe gerissen (»SA-Leute waren beim Plündern und auch andere«), vielen wurden die Augen dann als Soldaten im Zweiten Weltkrieg geöffnet – oder hätten ihnen doch geöffnet werden können, wären da nicht die Sorgen um das eigene Wohl gewesen, die die Verdrängung in Gang setzten (»an der Front verblaßte die Erinnerung daran allmählich«). Vom Polenfeldzug an, auf dem Erschießungen durch die SS beobachtet wurden, bis zum Rückzug der deutschen Truppen am Ende des Krieges, wobei man auf die ausgemergelten Trupps streng bewachter Inhaftierter aus eilig aufgelösten Lagern traf, gab es Beobachtungen der grausamsten Art, die selbst im matten Spiegel dieser Erinnerungs-Splitter immer noch so bestürzend sind, daß man die Lektüre öfter entsetzt unterbricht.

Aber nur einmal hört man davon, daß Soldaten, die solches mit ansahen, sich zumindest fragten, ob ihr militärischer Einsatz nicht dazu beitrug, das Wüten der SS hinter den Linien zu ermöglichen. »Wir haben dann über dieses Gesehene mit zuverlässigen Kameraden viel diskutiert. Einige von uns wollten daraufhin die Truppe verlassen.« Daß Menschen damals Konsequenzen gezogen haben, wenn sie selbst aufgefordert wurden, Morde zu begehen, davon können diese Antworten allerdings auch Kunde geben. So wissen immerhin zwei

Befragte von SS-Männern zu berichten, die sich angesichts dessen, was ihnen zugemutet werden sollte, das Leben nahmen.

Das Gegenteil, die ungerührte Teilnahmslosigkeit, steht wenige Seiten danach. »Als SS-Mann kam man ja notgedrungen mit so was in Berührung«, erklärt ein heutiger Nachtportier. Ein anderer Gesprächspartner hat als wesentliche Erinnerung gespeichert, daß Häftlinge, die in der Küche arbeiteten, »dick und voll gefressen« waren. »Wogegen wir SS-Männer Wurst bekamen, die war so dünn geschnitten, daß man die Sonne da durch sehen konnte. Wir haben geschwitzt, und die kriegten zu essen. Von wegen, daß die jemand da angeschnauzt hätte! Das hab' ich nie gesehen.« Der Mann ist heute Studiendirektor.

»Haben Sie davon gewußt?« Die Antworten sind fürchterlich und trivial zugleich. Ist es nicht eine Verhöhnung der Opfer, sie zu drucken? Muß man jene zu Wort kommen lassen, die das Terrorsystem ermöglichten? Oder jene, die nicht geholfen haben, die das, was sie sahen, nicht früh genug »realisiert« haben (dieser Ausdruck fällt mehrmals), oder die gar nichts wissen wollten? Bisweilen hatte ich bei der Lektüre dieser Zeugnisse älterer Mitmenschen das Gefühl, es sei besser, die Berichte der überlebenden Opfer zu lesen als diese Ausflüsse einer zum Teil unsäglichen Ungerührtheit (gipfelnd in abwiegelnden Sätzen wie »Aber die Russen waren ja genauso schlimm«). Doch einerseits gibt es immer wieder auch Berichte von mutigem Widerstand und aufrichtige Bekundungen ohnmächtiger Hilflosigkeit, andererseits – und vor allem – gilt es, vor diesen Antworten nicht die Augen zu verschließen. Denn sie ermöglichen einen Blick in das Herz der Deutschen über dreißig Jahre nach ihrer Erfahrung mit dem Faschismus, wie ihn keine demoskopische Umfrage gestatten würde.

Die Antworten seien nicht repräsentativ? Nein, sie sind es nicht. Und trotzdem ist viel mit ihnen gewonnen. Denn wer genau zu lesen versteht, kann aus der Art und Weise, in der auf diese einfache Frage reagiert wird, viel darüber lernen, wie Menschen eigenes geschichtliches Erfahren und nachträgliche politische Einschätzungen in Einklang bringen – und zum überwiegenden Teil nicht in Einklang bringen. Wirklich zu brechen mit dieser Epoche, sich als unversöhnlichen Gegner der Naziherrschaft zu erklären, das gelingt anscheinend nur wenigen. »Aber es hat immer noch eine Zeit gedauert, daß ich Antifaschist wurde. Ich hatte das Glück, daß ich Leuten begegnete, die mir sagten, daß es auch noch was anderes gibt als die Nazis.« Solcher Tonfall ist ganz rar.

Es ist die Kunst Kempowskis, nur Zuhörer zu sein, ganz registrierende Instanz. Er umgeht es, seine Sammlung zu kommentieren oder zu bewerten. Er richtet nur das Schaufenster für die Selbstdarstellung deutscher Zeitgenossen her, nicht viel anders als in seinen Romanen. Das wirkt mitunter kritiklos und sympathisierend. Doch scheint es gerade die Zurückhaltung des Autors bezüglich der Einschätzung seiner Figuren und Gesprächspartner zu sein, die es ihm ermöglicht, bis in die Nuancen der Sprache hinein ein weitgehend authentisches Abbild der Epoche zu liefern.

»Haben Sie davon gewußt?« Es konnte wohl nur ein Schriftsteller auf eine solche Frage kommen. Daß etwa einmal ein Historiker, ein Zeitgeschichtler sein Material so zusammentrüge, ist kaum vorstellbar. Ein Wissenschaftler könnte wohl auch mit den Antworten nicht viel anfangen: sie sind nicht quantifizierbar, nicht oder nur schwer in eine Statistik zu übersetzen, zu verschwommen, zu widersprüchlich. Da muß einer genau hinhören: auf den Tonfall, auf Kleinigkeiten, auf Nebenbedeutungen. Und da muß einer ganz unsystematisch fragen, eher nebenbei, unaufdringlich im vertrauten Gespräch von Bürger zu Bürger.

Diese »Deutschen Antworten« (so der Untertitel) haben in mancherlei Hinsicht mit literarischer Erkenntnisweise zu tun. Sie handeln vom Alltag der Geschichte, gesehen aus dem Blickwinkel der Normalbürger, sie verallgemeinern nicht, zeigen Einzelfälle. Nicht allein was gesagt wird, sondern zugleich wie es gesagt wird, enthält Information. Und noch eins: im Hintergrund wirkt ein schweigender Erzähler, nämlich Kempowski. Nicht daß er seinen Tonfall den Niederschriften der Antworten aufgezwungen hätte (das läßt sich schwer kontrollieren, mag hier und da so sein) – viel einfacher: als Gegenüber der Interviewten bleibt er stets indirekt spürbar, als Ansprechpartner, als jemand, dem man sich anvertraut.

Für Kempowski sind diese Befragungen wesentliche Ergänzungen zu seinen im engeren Sinne literarischen Arbeiten: den Romanen über das deutsche Bürgertum. Dieser Zyklus, von dem bisher vier Bände vorliegen, folgt weitgehend Kempowskis eigener Lebensgeschichte. Diese deutsche Familiensaga hat, da ein Leben eben nicht immer exemplarisch verläuft, einen fatalen Konstruktionsmangel – fatal, insofern die Geschichte der Kempowskis zugleich deutsche Geschichte darstellen soll. Walter Kempowski erlebte den Faschismus in behüteter bürgerlicher Umgebung: eine Idylle im Inferno. So dargestellt in »Tadellöser & Wolff«. Die entstehende DDR dagegen schildert Kempowski (»Ein Kapitel für sich«) aus der Perspektive seiner

Haftzeit in Bautzen. So ist gerade die Sammlung »Haben Sie davon gewußt?« – über das allgemeine Interesse hinaus, das sie beanspruchen darf – auch als Korrektiv des Romans »Tadellöser & Wolff« zu lesen. Diese Erweiterung ist literarisch gesehen ein überzeugender Weg, um der singulären Perspektive der Romane ein – gewiß begrenztes – Panorama hinzuzufügen. Und im speziellen Fall dem Verdacht einer Verharmlosung des Faschismus entgegenzuwirken. Es sind am Ende nicht einmal so sehr die Aussagen der Unbelehrten und wahrscheinlich Unbelehrbaren, die einen bestürzenden Eindruck hinterlassen, sondern es ist vielmehr die oft geradezu haarsträubende Harmlosigkeit, die das Ungeheuerliche dieser deutschen Antworten ausmacht: »Nebenan von uns war ein Schirmgeschäft, die hießen Katz. Und wir hießen Kater und hatten unser Geschäft direkt nebenan. Und als die zumachen mußten, hat die ganze Straße gesagt: Wie schade, das war doch immer so lustig.«

4. *Der Erfolg ist ein Glücksfall*
(Interview, August 1981)

Frage: Als wir vor fast zehn Jahren miteinander sprachen, hatten Sie die Absicht, Ihren Romanzyklus in die Gegenwart hinein zu verlängern; »Tadellöser & Wolff« war damals noch als Anfang gedacht. Wie kam es dazu, daß Sie nun noch zwei Romane vor diesen Band gestellt haben?

Kempowski: Ich habe während des Schreibens an »Ein Kapitel für sich« festgestellt, daß ich doch die Vergangenheit mit hereinholen muß. Es gab dafür zwei Gründe. Der eine war die Absicht, die Erziehung der Eltern bloßzulegen und der Frage nachzugehen, nach welchem Gesetz diese Generation angetreten ist, die ja dann die Nazizeit verschuldet hat. Wenn ich in meinen anderen Büchern die Wirkung schildere, muß ich auch den Ursachen nachgehen. Daher die Entscheidung, mich mit der Kaiserzeit zu beschäftigen. Der zweite Grund: ich hatte so viel Material. Meine Mutter hatte erzählt. Und während des Erscheinens der anderen Bücher hatten sich eine Menge Zeugen gemeldet, die meinen Vater noch als Kind kannten, mit ihm zur Schule gegangen waren, die zusammen an der Front 1914/18 mit ihm gewesen waren. Das war nur möglich, weil mein Name in der Zeitung stand. Die Leute sagten: »Ach, ist das der? Da wollen wir mal hinschreiben!« Besonders wichtig war das

Auftauchen der Haushälterin meines Großvaters, die ihm von 1911 bis 1923 den Haushalt geführt hatte. Die erzählte nun zunächst ganz achtungsvoll Dinge über meinen Großvater. Ich merkte aber schnell: da ist noch mehr! Ich habe dann eine Studentin hingeschickt und bin so doch noch zu Einzelheiten gekommen, die sie *mir* nicht erzählt hatte. Da hat sie erst richtig losgelegt. Also: einerseits Ursachen, andererseits das umfangreiche Material. Und dann ist da natürlich – das geht jedem Schriftsteller so, glaube ich – auch ein Bedürfnis, sich mit der eigenen Kindheit einmal zu beschäftigen. »Tadellöser & Wolff« war ja nicht meine Kindheit, sondern meine Jugend vom zehnten Lebensjahr an etwa. Und ich habe eine sehr schöne Kindheit gehabt – eine schönere Kindheit als Jugend, wenn man das so sagen kann. Nachdem ich das Material für die »Große Zeit« verbraucht hatte, merkte ich plötzlich: Jetzt kommt dein Schönstes, von dem Uwe Johnson sagt: »Es gibt ja leider nur eine Kindheit, darf ich mir Ihre borgen?« Ja, dieses Buch, das ich gerade fertiggeschrieben habe und das auch eine Art missing link ist, wie »Uns geht's ja noch gold« es damals war, das ist eben ein Buch, das man wirklich – wie man so schön sagt – nur einmal schreiben kann. Und noch etwas: Es fiel mir immer schwer, in all den Büchern über die Nazis, über deren Greueltaten und all so etwas zu sprechen – aus einer eigenartigen, mir kaum erklärlichen Scheu heraus. Es mag damit zusammengehangen haben, daß es allzu oft in Romanen schon auftauchte. In diesem letzten Buch nun ergaben sich die Schilderungen solcher Vorkommnisse ganz von selbst und waren leicht zu bewältigen. Merkwürdig.

Frage: Kann das damit zusammenhängen, da Sie sich Ihrer Mittel jetzt gewisser sind?

Kempowski: Ich glaube, es war anders. Und zwar deshalb: ich habe »Tadellöser & Wolff« doch wohl aus der Perspektive des Zehn- bis Fünfzehnjährigen geschrieben, und der hat sich mehr um Jazzplatten gekümmert als um das Schreckliche – weil er das auch nicht erfuhr als Jugendlicher, das hielt man ja von ihm ab. Wogegen das Buch »Schöne Aussicht« – das sagt ja schon der Titel – davon handelt, daß zwei junge Menschen, Karl und Grete also, sich alles so schön ausmalen, wie wunderbar das nun werden wird mit der jungen Ehe, mit Kindern. Und es kommt dann ein Kladderadatsch nach dem anderen. Es bleibt nicht bei Inflation, Weltwirtschaftskrise und Machtübernahme, sondern es kommt dann auch zu den bekannten Ereignissen, die schon, wenn man das diesmal aus dem

Blickwinkel der Eltern schreibt, ihre Schatten über so ein junges Leben werfen können.

Frage: Das ist also jetzt nicht aus der Perspektive des Kindes geschrieben ...

Kempowski: Nein. Dadurch, daß ich im Präsens schreibe, war das alles viel einfacher. Es ist so, als ob ich hinter den jeweiligen Figuren stehe und an ihrem Kopf vorbeigucke – wie sehen die das jetzt? Ich nenne es ein »historisches Präsens«, weil man eigenartigerweise mit dem Präsens der Vergangenheit besser beikommt. Ich glaube, wenn man im Imperfekt schriebe, dann müßte man begründen, warum man das eigentlich kann. Durch die Verwendung des Präsens wird die Begründung überflüssig.

Frage: Als Sie mit Ihrem neuen Buch »Schöne Aussicht« fertig waren, hatten Sie da nicht Lust, »Tadellöser & Wolff« noch einmal ganz neu zu schreiben? Dazwischen liegt ja ein Jahrzehnt Schreiberfahrung!

Kempowski: Als ich die letzten Seiten von »Schöne Aussicht« schrieb – das war dann so, wie man zwei Balken aneinanderpaßt. Ich setzte den Hobel an, aber ich konnte nur auf einer Seite hobeln! Das war reizvoll, weil eine vorgegebene Form die Phantasie anregt. Wer die Bücher genauer anguckt, der stellt fest, daß sie keineswegs durchgehend in einem Stil geschrieben sind. Gewisse Stilmerkmale sind sicher vorhanden: Genauigkeit der Beobachtung wird mir nachgesagt und trockener Humor, Ironie zum Teil. »Tadellöser & Wolff« hat diesen Schnappschußstil, der Ähnlichkeit mit einem Fotoalbum aufweist, und wenn man diesen Vergleich nun mal weitertreiben will, dann ist bei »Uns geht's ja noch gold« ein Schwarzweißfilm angelaufen, denn die Passagen sind deutlich länger, und der Stil ist auch nicht so »abgehackt«. Wogegen im dritten Buch »Ein Kapitel für sich« etwas Neues auftaucht: Da kommen die Zeugen hinzu, die sich jeweils in das Gespräch mischen – also quasi die Hereinnahme von »demoskopischen« Untersuchungen. Auf diesem Weg wird weitergegangen in »Aus großer Zeit«. In »Ein Kapitel für sich« war die Sache noch sehr kompliziert gebaut – oft ist Kompliziertheit ja ein Zeichen nicht von Unsicherheit, aber doch von mangelnder Beherrschung des Stoffs. Und das, finde ich jedenfalls, hat sich bei »Aus großer Zeit« geändert; da hat sich etwas abgeklärt, da lehnt sich einer zurück und hat diesen epischen Gestus des langsamen, auch lustvollen Erzählens angenommen. Daher auch der breite Anfang – »Bilder« nennt sich das erste Kapitel –, der natürlich berechnet ist auf die nun folgenden fünf Bände, nicht auf das eine Buch, das muß man sehen. Das ist ein Erzählgestus, der deutlich auch das alte Erzählen zitiert – also etwa ein Fontanisches Erzählen in Ruhe und Gelassenheit. Und bei »Schöner Aussicht« ist das alles – möchte ich sagen – fast in die glücklichste Form gekommen; die Kapitel sind sehr lang – wohl keines unter 35 Seiten. Was neu dazukam, ist die Variation des Themas Erziehung. Erst beim Schreiben merkte ich, daß praktisch jedes Kapitel nicht nur von der Erziehung des Kindes Walter und seiner Geschwister handelt, sondern daß im Grunde jedes Kapitel sich mit Erziehung überhaupt befaßt. Ich schrieb das zu einer Zeit, als ich die Arbeit an der Schule aufgegeben und mich an die Hochschule in Oldenburg begeben hatte, um mich mit theoretischer Pädagogik zu befassen. In jedem Kapitel taucht eigentlich die Frage auf: Inwiefern werden die Personen, die hier vorkommen, von ihrer Umwelt oder voneinander erzogen? Es ist also ein Buch, das sich mit Kindheit beschäftigt und folglich mit Erziehung. Das ist zum ersten Mal ein theoretisches Thema bei Kempowski. Es hat mir auch strukturgebend geholfen beim Schreiben. Es sind, glaube ich, zehn Schulstunden, die geschildert werden, wobei übrigens meine Vorliebe für die Erlebnispädagogik schon sichtbar wird. Wichtig an dem Buch ist mir auch, wie Karl zunächst als entlassener Frontsoldat durchaus mit sozialen, ja sozialistischen Ideen sympathisiert, wie er aber dann durch seine Arbeit, sein Geschäft und auch durch die Unvernunft der Entente praktisch in das nationalistische Fahrwasser getrieben wird; wie er sich dann zunächst mit den Nazis nicht gerade befreundet, aber sie doch hinnimmt und später erst merkt, daß das nicht der richtige Wind ist, dabei aber Nationalist bleibt: Dieses Hin- und Herpendeln, ist das wichtigste Problem dieser ganzen Generation.

Frage: Haben Sie mit diesem Buch neue Schreiberfahrungen machen können?

Kempowski: Ich habe an diesem Buch wahnsinnig gern gearbeitet; ich habe manchmal sogar im Hotel oder im Zug geschrieben, was ich gar nicht kannte. Ich habe mir meine Zettel oft nicht einmal angeguckt. Ich habe die Kapitel wirklich vom ersten bis zum letzten Satz so hintereinander weggeschrieben, später natürlich noch geändert, umgestellt, manches auch verworfen. Das war wie im Kino – ich hab manchmal direkt darüber gelacht: Jetzt bist du ein richtiger Dichter!

Frage: Ich kann mir vorstellen, daß diese Arbeitsweise sich dann auch in der Form niederschlägt.

Kempowski: Ich glaube sogar, das wird sich auch auf den Leser übertragen. Ich glaube, sie werden das Buch gerne lesen, weil ich es gern geschrieben habe – was man von »Ein Kapitel für sich« nicht sagen kann. Das Buch habe ich mir wirklich ganz schwer werden lassen.

Frage: In unserem ersten Gespräch äußerten Sie die Vermutung, daß Sie immer mehr Lust bekommen könnten, Figuren zu erfinden, überhaupt zur reinen Fiktion zu kommen.

Kempowski: Ich möchte hier keine Definition von Fiktion versuchen. Die Figuren in »Tadellöser & Wolff« sind keineswegs realistische Abbilder. Ich sagte Ihnen damals schon, daß sich mein Vater darin wohl nicht erkennen würde. Mit jedem weiteren Buch, das ich schrieb, habe ich eigentlich mehr Spaß daran gefunden, frei zu kombinieren. Es war so, als ob sich meine Vorstellung auf einmal bevölkerte mit Menschen, die ich nie gesehen hatte. Dazu gehört als erster Cornelli aus »Uns geht's ja noch gold«. Die letzten Bücher wimmeln nun geradezu von Erfindungen. Ich hab' da Leute miteinander verheiratet und all so schöne Sachen... Das hat Spaß gemacht. Übrigens war da auch die Literatur jener Zeit hilfreich, die Lücken füllten sich. Ich wurde aufmerksam auf einen Menschentypus, den es heute nicht mehr gibt. Ich denke zum Beispiel an den pensionierten kaiserlichen Offizier, der ja damals tausendfach jede Stadt bevölkerte; das kann man sich heute gar nicht mehr vorstellen. Die waren ja nicht alt – zum Teil erst 35 Jahre.

Frage: Die Vorarbeiten sind also immens. Man kann sie natürlich auch endlos ausdehnen.

Kempowski: Ich habe das nachher einfach zur Seite geschoben und gesagt: jetzt reicht's. Ich habe dann auch hinterher entdeckt, Mensch, hier hast du ja die ganzen Quellen gar nicht mehr benutzt. Aber irgendwann ist ein Sättigungsgrad erreicht.

Frage: Ihr Romanwerk umfaßt nun fünf Bände. Haben Sie das Gefühl, daß das jetzt erstmal als Zyklus abgeschlossen ist?

Kempowski: Es sind ja eigentlich nicht fünf Bände, sondern fünf Romane, die flankiert werden durch dazugehörende und in den Zyklus integrierte Sachbücher, also: »Immer so durchgemogelt«, »Haben Sie Hitler gesehen?« und »Haben Sie davon gewußt?« Und von dieser Art kommt noch ein Buch hinzu. Das wird als nächstes zu schreiben sein. Dann ist das Werk in der Tat, wie Sie sagen, abgeschlossen – soweit. Im Sinne von: da ist keine Lücke mehr.

Dieses Buch wird der Frage nachgehen: »Wie haben es Ihre Eltern mit der Erziehung gemacht?« Wie hat das funktioniert, mit Ohrfeigen, Güte oder Liebe? Das, finde ich, ist ein wichtiges Thema. Es ist von der Kritik übrigens noch nicht richtig beachtet worden, daß diese flankierenden Bücher dazugehören. Das erklärt sich wohl daraus, daß der Abstand der Veröffentlichungen ziemlich groß war und daß das so hin und her sprang. Die Kritiker haben immer nur die einzelnen Bände rezensiert, aber nicht den Zusammenhang gesehen. Wenn mir zum Beispiel, wie oft geschehen, vorgeworfen wird, ich hätte Dinge verharmlost, ist meine Antwort: Für den Roman trifft es vielleicht zu, daß dies und das dem Leser fehlt, aber ich habe doch diesen Komplex in einer Extrapublikation vorgestellt. Es gibt in meinem »Hitler-Buch« eine Passage, in der ein »Beamter, Jahrgang 1929« beschrieben wird, wie er Hitler im Zug hat vorbeifahren sehen. Und diese Szene kommt in dem Roman »Schöne Aussicht« ausgeführt wieder vor. Es gibt auch noch andere Beispiele. Dadurch habe ich versucht, die Verbindung herzustellen. Leider liest es kein Mensch so genau.

Frage: Aber Sie werden außer diesem »flankierenden« Buch auch noch weitere Romane schreiben? Werden die dann noch zu Ihrem Zyklus gehören oder selbständig sein?

Kempowski: Was wahrscheinlich noch zu machen ist, das liegt etwas in der Ferne: ein Roman, der mich zunächst einmal unabhängig von dieser deutschen Chronik interessiert. Er wird in einer einklassigen Dorfschule in einem Moordorf spielen. Ein junger Mann fängt dort mit seiner Frau an. Das möchte ich unbedingt schreiben. Es wird schwer werden für mich, weil die Auflösung dieses Dorfs durch die Technisierung und durch die Medien zu beschreiben sein wird, all die bekannten Erscheinungen, die Zerstörung der Schule usw. usw.: wie eine pulsierende und gesunde Zelle so allmählich zersetzt und zerstört – oder nicht so negativ ausgedrückt: in eine andere Gesellschaftsform übergeführt wird. Für den Schulmeister, der da wohnt, ein trauriges Kapitel. Ich habe immer überlegt, ob dieses Buch dann enden sollte: »Und er pinnt sich drei Bilder von Rostock an die Wand« – das ist eine schwere Entscheidung; wenn das passiert, dann ist der Integrationsprozess geglückt. Wenn ich das nicht schaffe, dann wird das Buch für sich stehen. Aber sofort fängt man wieder an zu krabbeln und zu wühlen, weil man denkt, da müßte man noch ein Bindeglied schaffen, vielleicht eine kleine Liebesgeschichte im städtischen Milieu der fünfziger Jahre hereinnehmen – und so treibt der Zimmermann seine Balken wieder weiter vor. Es spielen dabei auch Fragen des Gleichgewichts eine Rolle. Diese fünf Romane mit den dazugehörigen vier Sachbüchern wirken ja jetzt sehr kompakt. Sie haben im Grunde alle Fragen aufgeworfen und auch beantwortet. Was fehlt, ist die Frage: Wie geht es weiter. Was machen die Leute mit all diesen Erlebnissen? Was macht die Jugend?

Frage: Wie haben Sie in »Schöne Aussicht«, dem Buch Ihrer Kindheit, das Problem der Erzählperspektive gelöst?

Kempowski: Ja, da haben Sie genau den wunden Punkt. Es war mir unmöglich, von »Walter« zu sprechen. Das kam mir nicht über die Lippen. Ich konnte nicht schreiben: »Walter geht da unten«. Das wirkt so niedlich, so verhätschelt. Damit stand und fiel das ganze Buch. Meine Lösung war die, das Kind nie wirklich bei Namen zu nennen. Stattdessen heißt es nun: »der Lütte«, »der Kleine«, »der Jüngste«. Der Leser hat dadurch den Autor nicht ständig vor Augen.

Frage: So ergibt sich die Situation, daß am Ende von »Schöne Aussicht« die Er-Form steht und am Anfang vom »Tadellöser« ein Ich-Erzähler. Ist das nicht ein Problem?

Kempowski: An der Nahtstelle passiert nun natürlich allerhand. Erstens bricht der Erzählfluß abrupt ab, es beginnt die Mosaikform. Zweitens kippt das Präsens ins Imperfekt. Und drittens: Es wird dann von einem Ich geredet. Diese drei Dinge passieren. Ich glaube, es funktioniert wegen des Imperfekts. Man kann gar nicht glauben, wieviel an so einer einfachen Sache hängt. Sehen Sie mal, wenn ich in »Aus großer Zeit« die Zeugen nicht hätte, die von sich erzählen und zwar im Imperfekt (»Ich war damals die Wirtschafterin bei dem alten Herrn Kempowski, der hat jeden Tag gesoffen«), dann könnte ich den »Tadellöser« nicht integrieren. Jetzt ist es auf einmal so, als ob Walter Kempowski als Zeuge ein ganzes Buch – oder eigentlich zwei Bücher – zugewiesen bekommt. Nun erzählt eben der Zeuge Walter Kempowski folglich auch im Imperfekt. Auf die Idee erstmal zu kommen, das hat Monate gedauert. Dann schrieb ich quasi in die Zukunft rein, weil ich ja wußte: »Aus großer Zeit« muß dafür vorbereiten, daß Walter später selbst erzählt. Eigentlich fiel diese Entscheidung schon bei »Ein Kapitel für sich«. Man kann das so sagen: »Aus großer Zeit« enthält nur Nachbarn und entfernte Verwandte als Zeugen, »Schöne Aussicht« gar keine, da gibt es nur einen Erzähler, in »Tadellöser & Wolff« kommt der Walter zu

Wort, in »Uns geht's ja noch gold« auch, und in »Ein Kapitel für sich« kommt die ganze Familie dran, einschließlich Walter.

Frage: Wollten Sie den chronologisch vor »Tadellöser & Wolff« angesiedelten Stoff gleich auf zwei Bände verteilen, oder hat sich das erst während des Schreibens so ergeben?

Kempowski: Es sollte ursprünglich ein Band werden. Dann habe ich aber sehr schnell gemerkt, schon beim ersten raschen Durcheilen des Stoffs, daß das ein Buch von tausend Seiten geworden wäre. Außerdem handelt es sich um zwei ganz verschiedene Sachverhalte. Und die Zäsur »1918« ergibt sich ja von selbst.

Frage: Das autobiographische Schreiben war ein bestimmender Trend in der deutschen Literatur der siebziger Jahre. Hat sie das irritiert? Haben Sie sich um die Bücher Ihrer Kollegen gekümmert?

Kempowski: Wissen Sie, ich habe mich lange mit mir selbst beschäftigen müssen: Ein Bürgersohn aus guten Verhältnissen landet im Knast. Er wird Lehrer, geht aufs Land. Drei Punkte, die einerseits exemplarisch sind, andererseits außergewöhnlich – zumindest für ein Einzelschicksal, vielleicht für das unseres Volkes aber exemplarisch. Das ist das Verrückte. Manchmal fühle ich, daß sich in meinem Lebensweg wirklich sehr viel bündelt von anderen, die Einzelteile davon erlebt haben. Ob andere Autoren aus ähnlichen Gründen »autobiographisch« schreiben, betrifft mich nicht. Daß ich gelegentlich kopiert werde, finde ich traurig.

Frage: Hätten Sie denn Lust, mal einen Roman zu schreiben nur mit erfundenen Figuren?

Kempowski: Nein, im Gegenteil. Es gibt vielleicht die Möglichkeit, daß ich noch viel direkter werde. Denn ich bin in meinen Romanen im Grunde ja gar nicht direkt. Die seelischen Bereiche, die mich selbst ganz stark betreffen, spreche ich ja nur indirekt an. Vielleicht kommt später mal beim Betrachten des Lebenswerks eine Art Aufatmen: Und jetzt kommt das Eigentliche! Ein komischer Gedanke, nicht?

Frage: Als wir vor neun Jahren zusammen saßen, dachten Sie, 1978/79 würde alles ausgestanden sein...

Kempowski: Da habe ich mich verkalkuliert. In einer anderen Aufstellung habe ich mal geschrieben, 1981 hätte ich die Bücher fertig. Es hätte sich machen lassen, aber auch beim Schreiben muß man Pausen einlegen; und man muß auch mal etwas anderes tun, um sich kreativ wieder aufzuladen. Da sind für mich immer zwischen den Büchern Momente gewesen, wo ich ein Hörspiel gemacht oder was

Theoretisches über die Schule geschrieben habe. Und das war sehr erfrischend, das hat die Batterien wieder aufgeladen – verzögerte aber das Schreiben der Bücher. Heute denke ich da realistischer – der nächste Roman wird nicht vor 1983 zu schaffen sein und der letzte... na, vielleicht 86 – vorher wird das nichts, ächzend und stöhnend, muß ich sagen.

Frage: Damals war meine Abschlußfrage, wie Sie sich als Schriftsteller fühlen. Inzwischen zählen Sie zu den erfolgreichsten deutschen Autoren. Wird man da nicht übermütig?

Kempowski: Es muß ja für Leute wie Musil etwas Schreckliches gewesen sein, ein Jahrhundertthema angefaßt zu haben, das dann niemand oder nur ganz wenige Leute zur Kenntnis nahmen. Ich stelle mir das wirklich schrecklich vor. Denn dem Mann muß doch jeden Tag sein Tun nicht fragwürdiger, aber doch vergeblicher erschienen sein. Mein Erfolg bei den Lesern ist ein Glücksfall, der mich mehr rührt, als daß er mich zur Selbstüberschätzung führen könnte. Daß das, was man tut, auch wohlwollend aufgenommen wird, finde ich sehr schön. Das kann mich auch nicht irritieren. Natürlich, die Auflagen sind inzwischen beinah schon verdächtig groß – aber es gibt andere seriöse Autoren, die noch höhere Auflagen haben. Von daher sollte mich das nicht ängstlich machen. Wenn ich heute sehe, was ich mir damals aufgeladen habe, in den späten fünfziger, frühen sechziger Jahren, wo ich bereits anfing, das Material zu sammeln, so ist es mir völlig unverständlich, wo ich den Mut hernahm und auch die Kraft. Wenn ich es noch einmal entscheiden müßte, würde ich sagen: Nein. Ich hätte nicht den Mut, das noch einmal anzufangen.

Ausgeburten der Phantasie
Michael Ende und Gerold Späth

I. Der märchenhafte Erfolg

Was die literarische Tageskritik übersieht, entdecken eines Tages vielleicht die Literaturhistoriker. Doch gelegentlich kommt ihnen eine andere Gruppe zuvor: die Leser. Sie finden, was gefällt, bisweilen auch ohne Propaganda, ohne Verlagswerbung, ohne Rezensenten-Empfehlung. Das ist dann um so eindrucksvoller. In den letzten

Monaten haben zwei Bücher eines Autors – das eine zwei, das andere schon acht Jahre alt – einen beispiellosen Siegeszug angetreten, dessen Ende noch nicht abzusehen ist. Das Gespann »Die unendliche Geschichte« und »Momo« führt die deutschen Bestseller-Listen an, als sei's ein Stück von Konsalik oder Simmel. Doch der Schöpfer heißt Michael Ende, und bis vor kurzem kannten ihn allenfalls die Kinder. Sie machten zwei Bände mit »Jim Knopf« zu Verkaufsschlagern auf dem Kinderbuchmarkt.

Als Jugendbücher wurden auch diese beiden Romane zunächst präsentiert. Der Verlag glaubte, ihnen so am ehesten eine Chance in poesiefeindlicher Zeit zu geben. Entsprechende Preise und Ehrungen bestätigten das. Es dauerte eine Weile, bis sich herumsprach, daß dies keineswegs in erster Linie Bücher für Kinder sind (obgleich das auch), sondern literarische Kunstmärchen von hoher Qualität. Die Auflage liegt inzwischen jeweils bei etwas unter einer halben Million Exemplaren (zahlreiche Übersetzungen nicht einberechnet). Das Naive und Verspielte goutiert der sich aufgeklärt gebende Zeitgeist am ehesten dann, wenn er sich nicht angesprochen fühlen muß.

Michael Ende, der 1929 in Garmisch-Partenkirchen geboren wurde (sein Vater ist der Maler Edgar Ende) und heute in der Nähe von Rom lebt, kennt diesen Zusammenhang. »All dem, was er (der Erwachsene) für sich selbst als unbrauchbar betrachtet, räumt er in der Kinderliteratur mit gönnerhaftem Lächeln eine gewisse Daseinsberechtigung ein«, sagte er im letzten Jahr anläßlich einer Auszeichnung. »Manchmal nascht er wohl heimlich ein wenig daran, wenn ihn der große Katzenjammer ob seiner öden Erwachsenenwelt überkommt, aber eben nur, wenn es keiner sieht. Sonst schämt er sich.«

Ganz so ist es freilich nicht mehr. Endes Bücher sind längst das geworden, was Litereatur stets auch war: ein Gesprächsgegenstand, ein Bezugspunkt für die Unterhaltung. Momo, Bastian, die Grünhaut Atréju und der Glücksdrache Fuchur gehören zu den wenigen literarischen Figuren der letzten Jahre, die im Gedächtnis bleiben werden, phantastische Personen, die unsere Welt erobert haben.

»Die unendliche Geschichte«, 1979 erschienen, ist mehr als ein Buch voller Poesie: ein Buch über die Poesie – und ihren drohenden Verlust. Das macht den Rang dieses Romans aus. Er ist ein leidenschaftliches, kühnes, wunderbar artistisches Plädoyer für das Lebensrecht der Phantasie: in der Literatur, in uns. Genau wie 165 Jahre zuvor im »Goldenen Topf« von E. T. A. Hoffmann wird auch hier die Alltagswelt in kunstvoller Weise mit dem Reich der Träume, der

Wünsche und des Phantastischen in Berührung gebracht. Das Wunderbare tritt – wie damals – »keck ins gewöhnliche Leben«. Was bei Hoffmann Atlantis ist, das Zauberland der Poesie, heißt nun Phantásien.

Dieses Phantásien ist in Gefahr. Die Menschen besuchen es nicht mehr. Nur dunkel gibt es noch Erinnerungen an ein Pferd mit Flügeln, Pegasus. Das Nichts greift um sich in Phantásien. Die wunderlichen Wesen, die es bevölkern, können sich aus eigener Kraft nicht helfen. Vom Nichts berührt und unwiderstehlich angezogen, vergehen sie selbst. Es gibt nur noch eine Hilfe: Ein Mensch muß her. Nur der Mensch kann neue Namen geben, das aber heißt: schöpfen, das wachsende Nichts bannen.

Einer hört die Botschaft: der kleine Bastian, der sich vor der Schule drückt, in der er wegen seiner Träumereien nicht recht mitkommt und beim Sport immer als letzter gewählt wird. Er ist der fiktive Leser der »Unendlichen Geschichte«, in die er bald hineinverwoben sein wird. Michael Ende besitzt die von Goethe für das Märchen geforderte Einbildungskraft, »die vom Wirklichen bis zum Unmöglichen hin und wider schwebt und das Unwahrscheinliche als ein Wahrhaftes und Zweifelloses vorträgt«. Mit großem formalem Geschick macht er den Übergang von der einen Welt zur anderen und zurück glaubhaft. Die Verschachtelung verschiedener Fiktionsebenen ist bis hin zum zweifarbigen Druck des Buches schlüssig. Eine faszinierende Konstruktion, die das Problem des Erzählens in der Erzählung ohne jede Verkrampfung löst.

Das eigentliche Signal aber setzt Endes Buch mit seiner Lust am Fabulieren. Was das Gehirn des Autors an absonderlichen Gestalten und Geschöpfen entworfen hat, ist im wahrsten Sinne phantastisch. Derartiges gibt es in der deutschen Literatur dieser Jahre sonst kaum noch: im »Butt« von Günter Grass allenfalls und in den Romanen des Schweizers Gerold Späth. Dem Trend entspricht es nicht. »Ich kann in der Literatur keine Geschichte mehr vertragen, mag sie noch so farbig und phantasievoll sein, ja jede Geschichte erscheint mir um so unerträglicher, je phantasievoller sie ist«, gab Peter Handke Ende der sechziger Jahre als Parole aus. Ihm schien der Fortschritt der Literatur »in einem allmählichen Entfernen von unnötigen Fiktionen zu bestehen«. Daran hat sich die Literatur bei uns in den folgenden Jahren weitgehend gehalten, und wenn erzählt wurde, dann auf dem soliden Sockel des Autobiographischen.

Michael Ende spielt die Außenseiterrolle bewußt. Über seinen

Helden Bastian heißt es: »Er mochte keine Bücher, in denen ihm auf eine schlechtgelaunte und miesepetrige Art die ganz alltäglichen Begebenheiten aus dem ganz alltäglichen Leben irgendwelcher ganz alltäglichen Leute erzählt wurden. Davon hatte er ja schon in der Wirklichkeit genug, wozu sollte er auch noch davon lesen?« Deshalb gefällt Bastian die »Unendliche Geschichte« so gut, die er liest, deshalb will er in sie hinein (und deshalb kommt er auch kaum wieder heraus).

Endes Phantásien ist im übrigen ein Land für Kenner: Der in Kunst, Literatur und Philosophie bewanderte Autor spart nicht mit Anspielungen und ironischen Paraphrasen. Erfindungsgabe und Traditionsverweis geben sich bei ihm die Hand. Zum Beispiel setzt Ende Bilder Arcimboldis in eine Figur um. Hinweise auf die Odyssee, auf Rabelais, Novalis und Tolkien, ja auf Tarzan, lassen sich entdecken. »Phantásien ist ja nicht nur das Reich der Phantasie und der Träume«, so der Autor in einem Interview, »sondern auch das Reich der Kunst, das heißt, das Reich der Fiktion«.

Das erklärt die Sonderstellung von Ende innerhalb der Literatur. Aber das macht noch nicht den Erfolg aus. Der hat vornehmlich mit einer neuen Stimmung zu tun: dem Unbehagen an der Seelenlosigkeit und Monotonie unserer Kultur. Mit Novalis wünscht Ende sich ein anderes Leben: »Wenn nicht mehr Zahlen und Figuren / Sind Schlüssel aller Kreaturen / (...) Und man in Märchen und Gedichten / Erkennt die wahren Weltgeschichten«. Der Rückgriff auf die Romantik ist nur folgerichtig. Ebenso die Hoffnung, daß auch die Erwachsenen eines Tages so erwachsen sein könnten, »sich von der Poesie sagen zu lassen, was wahr ist und was nicht«. Seine Aversion gegen den Intellektualismus, »der unfähig ist, aus sich selbst Werte hervorzubringen«, ist gewiß keine Lösung der aktuellen Probleme. Andererseits: wer weiß es besser?

Deutlicher in seiner Kulturkritik ist Ende in seinem Buch »Momo« von 1973. Es ist als Kultbuch für Aussteiger und Zivilisationsmüde geradezu prädestiniert – doch geschrieben in einer Zeit, als die politischen Hoffnungen noch das Tagesgespräch belebten. Und so ist die Geschichte des kleinen Mädchens, das plötzlich in einer Amphitheater-Ruine am Rande der Großstadt auftaucht und sich Momo nennen läßt, zunächst kaum beachtet worden. Dabei ist das Märchen, das raunend anhebt: »In alten, alten Zeiten...«, eine ganz auf unsere Lebens- und Umgangsformen gerichtete Parabel von seltener Bildkraft.

»Momo« lebt ganz von einem Einfall: Ende hat das Gerede der Leute, daß sie keine Zeit haben, ihre Überlegungen, wie sie Zeit sparen könnten (die bekanntlich Geld, also das wichtigste ist), einfach wörtlich genommen. Da gibt es eine »Zeit-Spar-Kasse« und graue Herren, die die Menschen überreden, ihre gesparte Zeit gut anzulegen. Das ist natürlich ein Trick: die Menschen sehen davon nie etwas wieder. Im Gegenteil: je mehr Zeit sie sparen, desto unruhiger werden sie. Das kümmert die grauen Herren wenig, denn diese Wesen der Finsternis leben gut von der gesparten Zeit.

Wie Momo und ihre Freunde die Folgen in der Erwachsenenwelt mit Grausen beobachten und den Kampf gegen die schattenhaften Herren aufnehmen, wie Momo ins Zentrum der Zeit gerät und sich von Meister Secundus Minutius Hora in die tieferen Geheimnisse der Philosophie von Zeit, Leben und Vergänglichkeit einweihen läßt, und wie das kleine Mädchen schließlich die Finsterlinge besiegt, während die Welt für eine Stunde erstarrt und stehenbleibt, so wie sie gerade ist, das übt einen so wunderbaren Zauber aus, daß selbst der abgehetzte Manager im Intercity noch seine Freude daran und einige Stunden des Grübelns danach haben wird.

Die Käufer von Endes Büchern dürften vornehmlich in der Generation derer zu suchen sein, die selbst nicht mehr mit Märchen aufgewachsen sind und wohl auch glaubten, sie benötigten derlei nicht mehr. Doch mit dem Zweifel daran, ob wir mit uns und unserer Welt richtig umgehen, wächst auch der Zweifel, ob wir uns noch ein richtiges Bild von ihr machen. Das Phantastische fördert ja nicht die Flucht aus der Realität, sondern schafft mit der Ruhe des Abstands und der Kraft des Gegenbildes die Bedingungen, unter denen die eigenen Träume freizulegen und neu zu ordnen sind. In der »Unendlichen Geschichte« gibt es ein ergreifendes Kapitel »Das Bergwerk der Bilder«. Bastian, der den Zugang zur Realität, den Schlüssel zur Rückkehr in den Alltag verloren hat, sucht dort unter Tage nach seinen Träumen: abgelagerten Relikten der eigenen Vergangenheit. Er findet ein Bild seines Vaters, den er nicht mehr erkennt, aber dessen Bedürfnis nach Liebe er ahnt. Das läßt ihn den Ausgang aus Phantásien finden.

In »Momo« sind es die Erwachsenen, die die Kinder und die Alten vergessen haben – sie müssen ja Zeit sparen, und sie verlieren darüber nicht nur die Mitmenschen, sondern auch sich selbst und ihre eigentlichen Bedürfnisse aus den Augen. Endes Märchen weisen auf eine unwirtliche Welt. Und sie rühren an geheime Sehnsüchte: an jene nach Heldentaten, an jene nach einem Miteinander der Generationen.

Wie in der Romantik schon einmal, hat der Protest gegen die Technokratie, gegen das Lebensbild der Zuwachsgläubigen, eine konservative Seite. Die »Ganzheit« des Menschen wird gefordert, er soll sich seiner Träume vergewissern, um nicht im Wahnsinn zu enden. Ein Buch wie »Die unendliche Geschichte« bietet nicht nur den Schutz und das Vorbild des in sich geschlossenen Kreises, nicht nur die phantastische Gegenwelt, sondern auch eine Botschaft: daß beide Welten, die des Alltags und die der Wünsche, sich versöhnen sollen und nur miteinander heil bleiben.

Endes Märchen sind frei von jedem missionarischen Eifer. Es sind keine Bücher, die den Leser »zu etwas kriegen wollen« (wie der kleine Bastian es ausdrückt). Ihre Kritik liegt völlig in der Gestalt. In der Einfachheit und Ruhe der Erzählung steckt die geheime Botschaft. Was der ungeduldige Leser als schlicht mißdeuten könnte, ist das Ergebnis einer akribischen Arbeitsweise des Autors. In seinem italienischen Landhaus schreibt er nicht nur über die Zeit – sondern er nimmt sie sich, um ohne Hektik, ohne Termindruck seine Bücher zu ersinnen. Sein Verleger teilte nicht ohne Stolz mit, daß Endes Frau, eine ehemalige Schauspielerin, ihrem Mann jede Zeile immer wieder vorliest, bis jeder Schnörkel, jede Undeutlichkeit verschwunden ist. Solche Geduld und Mühe sind nun von den Lesern belohnt worden: fast ein Märchen.
(1981)

II. Der helvetische Magier
(Besuch in Campiglia Marittima, August 1980)

Bunt geht es zu bei ihm. Bizarre Gestalten, verrückte Geschichten, wildes Durcheinander: Leben, wie es das Leben nur selten zu bieten hat. Kobolde, Schelmen bevölkern seine Romane, auch eine schöne Frau ist dabei, die die Männer so vereinnahmt, daß nichts mehr von ihnen übrigbleibt. Absonderliche Lebensläufe werden da mit hoher Sprachkraft und großer Phantasie vor uns ausgebreitet: Dieser Autor sucht unter den jüngeren deutschsprachigen Schriftstellern seinesgleichen.

Doch wie bei allen großen Erzählern verbirgt sich auch bei ihm hinter den funkelnden Fassaden der puren Einbildungskraft, hinter den lebenssatten Luftschlössern nichts anderes als Furcht und Schrekken. In einem Roman steht: »Daß man das Leben verhöhnen solle, auslachen, beschimpfen, rühmen, preisen, loben, verfluchen und besingen, ist wahr und ein schöner Spruch, nur: am Schluß hat's dich doch. Man verdammt und bejubelt eigentlich immer die allmächtige Lebensfurcht Tod.«

Und wie schaut er selber aus, der Schöpfer so wilder Figuren, der Meister des leisen Horrors? Wie ein Familienvater und Kaufmann. Schlank, groß, von stattlicher Erscheinung, tritt er dem Besuch in seinem italienischen Ferienhaus entgegen, begrüßt ihn gewandt, verbindlich, nicht erdrückend überschwenglich, sondern mit genau dem Maß an Willkommensgeste, das für den Anfang paßt. Die dunklen Haare und der sauber ausrasierte Schnauzbart wollen ihn fast südländisch erscheinen lassen, doch die blonden Augenbrauen sprechen für eine nördlichere Herkunft. Seine Familie ist seit 1917 in der Schweiz eingebürgert; Vorfahren stammen aus der Oberpfalz und Schwaben.

Gerold Späth, der Schweizer Autor in toskanischer Idylle, ist beides: Kaufmann und Familienvater. Seine Romane, die er mal seiner Frau Anita, mal den beiden Kindern (der neunjährigen Salome und dem fünfzehnjährigen Veit) widmet, lassen es kaum als möglich erscheinen: und doch ist handfeste Nüchternheit die Grundlage des literarischen Spuks. Statt das Orgelbauen zu erlernen wie sein Bruder, der heute in Rapperswil die väterliche Firma leitet, durchlief Gerold Späth eine kaufmännische Ausbildung. »Es sollte auch einer da sein, der die Orgeln verkauft.« Er spricht nun mehrere Sprachen: das gehört in der Schweiz zu den Voraussetzungen eines guten Geschäftsmanns.

Doch er hat dann nur ein Jahr im Betrieb gearbeitet. »Man kann nicht zwei Sachen verbinden, die sehr aufwendig sind.« Mittlerweile, 1970, war der erste Roman erschienen: Konkurrenten aus der Gilde der Orgelbauer gingen daraufhin – wie Späth es ausdrückt – »mit Stellen aus dem Buch hausieren«. Plötzlich gab es für die Späthschen Orgelbauer in der sittenstrengen Umgebung vom Zürcher See keine Aufträge mehr. »Das war eine Art Sippenhaft«, sagt Gerold Späth. »Aber meine Familie hat wunderbar zu mir gehalten.« Trotzdem gab diese Heimtücke der Konkurrenz den letzten Ausschlag, sich ganz auf die Schriftstellerei zu verlegen. Hat er denn nicht daran gedacht, lieber das Schreiben zu lassen? Niemals.

In »Unschlecht« stellt er den Rapperswilern nicht gerade das beste Zeugnis aus: Brave Bürger, voran der Pfarrer und die Politiker, versuchen den armen Tölpel Unschlecht um seine Erbschaft zu bringen. Bei diesem Roman hatte Späth zum erstenmal das Gefühl (und zwar schon während der Niederschrift), seinen Ton gefunden zu haben. Vorher hatte er drei Romane für die Schublade geschrieben. »Das waren so Einübungen.« Späth ist ein vielseitiger Mann. Die großen abstrakten Bilder an den Wänden seines Arbeitszimmers hat er selber gemalt.

An der literarischen Provokation, gemünzt auf seine Geburtsstadt Rapperswil, liegt ihm nicht. In späteren Büchern hat er die Ortsnamen fingiert. »Läppische Auseinandersetzungen mit Flachköpfen sind mir zu dumm«, sagt er. Schriftsteller seien unbequem, es bedürfe nicht solch vordergründiger Provokationen. Das erzählerische Temperament, das man aus seinen Büchern kennt, erfährt erst, wer etwas länger mit ihm zusammen ist. Er spricht einwandfreies Hochdeutsch mit leicht Schweizer Tonfall, der sich in Satzmelodie und Behäbigkeit verrät. Ein Mann von hanseatischer Klarheit, eidgenössischer Verläßlichkeit und romanischer Lebensfreundlichkeit. Kleine Fältchen in den Augenwinkeln lassen etwas von der Schalkhaftigkeit ahnen, die er seinen Phantasiegestalten mit auf den Weg gegeben hat. Daß Gerold Späth, ein begeisterter Angler, auch zupacken kann, zeigt sich, als nach einem Restaurantbesuch ein gewaltiger Gewittersturzbach die italienische Landstraße im Nu zur Falle für unsere Autos werden läßt. Ohne zu zögern, watet der Dichter bis zur Hüfte in den braunen Fluten, um uns nicht in den Graben treiben zu lassen.

Die Rapperswiler Wohnung ist inzwischen vermietet. Zuletzt lebte die Familie Späth sechs Monate in Berlin, nun geht es für ein Jahr nach Rom: In beiden Fällen sind Stipendien der Motor. Das Ferienhaus in der Toskana, ein paar Autominuten von Campiglia Marittima entfernt, auf einer Anhöhe gelegen, dem Monte Pattoni, ist zur Zeit die eigentliche Heimstatt. Späth hat es schon vor Jahren als Ferienhaus gekauft.

Auf Stipendien und Preise ist Gerold Späth angewiesen. Obwohl er sich in den zehn Jahren seit Erscheinen des Romans »Unschlecht« als einer der produktivsten deutschsprachigen Autoren erwiesen hat, kann er von den Büchern allein nicht leben. Fünf Romane sind es bisher – davon nur einer unter vierhundert Seiten. Von Erzählungen und Hörspielen ganz abgesehen.

Während Späth in der Schweiz schnell Beachtung gefunden hat, beginnt man ihn in der Bundesrepublik erst richtig wahrzunehmen, seit er im vergangenen Jahr als erster den von Günter Grass gestifteten Alfred-Döblin-Preis erhielt. Diese Auszeichnung ist ihm wegen ihres Aufmerksamkeitswertes besonders lieb. Und wohl auch, weil sie seine

Nähe zu Grass unterstreicht, auf die er gar nicht ungern angesprochen wird.

Zufall oder nicht (Horoskopgläubige mögen aufmerken) – Gerold Späth ist am selben Tag wie Grass geboren, zwölf Jahre später: am 16. Oktober 1939. Und seine literarische Nähe zu den Arbeiten des Preisstifters ist kaum zu übersehen: In den Romanen »Unschlecht«, »Stimmgänge« von 1972 (der Geschichte eines Orgelbauers, der eine Erbschaft erst antreten kann, nachdem er selbst die erste Million zusammen hat) und »Balzapf« von 1977 (einer Familienchronik, die vier Generationen umfaßt) findet sich die gleiche neubarocke Sprachwucht, die Alltag und Mythos zu einer staunenswerten Melange verrührt. Doch als Nachahmer muß Späth sich deshalb nicht vorkommen. Er hat es aus dem Mund des Meisters persönlich: »Meine Epigonen kenne ich. Du gehörst nicht dazu.«

Er ist übrigens nicht einmal ein guter Kenner des Werkes von Grass, wie er einerseits gern, andrerseits etwas beschämt gesteht: ein paar Kapitel »Blechtrommel«, kürzlich erst die beiden letzten Bücher des befreundeten Kollegen, damit hat es sich. Ähnlich geht es ihm mit Grimmelshausen: dessen »Simplicissimus« hat er nie vollständig gelesen, immer wieder nur ein paar Abschnitte. Genauso »Don Quijote«. Vollständig kennt er an geistesverwandten Klassikern den »Ulenspiegel« von Charles de Coster und Laurence Sternes »Tristram Shandy«.

Läßt sich heute überhaupt noch ein Schelmenroman schreiben? Die scheinbar lustigen Abenteuer der naiven Helden spielen bei Grimmelshausen immerhin vor dem Hintergrund des dreißigjährigen Krieges und bei Grass vor dem des Zweiten Weltkrieges. »Man kann doch nicht immer warten, bis wieder ein Krieg vorbei ist, um einen solchen Roman zu schreiben«, antwortet Späth. »Ich bin der Meinung: wir haben einen permanenten Krieg. Das kann man doch zeigen: das gegenseitige Halsabschneiden. Die Haie schaffen es, die anderen nicht.«

Als Späth 1970 die literarische Bühne betrat, stand sein Schreiben quer zum modischen Trend. Ende der sechziger Jahre war viel vom angeblichen »Tod der Literatur« die Rede, Geschichtenerzählen und Phantasie, Fiktion und Imagination wurden verächtlich abgetan; Texte sollten politische Wirkung erzielen. Hat er sich bewußt davon absetzen wollen? Nein, sagt er, er habe sich um all das nicht gekümmert. »Ich renne der eben entstandenen Literatur nicht nach. Das würde mich interessieren, wenn ich selbst nicht schriebe.« Im übrigen sei die angeblich so politische Literatur absolut folgenlos geblieben. Daß seine Romane als harmlos eingestuft werden könnten, glaubt der Schriftsteller Späth nicht: Er habe doch die Reaktionen gespürt. Die Leute hätten sich wiedererkannt. Und darum gehe es in der Literatur: Menschen betroffen zu machen.

Er hört es nicht gern, wenn man den Gegenwartsbezug in seinen ersten Romanen für wenig ausgebildet hält. »Wenn jemand sagt, die Gegenwart kommt darin zu kurz, dann ist das eben seine Gegenwart, nicht meine.« Seine Erfahrungen habe er in Rapperswil gemacht: »Wahrscheinlich hinkt dieses Kaff etwas hinterher.«

Bei seinem dritten und bislang kürzesten Roman »Die heile Hölle« von 1974 hat Späth erstmals auf die Form des Schelmenromans verzichtet: die vier Mitglieder einer Bürgersfamilie entfliehen jeder für sich ihrem Alltagshorror. Für seinen letzten, in diesem Frühjahr erschienenen Roman »Commedia« fand Späth ein ganz eigenes formales Gewand. Für das Manuskript dieses Buches, das ursprünglich »Mein Clan« heißen sollte (der Titel war jedoch durch einen Kriminalroman besetzt), erhielt er den Döblin-Preis.

Die »Commedia« – neben »Unschlecht« die bedeutendste Arbeit Späths – hat zwei Teile: im ersten bringt der Autor zweihundertunddrei Figuren in knappen Texten zum Sprechen, die selten mehr als eine Seite umfassen, im zweiten wird eine Gruppe von Touristen durch ein imaginäres Museum geführt, das für die meisten am Ende zur Todesfalle wird. Auf die Frage, wie denn beide Teile zusammengehören, antwortet Späth mit dem Entstehungsprozeß. Er habe immer dann am zweiten Teil weitergearbeitet, wenn eine seiner Erfindungen aus dem ersten ihn nicht loslassen wollte. Tiefere Bezüge zwischen beiden Romanteilen sind trotz solch pragmatischer Voraussetzung nicht ausgeschlossen. »Was man da alles rauslesen kann, ist mir wurscht.«

Von Späths Vita findet sich in den Romanen kaum eine Spur. Auch damit liegt er wieder abseits vom Zeitgeschmack, der doch gerade die Bilanz der privaten Existenz so schätzt. Der Grundeinfall für die »Commedia«, einfach einmal Porträts unverbunden aneinanderzureihen, ist ihm angesichts des Schattendaseins der Nebenfiguren in seinen früheren Romanen gekommen. Warum sie nicht einmal hervorziehen und ein eigenes Buch für sie bereitstellen?

Doch während des Schreibens erschienen auf der inneren Bühne des Autors dann ganz andere Gestalten und drängten danach, eine Stimme zu erhalten. Am Ende waren nur noch an die zwanzig Veteranen im Rennen. Späth war hinterher selbst überrascht, »was für

Figuren da drin waren«. Ja, er sagt: »Nach einem Jahr kannte ich einige gar nicht mehr.« Sind seine Geschöpfe allesamt erfunden? Mit dem Tonband ist er nicht unterwegs gewesen. »Man muß zuhören und sich umsehen«, sagt er. »Meine Figuren sind da angesiedelt, wo ich mich am besten auskenne. Ich kenne die Verhältnisse, und Verhältnisse gebären Figuren.« Späth schreibt alle seine Manuskripte zunächst mit der Hand, dann entstehen mehrere Fassungen mit der Schreibmaschine. Mit sich reden läßt er dann nur noch über Kürzungen; Stilsicherheit gehöre zum Handwerk des Autors, findet er.

Plötzlich steht er auf und holt ein Taschenbuch aus seinem Bücherschrank. »Das habe ich auf einem Ramschtisch gefunden, als ich mittendrin im ersten Teil der ›Commedia‹ war.« Ein Buch, das 1916 erschienen ist, Edgar Lee Masters' »Die Toten von Spoon River«. Dasselbe Bauprinzip: die auf einem Friedhof Begrabenen erzählen in kurzen Texten aus ihrem Leben. »Es hat mir schon gefallen, da einen Kumpel zu haben«, sagt Späth. Er gesteht freimütig, eine Idee des fremden Autors übernommen zu haben: Das alphabetische Namensverzeichnis der fiktiven Figuren findet sich schon bei Masters.

Am Abend sitzen wir auf der Terrasse, die Füße auf eine niedere Steinbrüstung gestützt. »Man kann sich hier gut entspannen und Kräfte sammeln.« Der Hausherr zeigt hinunter in die Ebene. »Dort unten hatte es früher Sümpfe«, sagt er – und solche Wendung gehört zu den wenigen sprachlichen Eigenheiten, die den Schweizer auch ohne den Tonfall verraten. Die Etrusker mußten schon mit den Sümpfen an dieser Stelle kämpfen, später die Römer. Dort zieht die »Aurelia« durchs Land, die historische Straße, noch heute Nationalroute Nummer eins. In weiter Entfernung fahren die Autos ohne Unterlaß, auch nachts. Bisweilen weht der Wind Motorengeräusch herauf, von Fahrzeugen, die längst aus den Augen entschwunden sind.

Ein Ausblick in eine andere, entrückte Welt: Am Horizont glänzt das Meer in der Abendsonne. Dort kann man im Winter, bei klarer Sicht, Inseln des toskanischen Archipels sehen: Elba und Monte Christo. Rechts im Bild ragt der Schlot eines Kraftwerks in den Himmel: ein neuer Bau, in dem mit Öl Strom erzeugt wird. Auf diese Entfernung wirkt die Anlage wie ein Spielzeug. »Man wollte noch ein Atomkraftwerk dazustellen«, sagt Späth. »Aber die örtlichen Politiker haben die Pläne abschmettern können.«

Die toskanische Landschaft wirkt an dieser Stelle wie aufgebrochen und auseinandergefaltet, ist nicht mehr der künstlich-natürliche Garten. Nur im Vordergrund, zu Füßen des Betrachters, gibt sie sich wie im Bilderbuch: Der Blick wird von Hügeln mit Ölbäumen und Pinien aufgehalten und beruhigt, bevor er sich in der Weite der Ebene verlieren kann. Gerold Späth sitzt ganz entspannt da und schaut in die Ferne.

Wie fühlt man sich als hauptberuflicher Autor? »Als Vorstellung finde ich das etwas makaber, ewig Bücher schreiben zu müssen. Ich denke, daß ich vielleicht einmal etwas ganz anderes machen werde.« Ihm, der da so nüchtern über seine Arbeit spricht, nimmt man auch ab, daß er sie mit großer Ernsthaftigkeit betreibt. »Zur Ehrlichkeit des Schriftstellers gehört, nur zu schreiben, was man schreiben muß.«

Er will in nächster Zukunft nicht so sehr ans Veröffentlichen denken, sondern einiges ansammeln lassen. »Jetzt werde ich nur noch kurze Bücher schreiben«, verspricht er. Er sagt das alles ohne Pose, vielleicht auch, weil er vom Erfolg bisher nicht verwöhnt worden ist. »Das sind Faxen, wenn sich jemand hinstellt und sich als Schriftsteller aufspielt«, sagt Gerold Späth in den ausgehenden Tag hinein. »Dann hat er nicht begriffen, was Schreiben ist: ein ziemlich einsames Geschäft.«

Einzelkämpfer, Einzelgänger
Wolf Biermann und Botho Strauß

I. Singen mit den Toten im Rücken
(Besuch in Hamburg, September 1981)

Er will geliebt werden. All seine Ausbrüche, Attacken, Rundumschläge, seine Polemik und sein Protest können nicht verdecken, daß er zu den Verletzlichen gehört, zu jenen, die sich immer wieder Feinde machen – um nicht erleben zu müssen, daß sie eines Tages welche haben, ohne zu wissen woher. Er brüllt am liebsten los, bevor die anderen zuschlagen, und wenn er selbst in die Schußlinie geraten ist, greift er rächend zur Waffe, die auch eine Gitarre sein kann.

Er will geliebt, bewundert, umworben sein, weil er spüren möchte, daß er da ist. Und wenn Wohlwollen nicht zu haben ist, dann will er wenigstens Widerstand. Denn auch dann spürt er, daß er vorhanden ist. Wem alles zur Politik wird, der kann Gegnerschaft ertragen: Feinde sind eine Ehre, wenn man sie in ein politisches Koordinatensystem einbauen kann.

Wolf Biermann kann. Das heißt: er kann gar nicht anders. Er war noch ein Kind, als er lernen mußte, daß es zweierlei Lieder gibt, solche, die man singen darf, und solche, die man besser nicht singt, wenn andere dabei sind. Seine Mutter brachte ihm heimlich die kommunistischen Arbeiterlieder bei, die Nazilieder lernte man damals von allein. Eines Tages besuchten sie den Vater im Gefängnis, der kleine Sohn sollte etwas vorsingen. »Es zerreißt mir noch heute die Seele, wenn ich daran denke: aus Freude darüber, daß ich kein Arbeiterlied sang, und aus Scham, daß ich ihm dieses furchtbare Lied in die Seele brüllte.« Er sang damals »Bomben auf Engelland« und schreit die Melodie jetzt noch einmal heraus und haut mit der Faust auf den Tisch: »Bumm, bumm, bumm!« Eine lastende Pause, dann: »Das gehört dazu.« Schnell findet er eine Wendung, um sich aus der Erinnerung in die Gefilde der Begriffe, der Ironie zu retten: »Wenn Sie ein schlechtes Feuilleton machen wollen, können Sie schreiben: Das war der erste öffentliche Auftritt Wolf Biermanns.«

Auf jeden Fall spielt dieses Erlebnis eine Schlüsselrolle. Ohne die Erfahrungen der Kindheit, ohne das, was noch folgen sollte, ist dieser Mann nicht zu verstehen. Die Kraft, sich Einkreisung, Bespitzelung, Haß und Isolierung widersetzen zu können, hat ihre Wurzeln in dem, was die Familie Biermann erleiden mußte.

Fünf Jahre lebt er mittlerweile wieder in seiner Heimatstadt, in Hamburg, wo er am 15. November 1936 geboren wurde. Am 13. November 1976 gab er in Köln jenes Konzert, das drei Tage später, genau einen Tag nach seinem vierzigsten Geburtstag, als Vorwand für den Entzug der Staatsbürgerschaft der DDR herhalten mußte. Es war das erste große Konzert nach vielen Jahren. Noch heute ist er gepackt von diesem Bühnenauftritt. »Ich war so tief erschüttert und bewegt von meiner Sache, daß ich für irgendwelche Posen gar keine Puste hatte. So direkt, wie wir uns jetzt gegenübersitzen, so direkt war ich mit achttausend Leuten zusammen!«

Das läßt sich auch umkehren. Jeder einzelne Besucher daheim wird ihm zum Repräsentanten des Publikums, wird zur Testperson für die Wirkung des von ihm Geschriebenen, Komponierten, Erzählten. Er ist – monoman in seiner Ausdruckswut – zum Dialog nur schwer fähig. Und doch täuscht sich, wer glaubt, Biermann könne nicht zuhören. Jede Regung, jede Reaktion wird von ihm registriert. Er gleicht einem Seismographen, der selber für Erdbeben und Eruptionen sorgt.

Biermann wohnt mit Tine, seiner Frau, und drei Kindern am Hohenzollernring in einer dunklen Backsteinvilla, wie man sie in den zwanziger Jahren baute. Dies ist jener Teil Hamburgs, wo das Arbeiterviertel Altona aufhört und die feineren Elbvororte sich ankündigen: eine Grenzlinie. Man hat es nicht weit zu den Parkanlagen der Reichen, aber kann doch um die Ecke in schmalen Gassen, denen jedes Grün fehlt, die Einkäufe erledigen. Das Haus strahlt Gemütlichkeit aus, außen wie innen. Am Fenster stehen die durchgesessenen Ledersessel, die Wände hängen voll mit Fotos, Gemälden, Zeichnungen.

Biermann legt Holz auf. »Ist schön so'n Kamin«, sagt er, »gerade in dieser Jahreszeit.« Über dem Kamin hängt ein Bild, das seinen Vater im Kreis von Kollegen von der »Deutschen Werft« zeigt, am Rahmen steckt eine rote Nelke. Der Vater, die Mutter und ein Onkel bildeten eine illegale Zelle der kommunistischen Partei. Wenn unter Umgehung der vom Völkerbund verordneten Neutralität Waffen für Franco verladen wurden, so konnte man einiges dafür tun, »diese Schiffe zu identifizieren«. 1937 wurde der Vater verhaftet, ein Gestapospitzel hatte sich in die Gruppe geschlichen. Wolf Biermann war gerade ein paar Monate auf der Welt.

Es war die zweite Verhaftung. Gleich 1933 war der Maschinenbauer Biermann schon einmal von den Nazis eingesperrt worden. Er hatte in einer selbstgedruckten Zeitung jene vier Kommunisten gewürdigt, die die Nazis aus Rache für eine in Altona erlittene Niederlage dem Henker zugeführt hatten. Der Jüngste von ihnen war ein Schuster, 19 Jahre alt. »Auf die Frage nach seinem letzten Wunsch hat er dem Gegenüber mit den Handschellen die Fresse poliert.« Er hieß Karl Wolf. Nach ihm erhielt der junge Biermann seinen Vornamen.

Diesmal wurde der Vater nicht wieder entlassen. Nicht lange nach dem Besuch des »kleinen Sängers« – wie sein Sohn im Haus in Hammerbrook hieß, wo er morgens im Bett immer sang, wenn die Mutter zur Arbeit gegangen war – brachte man ihn im Frühjahr 1943 nach Auschwitz. Er wurde ermordet. »Mein Vater war nicht nur Arbeiter und Kommunist, sondern auch Jude.« Die ganze Familie des Vaters, Eltern, Geschwister und deren Kinder, waren vorher schon umgebracht worden. »Alle – ohne eine einzige Ausnahme. Zwanzig Menschen.«

Wolf Biermann erzählt es langsam, stoßweise, mit großen Pausen, als wisse er nicht weiter. »Meine Mutter hat mich mit leidenschaftlicher Konsequenz zu meinem Vater hin erzogen. Das war ein Akt der Liebe zu meinem Vater und ein Akt des politischen Beharrens und der

Wahrung menschlicher Würde.« An jedem Morgen stand ein Spielzeug-Wägelchen vor der Tür, in das die Mutter ein kleines Geschenk für den Sohn gelegt hatte, das sie als Gruß des Vaters ausgab: eine Feder, eine Murmel, ein Zuckerstück. »So war mein Vater jeden Tag auf die heftigste Weise bei mir.«

Heute glaubt er, alles, was er später gemacht habe, sei ohne diese Beziehung zu seinem Vater nicht denkbar. »Das war und ist und wird sein mein heftigster Antrieb!« Die Mutter formulierte es damals pathetisch so: »Wolf, du mußt deinen Vater rächen!« Doch das ging nicht mit der geballten Faust allein. Der Sohn sollte studieren. Vorerst klappte es nicht recht. Am Heinrich-Hertz-Gymnasium war er eines der wenigen Arbeiterkinder und er verausgabte seine Kraft in Prügeleien, weil die anderen die »kommunistischen Weisheiten, die ich selbst nicht verstand«, nicht hören wollten. »Ich blieb dumm«, sagt er lapidar. »Meine Mutter hatte mir auferlegt, die ganze Menschheit zu erretten. Aber ich war zu blöd, die Infinitesimalrechnung zu beherrschen.«

Das änderte sich erst, als er nach der zehnten Klasse Hamburg und die Bundesrepublik verließ. In einem Internat bei Schwerin sollten ihm die Genossen in der DDR etwas Ordentliches beibringen. Das war 1953, Biermann siebzehn Jahre alt. Und es klappte: »Mich schützte meine Unwissenheit. Ich fühlte mich zu Hause, in meinem Vaterland, im Land meines Vaters.« Er studierte dann in Ost-Berlin politische Ökonomie. Noch einmal war es die Mutter, die die Richtung wies. Ihr gefiel – wenn sie auf Besuch kam – die wirtschaftliche Organisation im sozialistischen Staat nicht recht. »Und so beschloß sie«, sagt Biermann und hebt die Stimme ausdrucksvoll und augenzwinkernd am Ende des Satzes, »daß wir dort erstmal die Wirtschaft in Ordnung bringen müssen.«

Damals verspürte er keinerlei Drang zu schreiben. Er spielte gelegentlich ein bißchen Gitarre, »mit drei Griffen«. Dann kam er in den Sog des »Berliner Ensembles«. Und wollte Regisseur werden. Zwei Jahre arbeitete er dort mit, studierte dann noch einmal: Philosophie und Mathematik – »bis zum ordentlichen Ende«. 1960 lernte er eine Frau kennen, die ihn »unter anderem dazu verführte«, eigene Lieder zu schreiben. Doch der Dichter und Sänger Biermann wäre womöglich öffentlich niemals in Erscheinung getreten, wenn die Oberen der DDR es nicht für politisch klug gehalten hätten, ein im Jahr des Mauerbaus gegründetes »Berliner Arbeiter- und Studententheater« 1963 wieder zu schließen.

»Das war denen zu kommunistisch.« Biermann ereifert sich, steht auf, stochert im Kamin, bleibt stehen. »Wenn das passiert, was diese Bonzen ständig fordern, verlieren sie die Nerven.« Er war damals der Leiter, ihm wurde die »Kanone Theater« genommen, und so verlegte er sich auf »leichte Handfeuerwaffen«. Er sagt in einer typischen Mischung aus Bitterkeit und Hohn: »Sie trieben mich in eine Richtung, die sich am Ende für sie als politisch wesentlich gefährlicher und teuer erwies als dieses vergleichsweise harmlose Theater, weil sie kaum unter Kontrolle zu halten war.« Er spricht über die DDR wie von einer Frau, die man immer noch liebt, obgleich man inzwischen verstanden hat, daß sie die Liebe nicht erwidert.

Biermanns Lieder setzten sich schnell durch. 1964 besuchte er für eine Tournee die Bundesrepublik, damals ein seltenes Privileg. 1965 erschien sein erstes Buch, »Die Drahtharfe«, eine kleine Sammlung mit »Balladen, Gedichten, Liedern« – mittlerweile der auflagenstärkste deutsche Lyrikband nach dem Krieg. Der Band erschien im Westen. Auch eine erste Platte kam heraus, der Mitschnitt eines gemeinsamen Auftritts mit Wolfgang Neuss. Auch sie erschien im Westen. Im Osten tagte derweil das elfte Plenum des Zentralkommitees der SED und verfügte ein Auftritts- und Ausreiseverbot. Die Stimme des Sängers sollte in der DDR nicht mehr vernommen werden.

Die Karriere des politischen Dichters Wolf Biermann begann. Abgeschnitten von seinem Publikum, von Spitzeln und Drohungen umlagert, sammelte er in der Chausseestraße 131 alle Kräfte und einen Kreis von Freunden – und schrieb Lieder über den Staat, indem er über sich, und er schrieb über sich, indem er über jenen Staat schrieb, der ihn bedrängte: doch den Gefallen, sich von der Lehre loszusagen, tat er der Obrigkeit nicht. Er betrieb sein Leben »wie ein politisches Gedicht«. Er hatte, wie er meint, das Glück, gerade bekannt genug zu sein, um alle Maßnahmen gegen sich stumpf werden zu lassen. »Der Knebel im Mund des populären Sängers verwandelt sich in ein Mikrophon.« Das sind so Sätze, die er wie Verlautbarungen von sich gibt.

In seinem Lied- und Lyrikband »Mit Marx- und Engelszungen«, der 1968 erschien, zeugen viele Texte von der seltenen literarischen Konstellation, wo sich, wie Biermann später schrieb, »das Familienalbum berührt mit dem Geschichtsbuch.« Es sind so trotzige wie traurige, so verschmitzte wie verwunschene Verse: Power und Poesie. Da gibt es das dem Lyriker Peter Huchel gewidmete »Ermutigungs«-Lied (»Du, laß dich nicht verhärten/In dieser harten Zeit«), da heißt es: »Ach, mein Herz ist krank von all der Politik und all dem Schlachten«.

Und es finden sich die bekannten Zeilen: »Seht, Genossen, diesen Weltveränderer/Die Welt/Er hat sie verändert, nicht aber sich selbst/Seine Werke, sie sind am Ziel, er aber ist am Ende/Das seht, Genossen. Und zittert!«

1969 erschien die erste eigene Langspielplatte. Sie hieß wie der Ort, wo sie aufgenommen worden war: »Chausseestraße 131«. Biermanns Musik hat wenig Liedhaftes. Eingängig sind seine Melodien selten: Sie sollen nicht die Botschaft ins Ohr des Hörers schmeicheln, sondern sich dem Text widersetzen, ihm eine eigene Wendung abtrotzen, gegen ihn und über ihn hinaus gehen. In fast jedem Lied finden sich Moll-Akkorde, die allem Markigen widerstreben. Ein Sänger der leisen Töne ist Biermann deswegen nicht: Er kann fluchen und schreien – dissonant und eckig von Liebe und Wut.

Wut und Liebe: sie liegen bei ihm dicht zusammen, stoßen sich manchmal in ein und demselben Lied. Leidenschaft kennt beides: Widerstand und Eros. Biermanns Minnelieder zählen zum Schönsten gegenwärtiger Liebeslyrik, auch und gerade wo sie scheinbar derb und grob sind. Das Autobiographische in seinen Texten ist ihm kein Problem. Wenn er heute auf die Jahre in der DDR zurückblickt, sagt er: »Ich wurde so ins Zentrum des politischen Getümmels hineingezerrt, daß das, was mir persönlich passierte, einen hohen Grad an politischer Bedeutung hatte. Ich konnte relativ unbekümmert über mich schreiben, ohne in Gefahr zu kommen, meine Leser und Hörer mit individualisiertem, borniertem Zeug zu behelligen.«

So ist es vielleicht kein Wunder, daß sein abendfüllendes Musikdrama »Der Dra-Dra« aus dem Jahre 1970, das sich an einer Vorlage von Jevgenij Schwarz orientiert und nur indirekt mit Biermann selbst zu tun hat, eher enttäuschte. Das Stück wurde 1971 in München aufgeführt und ist heute in der Versenkung verschwunden. »Das Stück gehört in den Osten«, setzt Biermann zur Verteidigung an. »Dort konnte es nicht gespielt werden. Hier wurde es zerspielt, und das konnte wohl auch nicht anders sein.« Die Parabel vom Drachen und seinem Bezwinger sei für westliche Betrachter zu abstrakt, zu märchenhaft.

In »Deutschland. Ein Wintermärchen« von 1972 spricht der Dichter wieder über sein Land und sich. Ein »lässig gereimter Reisebericht«, wie Biermann über Heines Vorbild (und zugleich über sein eigenes Buch) schrieb, »in dem schön schnoddrig Wichtigkeiten und Nichtigkeiten gleichgewichtig nebeneinander gesetzt sind«. Während Biermann noch in der DDR lebte, erschienen im Westen die Langspielplatten »Warte nicht auf beßre Zeiten«, »aah – ja!« und »Liebeslieder«.

»Niemand hat es in der DDR so schwer wie ein Kommunist«. Biermann schaut aus dem Fenster, winkt einem Unbekannten zu. »Er wird von der Bürokratie mehr gehaßt und unerbittlicher verfolgt als jeder andere. Aber auch in der westlichen Gesellschaft kann man sich nicht Kommunist nennen, ohne sich den Haß des größten Teils dieser Gesellschaft auf die Schultern zu laden.« Seine Gesten sind sparsam, höchstens, daß er einmal Daumen und Zeigefinger zusammenlegt und in die Luft hält. Die eindringliche Wirkung seiner Rede entsteht durch Modulation der Stimme, vor allem aber durch Mimik. Das ganze Gesicht wirkt mit bei der Arbeit des Formulierens. Manchmal erscheint es alt, faltig, müde, im nächsten Moment funkelt es vor Spaß an der eigenen Fähigkeit, die Spannungen im Wort zu bannen, denen er ausgesetzt ist.

»Wenn ich es schaffte, in einen so ernsten und langandauernden Streit mit so mächtigen Leute zu kommen und in diesem Streit auch zu bestehen und nicht wegzukippen, das hängt sehr eng mit meinem Vater und meiner Familiengeschichte zusammen. Denn der Mut, sich mit so übermächtigen Leuten in einen solchen Streit einzulassen, der kommt nicht aus einer kleinen Menschenbrust allein. Das kann man nicht. Das ist zuviel. Das kann man wohl nur, wenn man genügend Tote im Rücken hat, die einem beistehen.«

Doch die Toten, die ihm in all den Jahren vor Augen waren, lassen ihn auch jetzt nicht ruhen. Er kann keinen Schritt zurücktreten. Das wäre für ihn Verrat. Der Rausschmiß aus der selbstgewählten Heimat vor fünf Jahren darf nicht nachträglich zu einem Triumph für die Oberen in der DDR werden. »Wenn ich resigniere, hätten die Herrschenden in der DDR ihr Ziel erreicht.« Das will er auf keinen Fall werden: »ein versauerter, demoralisierter Familienpoet mit dikkem Konto und dünnen Gedanken, der den politischen Kämpfen seiner Zeit ausweicht.«

Nun, wo er »aus Versehen im westlichen Teil Deutschlands gelandet« ist, sieht er sich neuen Anfeindungen ausgesetzt. In den ersten zwei Jahren wollte er nur eins: wieder rüber. »Inzwischen sehe ich manches deutlicher. Das hat zur Folge, daß meine Ängste nachlassen.« Doch immer noch – und vielleicht immer mehr – schwebt er in der Furcht, falsch verstanden zu werden, sich eine Blöße zu geben, Worte zu sagen, die andere triumphieren lassen könnten.

Es ist ein Kampf an vielen Fronten. Bei manchem im Westen hat er sich unbeliebt gemacht, weil er diesen Staat, der ihn aufnahm, nicht bejubelte. »Die konnten es einfach nicht ertragen, daß ein Mensch hier rüberkommt und nicht dankbar ist. Die schlichte, bescheidene Wahrheit – die mit Politik im engeren Sinne gar nichts zu tun hat –, daß ein Mensch gern dort ist, wo er hingehört, wo er Freunde hat, wo er das Gefühl haben darf, gebraucht und geliebt zu werden, etwas Nützliches tun zu können, auf diese schlichte Einsicht ist niemand gekommen. – Und ich habe es offenbar auch nicht geschafft, genau diesen Punkt öffentlich genügend deutlich zu machen.«

Auf der anderen Seite lauern die Linken, die Genossen im Osten, aber auch im Westen, auf eine Geste der Abweichung, ein Zeichen der Abkehr von der Lehre. Doch zu seiner Form von Mut zählt auch, Scheuklappen ablegen zu können und »aus den wenigen Dingen, die man dazu gelernt hat, kein Geheimnis zu machen«. An die Bundesrepublik hatte er keine Erwartungen. Aber er wußte auch: »In der DDR herrscht nicht einmal diese beschränkte bürgerliche Demokratie, die doch so kostbar ist.« Es gebe nicht den geringsten Grund, meint Biermann ernst, sich über diese Demokratie zu mokieren, trotz ihrer Beschränktheit – zugleich aber müsse man sich darüber mokieren, weil sie am Ende eben doch nur die Demokratie für die Leute mit dem nötigen Kleingeld sei. »Ein Widerspruch, der kaum auszuhalten ist.«

Er gibt sich nicht gern den Anschein von Unsicherheit. Schwanken ist ihm ein zutiefst verhaßter Zustand. Immer noch sieht er seine Aufgabe darin, die Tradition der kommunistischen Familie fortzuführen, der er entstammt und deren politische Überzeugung auf so entsetzliche Weise bestraft und damit in seinen Augen bestätigt wurde. Doch dann wird er plötzlich ganz leise und sagt etwas, was in seinen eigenen Ohren eigentlich ungeheuerlich klingen muß. »Ich vermute, daß es wohl noch niemals in der Menschheitsgeschichte eine Ideologie der Menschheitserlösung gegeben hat, die so verzweifelt heftig war wie die kommunistische und gleichzeitig notwendig, um die Not zu wenden, so mörderisch und selbstmörderisch. Ich weiß nicht mehr, was das ist: ein Kommunist, nachdem die größten Massenmörder und Völkerabschlachter sich so nannten und nennen, so daß ich am Ende froh sein muß, daß mein Vater das Privileg hatte, von den Nazis ermordet zu werden und nicht von den eigenen Genossen!«

Zu der Frage, was es bedeutet, sich heute Kommunist zu nennen, hat er keine abrufbare Antwort parat. Da ist plötzlich Ratlosigkeit in seinen Zügen. »Das ist eine Frage, der ich nicht gewachsen bin«, sagt er gequält. Und das ist nur zu verständlich: wie die Antwort auch ausfallen würde, er müßte falsch verstanden werden. Für die einen – und die hat er im Westen nun besser kennengelernt – ist jeder, der sich Kommunist nennt, damit auch ein Verteidiger all der Grausamkeiten, die im Namen des Kommunismus begangen wurden. Für die anderen, für Biermanns Freunde in der DDR, für seine Genossen hierzulande, könnte er als Renegat dastehen, wenn er öffentlich bekennen würde, sich nicht Kommunist nennen zu wollen. So schwierig ist es geworden im Land des Wintermärchens.

Leichter ist es da, Kritik zu üben. Das kann und will er. Und da kehrt auch bald der Ton von Gewißheit in seine Stimme zurück. Er hat im Westen weiß Gott schlimme Erfahrungen gemacht: Morddrohungen wurden ihm ins Haus geschickt. Das ist etwas, was er nicht geneigt ist hinzunehmen: Die Unfähigkeit vieler Bürger dieser westlichen Republik, Kritik zu ertragen. »Es ist schier unmöglich, diesen selbstgerechten Leuten in der Bundesrepublik klarzumachen, daß es anständiger und auch produktiver ist, gegen den Drachen im eigenen Land zu kämpfen und nicht gegen irgendeinen am anderen Ende der Welt.« Er sieht darin Mangel an Souveränität, Unsicherheit, und er glaubt: »Die Existenzängste sind hier nicht kleiner als im Osten.«

Es ärgert ihn, daß ihn die Fernsehanstalten hierzulande gern vor die Kamera bitten, wenn eine kritikwürdige Angelegenheit in Ost zu kommentieren ist. Er hätte Lust, im Fernsehen einmal seine Lieder zum Thema Terrorismus in der Bundesrepublik vorzutragen. »Müßten sich die Leute nicht für ihre eigenen Sachen mehr interessieren als dafür, daß ich den Bonzen in der DDR eins auf die Schnauze haue?« fragt er und ruft aus: »Was für Parasiten!« Das ist noch ein harmloser Ausdruck bei ihm.

Dann steht er abrupt auf. »Übrigens habe ich ein neues Lied geschrieben...« Er holt die Gitarre, stellt ein Bein auf den Stuhl, spielt und singt. Das Lied heißt »Bei Flut drückt die See«. Es handelt von der Elbe, die von der Flut zurückgedrängt wird und rückwärts fließt: gen Osten. »Das sehe ich gern, aber gelassen: und bleibe.« Biermann zerdehnt den Doppelvokal des letzten Worts in diesem leisen Stück wie bei einer Arie: Das Wort schwingt flatternd hin und her, sucht sich festen Boden. So interpretiert die Melodie den Text, hält die prosaische Aussage in der Schwebe.

Er will nicht zurück, aber auch nicht bleiben. Es zieht ihn nach Paris, ohne daß er das Haus in Hamburg aufgeben will. Hundertfünfzig Jahre nach Heinrich Heine, der vom Norden Deutschlands kommend, dort seine neue Heimat suchte und fand, will auch Biermann den Sprung wagen: westwärts. Er will arbeiten. »Ich habe nie von der Hand in den Mund gelebt«, sagt er. Und er kann es nicht verstehen, daß Schweigen stets als Rückzug gewertet wird. »Ich habe zwölf Jahre lang in der DDR etwas zu wenig gesungen, ich habe vier Jahre in der Bundesrepublik etwas zuviel gesungen – das mußte ich tun, um wieder ins Gleichgewicht zu kommen. Und nun singe ich wieder etwas zu wenig.«

Sein letztes wichtiges Buch erschien vor drei Jahren: »Preußischer Ikarus«, es enthielt noch Arbeiten aus der DDR und schon welche, die hier im Westen entstanden sind. Am Schluß stand das nachdenkliche Gedicht »Mag sein, daß ich irre«. Es endete mit den Zeilen: »mag sein, daß ich einmal, wenn alles erreicht ist/Erreicht habe nichts, als ein' Anfang von vorn.«

Heinrich Böll hat den Sänger als »einen der größten lebenden Poeten deutscher Sprache« bezeichnet. »Wenn ich Brecht richtig mißverstanden habe«, sagt Biermann, »dann gilt es, Poesie so zu schreiben, daß sie die Höhe von Prosa erreicht.« Will er nicht auch einmal erzählen? »Ich weiß es nicht«, zögert er. »Prosaschreiben ist das Allerleichteste und das Allerschwerste.« Er habe unerhörten Respekt davor und wisse nicht, ob er den langen Atem hätte.

Mehr als ein Jahr lang ist er nicht mehr aufgetreten. »Wenn ich resigniert wäre, würde ich singen«, sagt Wolf Biermann. »Singen wäre für mich die bequemste Art zu flüchten. Denn nirgendwo ist man unerbittlicher mit der Wahrheit konfrontiert als vor dem leeren Blatt Papier – doch nicht vor fünftausend Leuten in einem Saal. Na, das mache ich allemal!«

II. Reden gegen das innere Chaos
(Besuch in West-Berlin, Februar 1980)

»Ich fürchte, ich bin kein Schriftsteller, der Ihnen Eindruck machen könnte, mein Herr« – so sagt eine Figur in einem seiner Stücke, ein ironisch und liebevoll plaziertes alter ego. Sollte er sich wirklich selbst so sehen? An seinen Ruhm jedenfalls glaubt Botho Strauß nicht. »An mich kommt davon nichts heran«, sagt er, und es wirkt nicht kokett.

Während wir uns von der Rolltreppe in die Lebensmittelabteilung im sechsten Obergeschoß des KaDeWe heben lassen, erzählt er, daß zu seinem letzten Theaterstück »Groß und klein« lediglich zwei

Zuschauerbriefe kamen. Nach seiner Meinung wird der Name des Autors durch die Präsenz der Inszenierung und der Schauspieler ausgelöscht. »Also existiere ich als Autor doch gar nicht.« Hier jedenfalls, im Kaufhaus des Westens, erkennt ihn niemand.

Das KaDeWe am Wittenbergplatz in Berlin, in dem Botho Strauß einmal die Woche, meist am Montag, Lebensmittel kauft (er braucht nur wenig, weil er jeden Abend im Restaurant ißt), taucht in seinen Stücken und Texten nicht auf. Vor dem Fenster seines Arbeitszimmers indes gibt eine Häuserlücke den Blick auf diese Trutzburg westlicher Konsumlust frei.

Als ich zuvor bei ihm zu Hause irritiert am Fenster gestanden hatte, sagte er, sein Traum sei ein Haus auf einer Klippe: mit Aussicht auf das Meer. Aber dann: ob ich etwa das Lebensmittelgeschoß im KaDeWe nicht kenne? Das sei einmalig in Europa. Er erklärte sich bereit, den weltfremden Besucher herumzuführen.

So stehen wir nun gemeinsam in dieser Freßetage mit ihren gut fünftausend Quadratmetern: eine gewaltige, überbordende Inszenierung der Wirklichkeit, die an eine jener »Einbildungen der Realität« denken läßt, wie sie als Bilder einer Ausstellung in dem Theaterstück »Trilogie des Wiedersehens« auftauchen. »Kapitalistischer Realismus« heißt die Ausstellung dort. Beim ersten Mal sei er auch überwältigt gewesen, sagt Botho Strauß. Inzwischen bewegt er sich mit der traumwandlerischen Sicherheit des Stammkunden durch die unüberblickbare Vielzahl von Ständen und Theken.

Gerade ist ein Prosaband erschienen: »Rumor«, was soviel heißt wie: Lärm, Unruhe; »veraltet, aber noch mundartlich«, weiß der Duden. Die Erzählung zuvor, »Die Widmung« (1977), die Geschichte eines Vermissens, wie Botho Strauß sie selbst gern nennt, fand als Darstellung einer Trennung, eines Falles von vergeblicher Liebe und genossener Vergeblichkeit auch beim Publikum Anerkennung – nicht nur bei der Kritik, deren liebstes Kind der Autor schon eine ganze Weile ist.

Allerdings: der eigentliche Wundermann, der Vielgepriesene und auch mitunter Verlachte, das ist der Theaterautor Strauß, ist der Verfasser der Theaterstücke »Die Hypochonder« (1973), »Bekannte Gesichter, gemischte Gefühle« (1974), »Trilogie des Wiedersehens« (1976) und – mit wachsendem Erfolg auf deutschen und ausländischen Bühnen – »Groß und klein« (1978); das ist der Erfinder nervöser, traurig-anmutiger Frauen- und lachhafter, doch nie lächerlicher, in ihren Geschäftigkeiten kreisender Männerfiguren, ist der

Ausgrübler sanft und elegisch ineinander übergehender Szenen aus einer Wirklichkeit, die unsere ist und bei diesem Autor doch nicht einfach ihr Abbild, sondern eine sensible, hier überscharfe, dort eher verschwommene und undurchsichtige Antwort findet: Eine schimärenhafte Zwillingsgeburt unserer Welt entsteht da auf der Bühne, Zauberspiegel und Vexierbild. Botho Strauß ist in Mode gekommen. Denn er hat gezeigt, daß es lebendige Gegenwartsdramen gibt.

Während wir in einer Schlange stehen, um uns einen Imbiß mitzunehmen, finde ich Zeit, den Mann in Ruhe zu betrachten, der mit seinen fünfunddreißig Jahren auf dem besten Wege ist, die Kultfigur der kleinen deutschen Literaturwelt zu werden. Von mittelgroßer, schlank-kräftiger Statur, mit kurzen Haaren, bartlosem Gesicht, hat er in seinem wadenlangen modischen Lodenmantel kaum Attribute eines Künstlers. Könnte man die Verkäuferin fragen, die ihm gerade Krabben- und Wachteleiersalat abpackt, so würde sie ihn vermutlich nach einigem Zögern als jungen Universitätsprofessor einordnen. Anmutige Intellektualität spricht aus seinen Gesten und seiner Mimik. Sein Gesicht, nicht schmal, nicht rund, wird von der schönen, gebogenen Nase geprägt. Es ist eins jener Gesichter, die im Profil plötzlich eine überraschende Wandlung erfahren.

Nachdem wir noch etwas Brot gekauft haben, sagt Botho Strauß, nun reiche es ihm. Zu zweit einkaufen fällt ihm schwer. Er erklärt das fast entschuldigend, als wolle er auf keinen Fall den Eindruck eines exzentrischen Eigenbrötlers machen. Draußen scheint die Sonne. Zu Fuß sind es nur wenige Minuten zurück zur Wohnung. »Ich bin froh, daß der Winter vorbei ist. Es ist wie ein Sieg über den Tod. Ich muß mal wieder raus aus dieser Stadt«, sagt er und hält beim Gehen die rechte Hand im Mantel wie Napoleon. Arbeiten könne er am besten in Berlin. Die »Trilogie« habe er auf dem Land begonnen, sei dann aber bald wieder hierhergekommen. »Da, wo es zu schön ist, kann ich nicht schreiben.«

Er wohnt in einer mäßig belebten Straße, die bis zum Landwehrkanal führt. Von dort sind es nur ein paar Schritte zum Tiergarten und zum Zoo, wo er sich gern aufhält. Im Erdgeschoß des neugelb aufgefrischten ehrwürdigen Bürgerhauses befinden sich Antiquitätenläden, »Altkunst« und »Bronzekunst«. Die Wohnung im ersten Stock könnte einem Bühnenbild der Schaubühne am Halleschen Ufer entnommen sein: große, helle Räume, zum Teil ohne Teppich und Gardine, sparsam, eigentlich gar nicht möbliert, sondern mit Einzelmöbeln eher dekoriert. Botho Strauß lebt hier auf knapp zweihundert

Altbauquadratmetern ganz allein. Bis vor kurzem hatte er noch zwei Mitbewohner: Der Mann zog irgendwann aus, die Frau hat in einer anderen Stadt Selbstmord begangen.

Mit dem Namen der Schaubühne und ihres Leiters Peter Stein ist der Erfolg von Botho Strauß untrennbar verknüpft. Der umjubelte Theatermann holte ihn nach fünf Semestern Studium (mit abgebrochener Doktorarbeit »Thomas Mann und das Theater«) und dreijähriger Tätigkeit als Redakteur und Theaterkritiker 1970 nach Berlin. Als Dramaturg bearbeitete Strauß unter anderem Gorkis »Sommergäste« (und schrieb später auch das Drehbuch für die Filmfassung). Die Schaubühne wurde dann bald zum Schauplatz bravouröser Aufführungen eigener Theaterstücke.

»Am Anfang war ich dort ja niemand«, erzählt er, »trotzdem wurde mein Wort berücksichtigt. Das war produktiv und hat Mut gemacht. So habe ich begonnen, selber Stücke zu schreiben – als Dramaturg durch das Absitzen von Hunderten von Probenstunden.« Geschrieben hatte er schon vorher, ausschließlich Prosa. Versuche, etwas davon zu veröffentlichen, schlugen anfangs fehl: Zeitschriften wie »Akzente« schickten seine Arbeiten wieder zurück.

Eigentlich wollte er Schauspieler werden. Er hat auch als Student auf Laienbühnen gespielt. Dann las er Adorno – und alles wurde ihm suspekt. Die Lektüre lähmte ihm die Glieder: plötzlich hatte er Angst vor dem öffentlichen Auftritt. Diese Scheu hat Botho Strauß bis heute nicht überwunden. Unter den deutschen Autoren ist er der geheimnisvollste und zurückhaltendste. Er haßt Lesetourneen, verabscheut Fernsehkameras und redet am liebsten, wenn überhaupt, unter vier Augen. Selbst eine Reise nach China, das er gern besucht hätte, hat er jüngst abgesagt, als er erfuhr, daß er dort nicht einfach als Tourist, sondern als deutscher Autor auftreten sollte.

Narzißmus – dieses Etikett fällt an ihm ab. Nur in der konsequenten Vermeidung jeder eitlen Haltung schimmert noch eine Ahnung davon durch. Die eigenen Bücher schaut er nicht mehr an. Er bringt es gerade noch fertig, auf den Fahnen Korrektur zu lesen. Den von vielen Kollegen überlieferten verzückten Blick auf das erste Exemplar gibt es bei ihm nicht. »Peinlich«, ist ein Ausdruck, den er mehrfach im Zusammenhang mit seinen literarischen Produkten verwendet. Auch die eigenen Theaterstücke schaut er sich nicht an, allenfalls während der Proben.

Als er doch einmal eine Aufführung von »Groß und klein« besuchte, einer Schauspielerin zuliebe, die die Lotte spielte, habe er mit eingezogenem Kopf dagesessen und die Hände vor das Gesicht gehalten, erzählt er – zumal als er merkte, daß auf dem Programmheft sein Porträt abgebildet war. Er macht die Schutzgeste vor, und fast fällt ihm seine randlose Brille mit den grüngefärbten, achteckigen Gläsern von der Nase. Er lacht ein helles, jungenhaftes Lachen.

Geht die Lust zum Schreiben weg, wenn er mit Menschen zusammen ist? »Ja. Es ist eindeutig zu spüren, daß das eine Frage der Druckverhältnisse ist. Als ich »Groß und klein« konzipierte, war ich allein in einem Haus in Italien und sprach wirklich vierzehn Tage mit niemandem. Und entsprechend viele Aufzeichnungen wurden gemacht. Wenn ich dagegen lange mit jemandem gesprochen habe, wird es mir ganz linkisch mit dem Schreiben. Es fehlt dann die Konzentration, die das Schreiben eines Satzes erfordert.«

Auf Gäste ist er kaum eingestellt. Nachdem wir in der Küche den Imbiß verspeist haben, gibt es beinahe eine der in seinen Texten häufigen »Miniaturkatastrophen des Alltags«. Wir können uns nicht verständigen, ob es sofort Kaffee geben soll: Jeder will die Entscheidung von der Laune des anderen abhängig machen, und so hält Botho Strauß die leere Kanne schwankend in der Luft. Es dauert eine Weile, bis klargestellt ist, daß wir eigentlich beide Kaffee wollen. Wir ziehen ins Wohnzimmer um. Ich sitze auf einem Zweiersofa an der Wand, er auf einem Stuhl, fünf Meter von mir entfernt, im leeren Raum, vor sich ein Sekretär und ein Regal mit zumeist klassischen Schallplatten: Beethoven, Brahms, Bruckner, Mahler und Wagner.

Hat ihn der Erfolg der »Widmung«, seine erste breite Wirkung als Prosaautor überrascht? »Überrascht« sei das falsche Wort, sagt er, da er über Wirkung beim Schreiben nicht nachdenke. Er habe aber keinesfalls mit einer Auflage von mehr als fünfundzwanzigtausend Exemplaren gerechnet. »Ich kenne mich offenbar zuwenig aus, was im Schwange ist.« Auf die vorsichtige Frage, ob die Liebes- und Schmerzensgeschichte autobiographische Züge trägt, antwortet er nicht ohne ein gewisses Vergnügen: »Erstens habe ich nie mit einer Frau zusammengewohnt, und zweitens ist nie eine von einem Tag auf den anderen verschwunden – wenn, dann bin ich verschwunden.« Als er diese Erzählung schrieb, war er seit längerem mit einer Lehrerin befreundet.

Autobiographisches ist seine Sache nicht. Wohl liest er derlei ab und zu ganz gern, doch die literarische Tendenz befremdet ihn. Etwas wie die »Widmung« mit ihren eher privaten Erschütterungen könne er jetzt nicht mehr schreiben. Zuviel habe sich auch in der Politik verändert. »Rumor«, sagt er und meint mehr das Wort als das Buch, »ist etwas, das man verspürt, wenn man aufmerksam lebt, und nicht, wenn man auf seinen Nabel schaut.«

Er hat anderthalb Jahre an dem neuen Buch gearbeitet, vier Fassungen sind entstanden, die ersten mit der Hand geschrieben. Das Ergebnis ist ein Prosatext voller ekstatischer Ausbrüche, eine ungezähmte, ausufernde, gewaltige und zornige Parabel, gespickt mit symbolischen Chiffren, durchsetzt von Ekel und Entsetzen, in bisweilen unerträglicher Weise gehäuft. Für ihn selbst auch ein Versuch und ein Vorschlag, »die Kraft eines Menschen an der Größe seines Verfalls zu ermessen«.

An einer Stelle wird eine Bar in New York beschrieben, wo sich Leute treffen, die keinen Spaß am Sex mehr haben, und es heißt: »Der Sexus, der abenteuernde Geist der Enttäuschung, (...) ist keinem den Einsatz mehr wert.« Jahre nach Henry Millers »Sexus« das Ende der Euphorie, eine Kehrtwende? »Das ist eine Konstruktion. In New York gibt es zwar alles, aber ob es nun eine Bar für ›asexuals‹ gibt, das wage ich noch zu bezweifeln. Obgleich: es gibt Bars für Singles, es gibt Bars für Hundeliebhaber, alles mögliche, warum soll es das nicht geben? Dahinter steht die Behauptung, daß dieser Vitalzweig durch Überforderung oder Überangebot in sich zusammensackt. Ich weiß nicht, ob man das als stichhaltige Bemerkung ansehen sollte oder ob es nicht eher eine provokative Vision ist.«

Und er fügt hinzu: »Mit dem Blick auf die Realsphäre kommt man bei dem Buch überhaupt nicht sehr weit. Es ist mehr eine von Figuren befreite Rede, die Figuren manchmal auftauchen und wieder verschwinden läßt. Eine Art Fading: das kommt und geht wieder, das Motiv des Inzests taucht auf und verschwindet genauso wieder.«

Den Versuch, an den »Widmungs«-Erfolg anzuknüpfen, macht Botho Strauß mit »Rumor« gewiß nicht. Nichts geht ihm über die Freiheit, »ein Buch zu schreiben, das garantiert keiner will«. So verwundert es nicht, daß er beim Stichwort Thomas Bernhard einhakt. Über diesen österreichischen Kollegen, unübertroffen im Erfinden düsterer Visionen, sagt er: »Ich fühle mich nicht beeinflußt, aber er hat eine Radikalität, Unerbittlichkeit und Grenzenlosigkeit des Schreibens, die ich als einzige Legitimation ansehe, diesen lächerlichen Job noch zu machen. Das kann nicht davon gesteuert sein, daß ich die Rechte des Lesers berücksichtige.« Er hat Probleme mit seiner Profession.

»Mir kommen schon die aberwitzigsten Überlegungen: ob ich

vielleicht noch einen Beruf erlernen oder irgendetwas machen soll, das mich nicht ganz so ausschert – daß man nicht nur schreibt, daß man vor allen Dingen nicht immer nur über die Psychologie dieser Tätigkeit, des Schreibens, nachdenkt. Wenn man die Überzeugung noch hätte, an einem großen Werk zu arbeiten, wenn man diese Verblendung noch hätte, etwas zu tun, was das Jahrzehnt von einem fordert, dann wäre ja alles nicht so schlimm.« Aber er könne sich eigentlich immer nur als Abweichling von der Normalität verstehen und habe da die größten Skrupel.

Wir gehen noch einmal ins Nebenzimmer, wo sein Schreibtisch steht, mitten im Raum, etwas zum Fenster hin: eine Platte aus hellem Holz, aufgebockt auf zwei Holzgestellen, darauf eine weiße schlichte Kugellampe und vielleicht hundert aufrecht nebeneinander stehende Notizbüchlein am hinteren Rand. Sonst ist auch dieses Zimmer leer.

»Diese Art von Literatur, die sich um das Alleinsein dreht«, sagt Botho Strauß plötzlich sehr ernst, »möchte ich auf keinen Fall fortsetzen. Ich weiß allerdings auch nicht, was ich als Nächstes machen soll.« Er schaut aus dem Fenster. »Ich habe leider keine Bleibe auf dem Land wie andere. Jetzt halte ich es nicht mehr lange aus hier. Ich habe nun drei Jahre lang unentwegt geschrieben. Es ist mein inniger Wunsch, hier nicht an der Schreibtischkante zu verrecken – dafür lohnt sich das alles vielleicht doch nicht so.«

Er redet ruhig, gefaßt, ab und zu unterstreicht er das Gesagte mit einer Handbewegung. Ich muß daran denken, daß er kurz zuvor festgestellt hatte, Reden sei für ihn ein zivilisatorischer Akt gegen das Chaos des Inneren. Nach einer Pause fährt er fort: »Das Alleinleben erträgt keiner auf die Dauer. Mir macht das zu schaffen, und ich bin weit davon ab, das zu verherrlichen. Aber meine bisherige Art zu schreiben erfordert soviel libidinöse Kraft, daß man von keiner Frau erwarten kann, dies auch nur duldend hinzunehmen. Es sei denn, man hat eine Frau wie Thomas Mann. Es geht da schon eine Menge Psychosubstanz ab. Man zerstört die Beziehung, indem man schreibt, und wenn man aufhört, ist schließlich gar nichts mehr da. Das klingt vielleicht etwas simpel: Aber ich würde die Schriftstellerei auch unterbrechen oder auf eine andere Ebene hinlenken, die es noch möglich macht, mich selbst zu retten. Meine Literatur könnte ja vielleicht den Versuch machen, etwas erwachsener zu werden.«

Draußen ist die Dämmerung hereingebrochen, vom KaDeWe leuchtet Neonglanz herüber. »Tja, ich bin mal gespannt, wie das alles weitergehen soll«, sagt Botho Strauß.

ANHANG

Bio-bibliographische Daten

Herbert Achternbusch
1938 in München geboren; Studium an der Kunstakademie in Nürnberg, Beschäftigung mit dem Film als Drehbuchautor, Regisseur und Darsteller (»Das Andechser Gefühl«, 1974; »Die Atlantikschwimmer«, 1975; »Bierkampf«, 1976; »Servus Bayern«, 1977; »Der junge Mönch«, 1978; »Der Neger Erwin«, 1981). Wichtige Werke: »Hülle«, Prosa (1969); »Das Kamel«, Prosa (1970); »Die Macht des Löwengebrülls«, Prosa (1970); »Die Alexanderschlacht«, Prosa (1972); »L'Etat c'est moi«, Prosa (1972); »Der Tag wird kommen«, Roman (1973); »Die Stunde des Todes«, Roman (1975); »Land in Sicht«, Roman (1977); »1969«/»Die Alexanderschlacht«/»Die Atlantikschwimmer«, 3 Bände (Neuordnung der bisherigen Texte, 1978); »Das Haus am Nil«, Prosatext (1981).

Walter Aue
1930 geboren. Wichtige Werke: »Blaiberg oh Blaiberg«, Prosa (1970); »Lecki oder Der Krieg ist härter geworden, Vorbereitungen zu einem Roman« (1973).

Jürgen Becker
1932 in Köln geboren; Studium ohne Abschluß, Arbeit als Lektor und Rundfunkredakteur. Wichtige Werke: »Felder«, Prosa (1964); »Ränder«, Prosa (1968); »Umgebungen«, Prosa (1970); »Eine Zeit ohne Wörter«, Fotobuch (1971); »Das Ende der Landschaftsmalerei«, Gedichte (1974); »Erzähl mir nichts vom Krieg«, Gedichte (1977); »In der verbleibenden Zeit«, Gedichte (1979); »Gedichte 1965–1980« (1981); »Erzählen bis Ostende«, Prosa (1981).

Jurek Becker
1937 in Lodz (Polen) geboren; Kindheit in Ghetto und KZ, kam 1945 nach Berlin und lernte deutsch, Studium der Philosophie, 1977 vorläufige Übersiedlung von Ost- nach West-Berlin. Wichtige Werke: »Jakob der Lügner«, Roman (1969); »Irreführung der Behörden«, Roman (1973); »Der Boxer«, Roman (1976); »Schlaflose Tage«, Roman (1978); »Nach der ersten Zukunft«, Erzählungen (1980).

Alfred Behrens
1944 in Hamburg geboren. Wichtige Werke: »Gesellschaftsausweis. Social-Science-Fiction«, Prosa (1971); »Künstliche Sonnen. Bilder aus der Realitätsproduktion«, Prosa (1973); »Die Fernsehliga. Spielberichte vom Fußballgeschäft der Zukunft«, Prosa (1975).

Thomas Bernhard
1931 in Heerlen (Holland) geboren; Musik- und Schauspielstudium am Mozarteum in Salzburg, Abschluß 1957 mit einer Arbeit über Artaud und Brecht. Wichtige Werke: »Frost«, Roman (1963); »Amras«, Erzählung (1964); »Verstörung«, Roman (1967); »Ungenach«, Erzählung (1967); »Das Kalkwerk«, Roman (1970); »Ein Fest für Boris«, Theaterstück (1970); »Die Jagdgesellschaft«, Theaterstück (1974); »Die Macht der Gewohnheit«, Theaterstück, (1974); »Korrektur«, Roman (1975); »Die Ursache. Eine Andeutung«, 1. Band der Autobiographie (1975); »Der Präsident«, Theaterstück (1975); »Der Keller. Eine Entziehung«, 2. Band der Autobiographie (1976); »Minetti«, Theaterstück (1977); »Immanuel Kant«, Theaterstück (1978); »Der Atem. Eine Entscheidung«, 3. Band der Autobiographie (1978); »Ja«, Erzählung (1978); »Der Weltverbesserer«, Theaterstück (1979); »Am Ziel«, Theaterstück (1981); »Die Kälte. Eine Isolation«, 4. Band der Autobiographie (1981); »Über allen Gipfeln ist Ruh«, Theaterstück (1981).

Horst Bienek
1930 in Gleiwitz (Schlesien) geboren; Redaktionsvolontariat, Mitarbeit am »Berliner Ensemble«, 1951 Verhaftung aus politischen Gründen und Deportation in die Sowjetunion, 1955 Rückkehr nach Deutschland, Arbeit als Rundfunkredakteur, Autoreninterviews (»Werkstattgespräche mit Schriftstellern«, 1962). Wichtige Werke: »Traumbuch eines Gefangenen«, Prosa (1957); »Nachtstücke«, Prosa (1959); »was war, was ist«, Gedichte (1966); »Die Zelle«, Roman (1968); »Vorgefundene Gedichte«, (1969); »Bakuin, eine Invention«, Prosa (1970); »Die erste Polka«, Roman (1975); »Septemberlicht«, Roman (1977); »Gleiwitzer Kindheit«, Gedichte (1976); »Zeit ohne Glocken«, Roman (1979).

Wolf Biermann
1936 in Hamburg geboren; 1953 Übersiedlung in die DDR, Studium der Politischen Ökonomie, Mitarbeit beim »Berliner Ensemble«, erneutes Studium: Philosophie und Mathematik, 1965 Auftrittsverbot, 1976 Entzug der Staatsbürgerschaft der DDR. Wichtige Werke: »Die Drahtharfe«, Lieder und Gedichte (1965); »Mit Marx- und Engelszungen«, Lieder und Gedichte (1968); »Der Dra-Dra. Die große Drachentöterschau in acht Akten mit Musik«, Theaterstück (1970); »Für meine Genossen«, Lieder und Gedichte (1972); »Deutschland. Ein Wintermärchen«, Gedichtszyklus (1972); »Preußischer Ikarus«, Gedichte, Lieder und Prosa (1978).

Nikolas Born
Daten S. 109 ff.

Volker Braun
1939 in Dresden geboren; nach dem Abitur Tätigkeit als Druckerei- und Tiefbauarbeiter sowie als Maschinist, Anfang der sechziger Jahre Studium der Philosophie, danach Arbeit als Dramaturg beim »Berliner Ensemble«. Wichtige Werke: »Provokationen für mich«, Gedichte (1965); »Wir und nicht sie«, Gedichte (1970); »Die Kipper«, Theaterstück (1972); »Das ungezwungene Leben Kasts. Drei Berichte«, Roman (1972, um einen vierten Teil erweitert 1978); »Unvollendete Geschichte«, Erzählung (1975); »Gedichte« (1979).

Rolf Dieter Brinkmann
1940 in Vechta (Oldenburg) geboren, 1975 gestorben; Arbeit als Angestellter, Buchhandelslehre, Studium der Pädagogik. Wichtige Werke: »Die Umarmung«, Erzählungen (1965); »Raupenbahn«, Erzählungen (1966); »Was fraglich ist wofür«, Gedichte (1967); »Keiner weiß mehr«, Roman (1968); »Die Piloten. Neue Gedichte«, (1968); »Gras«, Gedichte (1970); »Westwärts 1 & 2«, Gedichte (1975); »Rom, Blicke«, autobiographische Prosa (1979); »Standphotos. Gedichte 1962–1970« (1980).

Hans Christoph Buch
1944 in Wetzlar geboren; Studium der Germanistik und Slawistik, 1972 Promotion mit einer Arbeit über »Beschreibungsliteratur und ihre Kritiker« (=»Ut Pictura Poesis«, 1972), Lehraufträge an deutschen und ausländischen Hochschulen. Wichtige Werke: »Unerhörte Begebenheiten. Sechs Geschichten«, Erzählungen (1966); »Kritische Wälder«, Essays (1972); »Aus der Neuen Welt«, Prosa (1975); »Das Hervortreten des Ichs aus den Wörtern. Aufsätze zur Literatur«, Essays (1978); »Bericht aus dem Inneren der Unruhe. Gorlebener Tagebuch«, autobiographische Prosa (1979); »Zumwalds Beschwerden. Eine schmutzige Geschichte«, Erzählungen (1980).

Michael Buselmeier
1938 in Berlin geboren; in Heidelberg aufgewachsen, Ausbildung als Schauspieler, Studium der Germanistik und Kunstgeschichte, Lehrtätigkeit an Hochschulen. Wichtige Werke: »Nichts soll sich ändern«, Gedichte (1978); »Die Rückkehr der Schwäne«, Gedichte (1980); »Der Untergang von Heidelberg«, autobiographische Prosa (1981).

Peter O. Chotjewitz
1934 in Berlin geboren; Arbeit als Malergehilfe, Abendgymnasium, Jurastudium, während des Referendariats Zweitstudium: Geschichte und Philosophie, Arbeit als Rechtsanwalt. Wichtige Werke: »Hommage à Frantek, Nachrichten für seine Freunde«, Roman (1965); »Die Insel. Erzählungen auf dem Bären-

auge«, Roman (1968); »Roman, ein Anpassungsmuster«, Prosa (1968); »Vom Leben und Lernen. Stereotexte«, Prosa (1969); »Durch Schaden wird man dumm. Erzählungen aus zehn Jahren«, Prosa (1976); »Der dreißigjährige Friede. Biographischer Bericht«, Roman (1977); »Die Herren des Morgengrauens«, Roman (1978); »Saumlos«, Roman (1979).

Friedrich Christian (F. C.) Delius
1943 in Rom geboren; Jugend in Wehrda (Hessen), Studium der Germanistik, 1970 Promotion mit einer Arbeit über den »Roman des bürgerlichen Realismus« (= »Der Held und sein Wetter«, 1971). Wichtige Werke: »Kerbholz«, Gedichte (1965); »Wir Unternehmer. Über Arbeitgeber, Pinscher und das Volksganze. Eine Dokumentar-Polemik«, Prosamontage (1966); »Wenn wir, bei Rot. 38 Gedichte« (1969); »Unsere Siemens-Welt. Eine Festschrift zum 125jährigen Bestehen des Hauses S.«, Prosasatire (1972); »Ein Bankier auf der Flucht. Gedichte und Reisebilder«, Gedichte (1975); »Ein Held der inneren Sicherheit«, Roman (1981); »Die unsichtbaren Blitze«, Gedichte (1981).

Michael Ende
1929 in Garmisch-Partenkirchen geboren; Ausbildung an der Schauspielschule Otto Falckenbergs, erfolglose Versuche als Dramatiker, erste Anerkennung als Kinderbuchautor (»Jim Knopf«, zwei Bände, 1960/61). Wichtige Werke: »Momo, oder die seltsame Geschichte von den Zeit-Dieben und von dem Kind, das den Menschen die gestohlene Zeit zurückbrachte«, Märchen-Roman (1973); »Die unendliche Geschichte«, Roman (1979).

Hans Magnus Enzensberger
1929 in Kaufbeuren (Allgäu) geboren; Studium der Literaturwissenschaft und Philosophie, 1955 Promotion mit einer Arbeit über »Clemens Brentanos Poetik« (1961), Rundfunk- und Verlagstätigkeit. Wichtige Werke: »Verteidigung der Wölfe«, Gedichte (1957); »Einzelheiten«, Essays (1962); »Blindenschrift«, Gedichte (1964); »Landessprache«, Gedichte (1969); »Gedichte 1955–1970«, Gedichte (1971); »Der kurze Sommer der Anarchie«, Collage-Roman (1972); »Palaver«, Essays (1974); »Mausoleum, 37 Balladen aus der Geschichte des Fortschritts«, Gedichte und Prosa (1975); »Der Untergang der Titanic. Eine Komödie«, Gedichtzyklus (1978); »Die Furie des Verschwindens«, Gedichte (1980).

Maria Erlenberger
Pseudonym, Lebensdaten unbekannt. Wichtige Werke: »Der Hunger nach Wahnsinn. Ein Bericht«, autobiographischer Prosatext (1977); »Der Erlernen der Totgeburt«, Roman (1979); »Ich will schuld sein«, Gedichte (1980); »Singende Erde. Ein utopischer Roman« (1981).

Jörg Fauser
1944 in Bad Schwalbach (Untertaunus) geboren; Arbeit als Redakteur in West-Berlin. Wichtige Werke: »Trotzki, Goethe und das Glück«, Gedichte (1979); »Der Schneemann«, Roman (1981).

Ludwig Fels
1946 in Treuchtlingen geboren; Malerlehre, Arbeit als Packer. Wichtige Werke: »Anläufe«, Gedichte (1973); »Platzangst«, Erzählungen (1974); »Die Sünden der Armut«, Roman (1975); »Alles geht weiter«, Gedichte (1977); »Mein Land«, Erzählungen (1978); »Vom Gesang der Bäuche. Ausgewählte Gedichte 1973–1980« (1980); »Ein Unding der Liebe«, Roman (1981).

Hans J. Fröhlich
1932 in Hannover geboren; Studium der Musik, Buchhandels- und Verlagstätigkeit. Wichtige Werke: »Tandelkeller«, Roman (1967); »Engels Kopf«, Prosatext (1971); »Anhand meines Bruders. Ein Doppelporträt«, autobiographischer Prosatext (1974); »Im Garten der Gefühle«, Roman (1975); »Schubert«, Biographie (1978); »Einschüchterungsversuche«, Erzählungen (1979).

Wilhelm Genazino
1943 in Mannheim geboren; Arbeit als Redakteur. Wichtige Werke: »Laslinstraße«, Roman (1965); »Abschaffel«, Roman (1977); »Die Vernichtung der Sorgen«, Roman (1978); »Falsche Jahre«, Roman (1979); »Die Ausschweifung«, Roman (1981).

Heidulf Gerngroß
1939 in Kötschach (Kärnten) geboren; Tischlerlehre, Studium der Managementtheorien in den Vereinigten Staaten. Wichtige Werke: »Volksbuch«, experimenteller Prosatext (1978).

Peter Handke
Daten S. 120f.

Rolf Haufs
1935 in Düsseldorf geboren; Tätigkeit als Rundfunkredakteur in West-Berlin. Wichtige Werke: »Straße nach Kohlhasenbrück«, Gedichte (1962); »Vorstadtbeichte«, Gedichte (1967); »Das Dorf S.«, Prosa (1968); »Größer werdende Entfernung«, Gedichte 1962 bis 1979 (1979).

Helmut Heißenbüttel
1921 in Rüstringen (Wilhelmshaven) geboren; Studium der Architektur, Germanistik und Kunstgeschichte, Arbeit als Verlagslektor und Rundfunkredakteur. Wichtige Werke: »Kombinationen. Gedichte 1951–1954« (1954); »Textbuch 1–6«, Prosa (1960, 1961, 1962, 1964, 1965, 1967); »Über

Literatur«, Essays (1966); »Projekt Nr. 1, D'Alemberts Ende«, Collage-Roman (1970); »Zur Tradition der Moderne«, Essays (1972); »Das Durchhauen des Kohlhaupts. Dreizehn Lehrgedichte. Projekt Nr. 2«, Prosa (1974); »Eichendorffs Untergang und andere Märchen. Projekt 3/1«, Prosa (1978); »Wenn Adolf Hitler den Krieg nicht gewonnen hätte. Historische Novellen und wahre Begebenheiten. Projekt 3/2«, Prosa (1979); »Die goldene Kuppel des Comes Arbogast oder Lichtenberg in Hamburg. Fast eine einfache Geschichte«, Erzählung (1979); »Das Ende der Alternative. Projekt 3/3«, Prosa (1980); »Ödipuskomplex made in Germany. Gelegenheitsgedichte Totentage Landschaften 1965–1980«, Textsammlung (1981).

Eckhard Henscheid
1941 geboren; Arbeit als Journalist in Frankfurt am Main. Wichtige Werke: »Die Vollidioten. Ein historischer Roman aus dem Jahr 1972« (1973); »Geht in Ordnung – sowieso – – genau – – –«, Roman (1977); »Die Mätresse des Bischofs«, Roman (1978).

Ernst Herhaus
1932 in Ründeroth (Nordrhein-Westfalen) geboren; Tätigkeit als Angestellter. Wichtige Werke: »Die homburgische Hochzeit«, Roman (1967); »Roman eines Bürgers«, Roman (1968); »Die Eiszeit«, Roman (1970); »Siegfried«, Biographie (1972, nach Tonbandaufzeichnungen von Jörg Schröder); »Kapitulation. Aufgang einer Krankheit«, Autobiographie (1977); »Der zerbrochene Schlaf«, Tagebuch (1978); »Gebete in die Gottesferne«, autobiographische Aufzeichnungen (1979).

Werner Herzog
eigentlich: Werner Stipetič, 1942 in München geboren; abgebrochenes Studium der Geschichte und Literaturwissenschaft, seit Anfang der sechziger Jahre Arbeit als Filmregisseur (»Lebenszeichen«, 1967; »Auch Zwerge haben klein angefangen«, 1970; »Aguirre, der Zorn Gottes«, 1972; »Jeder für sich und Gott gegen alle«, 1974; »Herz aus Glas«, 1976). Wichtige Werke: »Vom Gehen im Eis, München–Paris, 23. 11. bis 14. 12. 1974« (1978).

Richard Hey
1926 in Bonn geboren; Studium der Musik und Theaterwissenschaft, Arbeit als Regieassistent beim Film, Journalist und Musikkritiker. Wichtige Werke: »Weh dem, der nicht lügt«, Theaterstück (1962); »Kandid«, Theaterstück (1972); »Ein Mord am Lietzensee«, Roman (1973); »Engelmacher & Co.«, Kriminalroman (1975); »Das Ende des friedlichen Lebens der Else Reber«, Theaterstück (1977); »Ohne Geld singt der Blinde nicht«, Kriminalroman (1980); »Feuer unter den Füßen«, Kriminalroman (1981).

Franz Innerhofer
1944 in Krimml (bei Salzburg) geboren; in jungen Jahren Arbeit auf einem Bauernhof, Lehrzeit in einer Schmiede, Studium der Germanistik und Anglistik. Wichtige Werke: »Schöne Tage«, Roman (1974); »Schattenseite«, Roman (1975); »Die großen Wörter«, Roman (1977).

Ernst Jandl
Daten S. 39f.

Urs Jaeggi
1931 in Solothurn (Schweiz) geboren; Tätigkeit als Bankangestellter, Studium der Volkswirtschaft und Soziologie, Arbeit als Hochschulprofessor in den Vereinigten Staaten und in West-Berlin, Publikation mehrerer theoretischer Bücher (»Ordnung und Chaos«, 1968; »Macht und Herrschaft in der Bundesrepublik«, 1969). Wichtige Werke: »Die Wohltaten des Mondes«, Erzählungen (1962); »Die Komplizen«, Roman (1964); »Ein Mann geht vorbei«, Roman (1968); »Literatur und Politik«, Essays (1971); »Brandeis«, Roman (1978); »Was auf den Tisch kommt, wird gegessen«, Essays (1981); »Grundrisse«, Roman (1981).

Elfriede Jelinek
1946 in Mürzzuschlag (Steiermark) geboren; Studium der Kunstgeschichte und Theaterwissenschaft. Wichtige Werke: »wir sind lockvögel baby!«, Prosatext (1970); »Michael. Ein Jugendbuch für die Infantilgesellschaft«, Prosatext (1972); »Die Liebhaberinnen«, Roman (1975); »Die Ausgesperrten«, Roman (1980).

Gert (Friedrich) Jonke
1946 in Klagenfurt geboren; abgebrochenes Studium der Germanistik und Geschichte. Wichtige Werke: »Geometrischer Heimatroman«, Prosatext (1969); »Glashausbesichtigung«, Prosatext (1970); »Im Inland und im Ausland auch«, Prosa, Gedichte u. a. (1974); »Schule der Geläufigkeit«, Erzählung (1977); »Der ferne Klang«, Roman (1979).

Walter Kempowski
Daten S. 175f.

Hermann Kinder
1944 geboren; Studium der deutschen und niederländischen Philologie, 1972 Promotion mit einer Arbeit über den Bürgerlichen Realismus, Tätigkeit als Hochschulassistent. Wichtige Werke: »Der Schleiftrog«, Roman (1977); »Du mußt nur die Laufrichtung ändern«, Erzählung (1978); »Vom Schweinemut der Zeit«, Roman (1980); »Der helle Wahn«, Roman (1981).

Sarah Kirsch
1935 in Limlingerode (Harz) geboren; Arbeit in einer Fabrik, Studium der Biologie und der Literatur (im Institut »Johannes R. Becher«). Wichtige Werke: »Landaufenthalt«, Gedichte (1967); »Gedichte« (1967); »Die Pantherfrau«, Protokolle (1973); »Zaubersprüche«, Gedichte (1973); »Rückenwind«, Gedichte (1976); »Drachensteigen«, Gedichte (1979); »La Pagerie«, Prosa (1980).

Karin Kiwus
1942 in Berlin geboren; Studium der Germanistik und Politologie, Arbeit als wissenschaftliche Assistentin, und Verlagslektorin, Tätigkeit für die Akademie der Künste in West-Berlin. Wichtige Werke: »Von beiden Seiten der Gegenwart«, Gedichte (1976); »Angenommen später«, Gedichte (1979).

Alexander Kluge
1932 in Halberstadt geboren; Studium der Rechtswissenschaften und Geschichte, juristische Staatsprüfung und Promotion, Filmvolontariat bei Fritz Lang, Arbeit als Dozent an der ehemaligen Hochschule für Gestaltung in Ulm, Rechtsanwalt und Filmregisseur/Drehbuchautor (»Abschied von gestern«, 1966; »Die Artisten in der Zirkuskuppel: ratlos«, 1967; »Gelegenheitsarbeit einer Sklavin«, 1973; »Der starke Ferdinand«, 1976; »Die Patriotin«, 1979). Wichtige Werke: »Lebensläufe«, Erzählungen (1962, erweitert 1974); »Schlachtbeschreibung«, Prosamontage (1964, verändert 1968 und 1978); »Lernprozesse mit tödlichem Ausgang«, Prosa (1973); »Neue Geschichten. Hefte 1–18. ›Unheimlichkeit der Zeit‹«, Prosa (1977); »Die Patriotin. Texte/Bilder 1–6«, Bild-Prosamontage (1979).

Klaus Konjetzky
1943 in Wien geboren; 1949 Umzug nach München, Studium der Germanistik und Geschichte, Arbeit als Redakteur. Wichtige Werke: »Poem vom Grünen Eck«, Gedichtzyklus (1975); »Am anderen Ende des Tages«, Roman (1981).

Ursula Krechel
1947 in Trier geboren; Studium der Germanistik und Kunstgeschichte, Promotion mit einer Arbeit über die Theater- und Filmkritik Herbert Iherings. Wichtige Werke: »Nach Mainz!«, Gedichte (1977); »Verwundbar wie in den besten Zeiten«, Gedichte (1979); »Zweite Natur. Szenen eines Romans« (1981).

Dieter Kühn
1935 in Köln geboren; Studium der Germanistik und Anglistik, 1964 Promotion über Musils »Mann ohne Eigenschaften« (= »Analogie und Variation« 1965). Wichtige Werke: »N«, Prosa (1970); »Ausflüge mit dem Fesselballon«, Roman (1971, Neufassung: 1977); »Siam-Siam. Ein Abenteuerbuch«, Erzäh-

lungen (1972, 1974); »Die Präsidentin«, Roman (1973); »Festspiele für Rothäute«, Erzählung (1974); »Stanislaw der Schweiger«, Roman (1975); »Josephine. Aus der öffentlichen Biographie der Josephine Baker«, Erzählung (1976), »Ich Wolkenstein«, Biographie (1977); »Ludwigslust«, Erzählungen (1977); »Und der Sultan von Oman«, Erzählung (1979).

Reiner Kunze
1933 in Oelsnitz (Erzgebirge) geboren; Studium der Philosophie und Journalistik, Hochschulassistent in Leipzig, nach politischen Auseinandersetzungen Arbeit als Hilfsschlosser, 1977 Übersiedlung in die Bundesrepublik. Wichtige Werke: »Widmungen«, Gedichte (1963); »Poesiealbum«, Gedichte (1968, in einem Periodikum der DDR); »Sensible Wege«, Gedichte (1977); »Zimmerlautstärke«, Gedichte (1972); »Brief mit blauem Siegel«, Gedichtauswahl (1973 in der DDR); »Die wunderbaren Jahre«, Prosaminiaturen (1976); »auf eigene hoffnung«, Gedichte (1981).

-ky
eigentlich: Horst Bosetzky, geboren 1938; Kaufmannslehre, Studium der Soziologie, Arbeit an der Fachhochschule für Verwaltung in West-Berlin. Wichtige Werke: »Einer von uns beiden«, Kriminalroman (1972); »Stör die feinen Leute nicht«, Kriminalroman (1973); »Es reicht doch, wenn nur einer stirbt«, Kriminalroman (1975); »Einer will's gewesen sein«, Kriminalroman (1978); »Kein Reihenhaus für Robin Hood«, Kriminalroman (1979).

Otto Marchi
1942 in Luzern geboren; Studium der Geschichte und Literaturgeschichte, Arbeit in einer Werbeagentur und als Zeitungsredakteur. Wichtige Werke: »Rückfälle«, Roman (1978).

Christoph Meckel
1935 in Berlin geboren; Graphikstudium an den Kunstakademien in Freiburg und München, Gastprofessuren in den Vereinigten Staaten, zahlreiche Einzelausstellungen des graphischen Werks. Wichtige Werke: »Tarnkappe«, Gedichte (1956); »Nebelhörner«, Gedichte (1959); »Wildnisse«, Gedichte (1962); »Bockshorn«, Roman (1973); »Licht«, Erzählung (1978); »Säure«, Gedichtzyklus (1979); »Ausgewählte Gedichte 1955–1978« (1979); »Suchbild. Über meinen Vater«, Erzählung (1980); »Nachricht für Baratynski«, biographisch-autobiographische Erzählung (1981).

Tilmann Moser
1938 geboren; Studium der Philologie, Arbeit als Journalist, erneutes Studium (Soziologie und Psychoanalyse), Tätigkeit als Psychoanalytiker und Dozent. Wichtige Werke: »Lehrjahre auf der Couch. Bruchstücke meiner Psychoanalyse«, autobiographische Aufzeichnungen (1974); »Stufen der Nähe. Ein Lehrstück für Liebende«, Prosa (1981).

Ulrich Plenzdorf
1934 in Berlin geboren; Studium am Franz-Mehring-Institut in Leipzig, Tätigkeit als Bühnenarbeiter, Anfang der sechziger Jahre Studium an einer Filmhochschule, danach Arbeit als Filmdramaturg. Wichtige Werke: »Die neuen Leiden des jungen W.«, Erzählung, auch in einer Theaterfassung (1972); »Die Legende von Paul und Paula«, Kino- und Bühnenvorlage (1974); »Legende vom Glück ohne Ende«, Roman (1979),

Elisabeth Plessen
1944 in Neustadt (Holstein) geboren; Studium der Philosophie und Literaturwissenschaft, Promotion über »Zeitgenössische Epik im Grenzgebiet von fiction und nonfiction« (= »Fakten und Erfindungen«, 1971). Wichtige Werke: »Mitteilung an den Adel«, Roman (1976); »Kohlhaas«, Roman (1979); »Zu machen, daß ein gebraten Huhn aus der Schüssel laufe«, Erzählungen (1981).

Christa Reinig
1926 in Berlin geboren; Blumenbinderlehre, 1953 Abitur, Studium der Kunstgeschichte, Arbeit als wissenschaftliche Assistentin in Ost-Berlin, 1964 Übersiedlung in die Bundesrepublik. Wichtige Werke: »Die Steine von Finisterre«, Gedichte (1960, erweitert 1974); »Orion trat aus dem Haus«, Erzählungen (1968); »Die himmlische und die irdische Geometrie«, Roman (1975); »Entmannung. Die Geschichte Ottos und seiner vier Frauen«, Roman (1976); »Müßiggang ist aller Liebe Anfang«, Gedichte (1979).

Gerhard Roth
1942 in Graz geboren; Medizinstudium, Arbeit als Angestellter und als Organisationsleiter in einem Rechenzentrum. Wichtige Werke: »die autobiographie des albert einstein«, Prosatext (1972); »Der Wille zur Krankheit«, Roman (1973); »Der große Horizont«, Roman (1974); »Ein neuer Morgen«, Roman (1976); »Sehnsucht«, Theaterstück (1976); »Winterreise«, Roman (1978); »Der stille Ozean«, Roman (1980); »Circus Saluti«, Erzählung (1981).

Gerhard Rühm
Daten S. 52.

Peter Rühmkorf
1929 in Dortmund geboren; Studium der Germanistik und Psychologie, Arbeit als Journalist und Verlagslektor, Gastdozentur in den Vereinigten Staaten. Wichtige Werke: »Irdisches Vergnügen in g. Fünfzig Gedichte« (1959); »Kunststücke: Fünfzig Gedichte nebst einer Anleitung zum Widerspruch« (1962); »Was heißt hier Volsinii. Bewegte Szenen aus dem klassischen Wirtschaftsleben«, Theaterstück (1969); »Die Jahre die ihr kennt. Anfälle und Erinnerungen«, autobiographische Prosa (1972); »Walther von der Vogelweide, Klopstock und ich«, Gedichte und Essays (1975); »Strömungslehre

I. Poesie«, Aufsätze und Rezensionen (1978); »Haltbar bis Ende 1999«, Gedichte (1979).

Peter Schalmey
1949 geboren; Studium der Sozialpsychologie und Mathematik, promovierte »Über die Bewährung psychoanalytischer Hypothesen« (1977). Wichtige Werke: »Meine Schwester und ich«, Roman (1977); »Versuchte Liebe«, Roman (1979).

Michael Scharang
1941 in Kapfenberg (Steiermark) geboren; Studium der Theaterwissenschaft und Kunstgeschichte, Promotion mit einer Arbeit über die Dramen Musils. Wichtige Werke: »Verfahren eines Verfahrens«, Prosa (1969); »Schluß mit dem Erzählen und andere Erzählungen«, Prosa (1970); »Charly Traktor«, Roman (1973); »Einer muß immer parieren«, Essays und Hörspiele (1973); »Der Sohn eines Landarbeiters«, Roman (1976); »Der Lebemann«, Roman (1979).

Klaus Schlesinger
1937 in Berlin geboren; Arbeit als Chemielaborant in einem medizinischen Institut, Ingenieurstudium, Tätigkeit als Journalist, 1980 vorläufige Übersiedlung nach West-Berlin. Wichtige Werke: »Michael«, Roman (1971, westliche Lizenzausgabe unter dem Titel »Capellos Trommel«); »Alte Filme. Eine Berliner Geschichte«, Erzählung (1975); »Berliner Traum. Fünf Geschichten«, Erzählungen (1977); »Leben im Winter«, Erzählung (1980).

Peter Schneider
1940 in Lübeck geboren; Studium der Germanistik und Geschichte. Lehrerexamen. Wichtige Werke: »Ansprachen. Reden, Notizen, Gedichte« (1970); »Lenz. Eine Erzählung« (1973); »... schon bist du ein Verfassungsfeind. Das unerwartete Anschwellen der Personalakte des Lehrers Kleff«, Erzählung (1975); »Atempause. Versuch, meine Gedanken über Literatur und Kunst zu ordnen«, Essays (1977); »Die Wette und andere Erzählungen« (1978); »Messer im Kopf«, Filmdrehbuch (1979); »Die Botschaft des Pferdekopfs und andere Essays aus einem friedlichen Jahrzehnt«, Essays (1981).

Brigitte Schwaiger
1949 in Freistadt (Oberösterreich) geboren; Regieassistenz beim Rundfunk, Schauspielunterricht. Wichtige Werke: »Wie kommt das Salz ins Meer?«, Roman (1977); »Mein spanisches Dorf«, Prosa (1978); »Lange Abwesenheit«, Roman (1980).

Gerold Späth
1939 in Rapperswil (Schweiz) geboren; kaufmännische Ausbildung. Wichtige Werke: »Unschlecht«, Roman (1970); »Stimmgänge«, Roman (1972); »Zwölf Geschichten«, Erzählungen (1973); »Die heile Hölle«, Roman (1974); »Balzapf oder Als ich auftauchte«, Roman (1977); »Commedia« (1979).

Verena Stefan
1947 in Bern geboren; in West-Berlin Ausbildung als Krankengymnastin. Wichtige Werke: »Häutungen«, autobiographische Prosa (1975); »Mit Füßen mit Flügeln«, Gedichte (1980).

Günter Steffens
1922 in Köln geboren; Studium an einer Kunstakademie, Arbeit als Werbetexter. Wichtige Werke: »Der Platz«, Roman (1965); »Annäherung an das Glück«, Autobiographie (1976); »Der Rest«, Roman (1981).

Botho Strauß
1944 in Naumburg (Saale) geboren; Studium der Germanistik, Theaterwissenschaft und Soziologie, Arbeit als Redakteur (1967 bis 1970 bei »Theater heute«) und Dramaturg bei Peter Stein an der Schaubühne in West-Berlin. Wichtige Werke: »Die Hypochonder«, Theaterstück (1973); »Bekannte Gesichter, gemischte Gefühle«, Theaterstück (1974); »Marlenes Schwester. Zwei Erzählungen« (1975); »Trilogie des Wiedersehens«, Theaterstück (1976); »Die Widmung. Eine Erzählung« (1977); »Groß und klein. Szenen«, Theaterstück (1978); »Rumor«, Prosatext (1980); »Paare, Passanten«, Prosaminiaturen (1981); »Kalldewey, Farce«, Theaterstück (1981).

Karin Struck
1947 in Schlagtow (Vorpommern) geboren; 1953 Flucht in die Bundesrepublik, Fabrikarbeit, Studium der Germanistik und Romanistik. Wichtige Werke: »Klassenliebe«, Roman (1973); »Die Mutter«, Roman (1975); »Lieben«, Roman (1977); »Trennung«, Erzählung (1978).

Hannelies Taschau
1937 in Hamburg geboren. Wichtige Werke: »Die Taube auf dem Dach«, Roman (1967); »Strip und andere Erzählungen« (1974); »Landfriede«, Roman (1978); »Doppelleben«, Gedichte (1979); »Erfinder des Glücks«, Roman (1981).

Jürgen Theobaldy
1944 in Straßburg geboren; kaufmännische Lehre, Studium der Literaturwissenschaft. Wichtige Werke: »Blaue Flecken«, Gedichte (1974); »Zweiter Klasse«, Gedichte (1976); »Sonntags Kino«, Roman (1978); »Schwere Erde, Rauch«, Gedichte (1980); »Spanische Wände«, Roman (1981).

Uwe Timm
1940 in Hamburg geboren; Kürschnerlehre, 1963 Abitur, Studium der Philosophie und Germanistik, 1971 Promotion. Wichtige Werke: »Widersprüche«, Gedichte (1971); »Heißer Sommer«, Roman (1974); »Morenga«, Roman (1978); »Kerbels Flucht«, Roman (1980).

Bernward Vesper
1938 in Gifhorn (Lüneburger Heide) geboren, beging 1971 Selbstmord; Lehre als Verlagsbuchhändler, Studium der Geschichte und Germanistik. Wichtige Werke: »Die Reise. Roman-Essay« (1977, posthum; erweitert 1979).

Günter Wallraff
1942 in Burscheid (bei Köln) geboren; Buchhändlerlehre. Wichtige Werke: »Wir brauchen dich«, Reportagen (1966); »13 unerwünschte Reportagen« (1969); »Ihr da oben – wir da unten«, Reportagen (1973, zusammen mit Bernt Engelmann); »Die Reportagen«, (1976); »Der Aufmacher. Der Mann, der bei ›Bild‹ Hans Esser war«, Reportage (1977).

Gabriele Wohmann
1932 in Darmstadt geboren; Studium der Germanistik und Romanistik. Wichtige Werke: »Abschied für länger«, Roman (1965); »Ländliches Fest«, Erzählungen (1968); »Paulinchen war allein zu Haus«, Roman (1974); »So ist die Lage«, Gedichte (1974); »Ausflug mit der Mutter«, Roman (1976); »Frühherbst in Badenweiler« (1978); »Paarlauf«, Erzählungen (1979); »Ach wie gut, daß niemand weiß«, Roman (1980); »Das Glücksspiel«, Roman (1981).

Ror Wolf
1932 in Saalfeld (Thüringen) geboren; Tätigkeit als Bauarbeiter, 1953 Übersiedlung in die Bundesrepublik, Studium der Literaturwissenschaften und Soziologie, Anfang der sechziger Jahre Arbeit als Rundfunkredakteur. Wichtige Werke: »Fortsetzung des Berichts«, Prosatext (1964); »Pilzer und Pelzer. Eine Abenteuerserie«, Prosa (1967, erweitert 1978); »Danke schön. Nichts zu danken«, Prosa (1969); »Punkt ist Punkt; Fußball-Spiele«, Bild-Prosamontage (1971, erweitert 1973); »Die Gefährlichkeit der großen Ebene«, Prosa (1976); »Die heiße Luft der Spiele«, Bild-Prosamontage (1980).

Gernot Wolfgruber
1944 in Gmünd (Niederösterreich) geboren; Tätigkeit als Hilfsarbeiter und Programmierer, nach der Externistenmatura 1968 Studium der Publizistik und Politikwissenschaft. Wichtige Werke: »Auf freiem Fuß«, Roman (1975); »Herrenjahre«, Roman (1976); »Niemandsland«, Roman (1978); »Verlauf eines Sommers«, Roman (1981).

Wolf Wondratschek
1943 in Rudolfstadt (Thüringen) geboren; Kindheit in Karlsruhe, Studium der Literaturwissenschaft und Philosophie, kurzfristig Arbeit als Redakteur. Wichtige Werke: »Früher begann der Tag mit einer Schußwunde«, Prosa (1969); »Ein Bauer zeugt mit einer Bäuerin einen Bauernjungen, der unbedingt Knecht werden will«, Prosa (1970); »Paul oder die Zerstörung eines Hör-Beispiels«, Hörspiele (1971); »Omnibus«, Prosa (1972); »Chuck's Zimmer. Gedichte/Lieder« (1971); »Das leise Lachen am Ohr eines anderen. Gedichte/Lieder 2« (1976); »Männer und Frauen. Gedichte/Lieder 3« (1978); »Letzte Gedichte«, Gedichte und Prosa (1980).

Helmut Zenker
1949 in St. Valentin (Niederösterreich) geboren; Tätigkeit als Hilfsarbeiter und Lehrer. Wichtige Werke: »Wer hier die Fremden sind«, Roman (1973); »Kassbach oder Das allgemeine Interesse an Meerschweinchen«, Roman (1974); »Das Froschfest«, Roman (1977); »Der Drache Martin«, Kinderroman (1977); »Die Entfernung des Hausmeisters«, Erzählungen (1978); »Schußgefahr«, Kriminalroman (1979, zusammen mit Margit Zenker).

Literaturhinweise

Dies ist kein Verzeichnis der benutzten theoretischen Literatur. Die hier aufgeführten Titel sind Arbeiten, die mit Thesen dieses Buches unmittelbar in Zusammenhang stehen oder sie doch ergänzen. Besonders sei auf die Texte zur DDR-Literatur und zum Theater hingewiesen, da diese Themenkreise unter dem Motto »Wiederkehr des Erzählers« nur partiell von Bedeutung sein konnten.

THEODOR W. ADORNO: »Ästhetische Theorie«. Frankfurt am Main 1970.

THEODOR W. ADORNO: »Standort des Erzählers im zeitgenössischen Roman«. In ders.: »Noten zur Literatur I«. Frankfurt am Main 1958.

KURT BATT: »Die Exekution des Erzählers«. In ders.: »Revolte intern«. Betrachtungen zur Literatur der BRD. Leipzig 1974.

WOLFGANG EMMERICH: »Kleine Literaturgeschichte der DDR«. Darmstadt und Neuwied 1981.

ULRICH GREINER: »Der Tod des Nachsommers«. Aufsätze, Porträts, Kritiken zur österreichischen Gegenwartsliteratur. München 1979.

GEORG HENSEL: »Das Theater der siebziger Jahre«. Kommentar, Kritik, Polemik. Stuttgart 1980.

GEORG HENSEL: »Spielplan«. Schauspielführer von der Antike bis zur Gegenwart. Band 3. Berlin 1981 (aktualisierte Taschenbuchausgabe).

HELMUT KREUZER: »Neue Subjektivität«. Zur Literatur der siebziger Jahre in der Bundesrepublik Deutschland. In Manfred Durzak (Hrsg.): »Deutsche Gegenwartsliteratur.« Ausgangspositionen und aktuelle Entwicklungen. Stuttgart 1981.

PAUL MICHAEL LÜTZELER: »Von der Intelligenz zur Arbeiterschaft«. Zur Darstellung sozialer Wandlungsversuche in den Romanen und Reportagen der Studentenbewegung. In ders. und Egon Schwarz (Hrsg.): »Deutsche Literatur in der Bundesrepublik seit 1965«. Untersuchungen und Berichte. Königstein/Ts. 1980.

BERND NEUMANN.: »Die Wiedergeburt des Erzählens aus dem Geist der Autobiographie?« In Reinhold Grimm und Jost Hermand (Hrsg.): »Basis«. Jahrbuch für deutsche Gegenwartsliteratur. Band 9. Frankfurt am Main 1979.

MARCEL REICH-RANICKI: »Entgegnung«. Zur deutschen Literatur der siebziger Jahre. Stuttgart 1981 (erweiterte Neuausgabe).

GÜNTHER RÜHLE: »Theater in unserer Zeit«. Frankfurt am Main 1976.

MICHAEL RUTSCHKY: »Erfahrungshunger«. Ein Essay über die siebziger Jahre. Köln 1980.

MICHAEL SCHNEIDER: »Den Kopf verkehrt aufgesetzt oder Die melancholische Linke«. Aspekte des Kulturzerfalls in den siebziger Jahren. Darmstadt und Neuwied 1981.

JOACHIM WALTHER: »Meinetwegen Schmetterlinge«. Gespräche mit Schriftstellern. Berlin (Ost) 1973.
MICHAEL ZELLER: »Versuch, zehn Jahre westdeutscher Literatur in den Blick zu nehmen«. In ders. (Hrsg.): »Aufbrüche: Abschiede«. Studien zur deutschen Literatur seit 1968. Stuttgart 1979.

Drucknachweise

Die in diesem Band enthaltenen Aufsätze, Interviews und Porträts sind überwiegend in Zeitschriften und seit 1975 vor allem in der »Frankfurter Allgemeinen Zeitung« veröffentlicht worden. Sie wurden für die Buchausgabe zum Teil erweitert, umgestellt und überarbeitet, in ihrem Gehalt – zumal bei literaturkritischen Passagen – jedoch nicht verändert.

»*Einleitender Überblick*«*:* Unveröffentlicht. Einige Beiträge aus der F.A.Z. sind darin auszugsweise verarbeitet – über -ky (2. 4. 1981), Günter Wallraff (17. 1. 1976) und Hans Christoph Buch (14. 1. 1980).

»*Rückblick auf die Konkrete Poesie*«*:* Die Interviews mit Ernst Jandl und Gerhard Rühm sind bisher unveröffentlicht.

»*Das Entstehen der Bücher beim Schreiben*«*:* Bearbeitete Fassung eines Aufsatzes, der zum einen Teil (»Doktor Faustus«) im Sonderband »Thomas Mann« der Zeitschrift »Text + Kritik« (1976), zum anderen Teil (»Authentischer Ich-Erzähler«) in der Zeitschrift »Akzente« Nr. 5/74 (Oktober 1974) erschienen ist.

»*Das Verschwinden des Autors im Material*«*:* Teils erweiterte, teils gestraffte Fassung eines Vorworts für die Anthologie »Literarische Collagen« (Stuttgart 1981); dem Reclam-Verlag ist für die freundliche Erlaubnis zum Wiederabdruck zu danken.

»*Autoren des Experiments*«*:* Die fünf Rezensionen, ergänzt durch eine Film- und eine Fernsehkritik, erschienen in der F.A.Z. vom 29. 3. 1977 und 12. 9. 1977 (Achternbusch), 9. 10. 1979 (Becker), 11. 10. 1977 (Chotjewitz), 26. 10. 1979 und 7. 12. 1979 (Scharang), 19. 3. 1977 (Wolf).

»*Ausblick auf die siebziger Jahre*«*:* Das Interview mit Nicolas Born ist bisher unveröffentlicht, das Interview mit Peter Handke bis auf Auszüge ebenfalls. Das Postskriptum zu Born basiert auf einen Artikel in der F.A.Z. vom 10. 12. 1979.

»*Hauptsache, du verstehst, was ich meine*«*:* Der Aufsatz erschien erstmals in der F.A.Z. vom 11. 10. 1979 und ist auszugsweise um eine Rezension (Wondratschek) aus der F.A.Z. vom 12. 12. 1978 ergänzt; der Aufsatz wurde in geringfügig erweiterter Form zudem als Vorwort zur Anthologie »Lyrik für Leser« (Stuttgart 1980) publiziert, auch in diesem Fall gebührt dem Reclam-Verlag Dank.

»*Das Ende der Beziehungen*«: Auszugsweise zuerst in der F.A.Z. vom 9.9.1978, vollständig als Beitrag zu dem von Michael Zeller besorgten Sammelband »Aufbrüche: Abschiede« (Stuttgart 1979); hier um eine geringfügig gekürzte Rezension aus der F.A.Z. vom 18.4.1978 (Taschau) ergänzt.

»*Abschiede, Absagen und die Einsamkeit der Männer*«: Vier der Rezensionen erschienen in der F.A.Z. vom 17.3.1979 (Herzog), 16.10.1976 (Reinig), 4.12.1979 (Schalmey) und 7.10.1980 (Wohmann), die Kritik über Uwe Timms Roman ist bisher ungedruckt.

»*Ein Kapitel für sich*«: Das ältere Interview mit Kempowski wurde in der Zeitschrift »Akzente« Nr. 4/72 (August 1972) publiziert, das Interview aus dem Jahr 1981 ist bisher unveröffentlicht; die Rezensionen erschienen in der F.A.Z. vom 17.10.1978 (»Aus großer Zeit«) und 7.4.1979 (»Haben Sie davon gewußt?«).

»*Ausgeburten der Phantasie*«: Der Artikel über Ende erschien in der F.A.Z. vom 31.10.1981, das Späth-Porträt in der F.A.Z. vom 28.11.1980.

»*Einzelkämpfer, Einzelgänger*«: F.A.Z. vom 13.11.1981 (Biermann) und 21.3.1980 (Strauß).